Olga Partan

•

Vagabonding Masks

The Italian Commedia dell'Arte in the Russian Artistic Imagination

Academic Studies Press

2017

Ольга Симонова-Партан

•

Странствующие маски

Итальянская комедия дель арте в русской культуре

Academic Studies Press

Библиороссика

Бостон / Санкт-Петербург

2021

УДК 18.7.01
ББК 71.05
С37

Русский текст О. Симоновой-Партан

Серийное оформление и оформление обложки Ивана Граве

В оформлении обложки использован фрагмент эскиза занавеса для Свободного театра в Москве работы К. Сомова, 1913. Публикуется с разрешения Государственного центрального театрального музея им. А. А. Бахрушина

Симонова-Партан О.

С37 Странствующие маски: Итальянская комедия дель арте в русской культуре / Ольга Симонова-Партан ; [пер. с англ. О. Симоновой-Партан]. — СПб.: Academic Studies Press / Библиороссика, 2021. — 255 с. : ил. — (Серия «Современная западная русистика» = «Contemporary Western Rusistika»).

ISBN 978-1-6446954-7-0 (Academic Studies Press)
ISBN 978-5-6045354-0-0 (Библиороссика)

Вот уже более трех веков знаковые маски итальянской комедии дель арте — Арлекин, Пьеро, Коломбина, Пульчинелла и другие — странствуют по дорогам русской культуры. Эта книга посвящена влиянию художественных принципов комедии дель арте на творчество самых разных деятелей русской культуры, таких как писатели Н. В. Гоголь и В. В. Набоков, режиссер Е. Б. Вахтангов, императрица русской поп-культуры А. Б. Пугачева. Автор предлагает новый взгляд на богатую и до конца не изученную традицию русификации итальянской комедии дель арте и ее адаптации на русской почве.

УДК 18.7.01
ББК 71.05

ISBN 978-1-6446954-7-0
ISBN 978-5-6045354-0-0

© Ольга Симонова-Партан, текст, 2017, 2021
© Academic Studies Press, 2017, 2021
© Оформление и макет. ООО «Библиороссика», 2021

Посвящается Рубену Николаевичу Симонову — моему дедушке и первому Труффальдино Вахтанговской сцены

Слова благодарности

Замысел этой книги возник у меня во время учебы в аспирантуре на кафедре славянских языков Браунского университета (Провиденс, США) на лекциях по русскому символизму ныне покойного профессора Самуила Драйвера. Работая над статьей об увлечении русских символистов итальянской комедией дель арте, я заинтересовалась более глубокими корнями этого явления и с благословения профессора Драйвера погрузилась в исследования.

Я не смогла бы написать эту книгу без поддержки учителей, коллег и друзей. Прежде всего я хотела бы выразить особую благодарность профессору Александру Левицкому, моему научному руководителю в Браунском университете, который помог мне осознать влияние комедии дель арте на русскую культуру XVIII века. Еще два преподавателя Браунского университета, Патриция Арант и Светлана Евдокимова, щедро делились со мной своими познаниями в области средневековой русской культуры и культуры XIX века. В исследованиях сценического искусства XVIII века мне очень помогли консультации с Людмилой Стариковой, ведущим российским специалистом по театральной культуре этого периода. Неустанная научная работа Стариковой и ее публикации бесценных материалов по истории русской театральной культуры XVIII века открыли для меня новые источники, значительно облегчив исследования в этой области. Старикова щедро предоставляла мне материалы и иллюстрации для книги и любезно делилась профессиональной эрудицией и страстным увлечением русской культурой XVIII века.

Глава об Алле Пугачевой была переработана в сотрудничестве с профессором Еленой Гощило — ее подробные критические замечания явились для меня прекрасным стимулом. Я хочу поблагодарить своих близких друзей Александру Смис, Максима Шраера и безвременно ушедшую Светлану Бойм: они прочитали ранние варианты текста и высказали ценные наблюдения. Хочется выразить особую благодарность Ирине Рейфман за подробные и конструктивные советы и предложения на завершающем этапе работы над книгой: они позволили взглянуть на некоторые аспекты комедии дель арте в России под новым углом. Я сердечно благодарю анонимных рецензентов за их конструктивную критику. Благодарю Владислава Иванова за готовность ответить на мои вопросы и поделиться своими знаниями о жизни и творчестве Е. Б. Вахтангова. Благодарю покойного Джиакомо Орелью за разрешение использовать иллюстрации из его частной коллекции, а также Музей и Дирекцию театра имени Вахтангова за разрешение использовать несколько иллюстраций из спектакля Карло Гоцци «Принцесса Турандот». Даниель Ранкур-Ляферрьер любезно дал свое согласие на публикацию рисунка николаевской шинели, выполненного его покойной женой, художницей Барбарой Милман. Русская версия этой книги не увидела бы свет без интереса к моей исследовательской работе Игоря Немировского, директора издательства Academic Studies Press, включившего ее в проект Современная западная русистика. Я признательна Александре Глебовской за вдумчивую и внимательную редакторскую работу, а также Ксении Тверьянович и Марии Вальдеррама работавшим над выпуском книги. За финансовую поддержку выражаю признательность Колледжу Святого Креста. Хочу поблагодарить моего мужа Мэттью Партана за любовь и неисчерпаемое чувство юмора. Эта книга и ее русскоязычный перевод никогда не увидели бы свет без поддержки и терпения моих близких.

Введение

'Stop moping!' she would cry: — 'Look at the Harlequins!'
'What harlequins? Where?'
'Oh, everywhere. All around you. Trees are harlequins, words are harlequins. So are situations and sums. Put two things together — jokes, images — and you get a triple harlequin. Come on! Play! Invent the world! Invent reality!'

Vladimir Nabokov. «Look at the Harlequins!»

«Довольно кукситься! — бывало, восклицала она. — Смотри на арлекинов!»
«Каких арлекинов? Где?»
«Да везде! Всюду вокруг. Деревья — арлекины, слова — арлекины. И ситуации, и задачки. Сложи любые две вещи — остроты, образы — и вот тебе троица скоморохов. Давай же! Играй! Выдумывай мир! Твори реальность!»

Владимир Набоков. «Смотри на арлекинов!»

При упоминании о роли итальянской комедии дель арте в русской культуре возникает ряд ассоциаций и образов, связанных с изысканным Серебряным веком, обольстительными Коломбинами, насмешливыми Арлекинами и печальными Пьеро. Вспоминается, что итальянской комедией увлекались русские модернисты: на ум приходят режиссерские эксперименты В. Э. Мейерхольда, «Балаганчик» А. А. Блока, театральные декорации и костюмы мирисикусников, *Ballets Russes* С. П. Дягилева и, конечно же, завершающая эпоху модернизма «Принцесса Турандот» Карло Гоцци, поставленная Е. Б. Вахтанговым в 1922 году с молодыми актерами Третьей студии Московского Художественного театра.

Тот факт, что маски Серебряного века являли собой лишь новый виток стародавнего русского увлечения итальянской комедией масок, известен лишь куда более узкому кругу специалистов и знатоков русской старины. И если влияние комедии дель арте на русский модернизм изучено достаточно хорошо, то в изучении ее русификации в другие эпохи остались серьезные пробелы, притом что маски комедии дель арте странствовали по дорогам русской культуры в течение более трехсот лет.

Задача этой книги — изучение влияния основных эстетических и художественных принципов итальянской комедии дель арте на творческий процесс в России на протяжении более чем трех веков, с допетровских времен до наших дней. Для исследования этой богатейшей традиции я предлагаю использовать термин «арлекинизация» произведений искусства и литературы, в которых налицо присутствие элементов итальянской комедии дель арте.

Поколение за поколением русские деятели искусства интерпретировали комедию дель арте самыми разными способами, заимствуя элементы этой уникальной и самобытной театральной культуры. Как это ни парадоксально звучит, старинная комедия масок веками вносила новации в русскую культуру, обогащая ее, освобождая от узких жанровых рамок и перемещаясь из высокой культуры в массовую, из дворцовой — в площадную.

Безусловно, тема комедии дель арте в русской культуре настолько богата и многолика, что ее невозможно полностью исчерпать в одной монографии. В моем исследовании рассмотрено несколько тем, каждая из которых имеет знаковый смысл. Особое внимание уделяется тому, какие элементы тот или иной русский деятель культуры заимствовал у комедии дель арте, и тому, как она осмыслялась и русифицировалась на различных этапах истории русской культуры. Поскольку комедия дель арте являлась синтетическим искусством и включала в себя самые разнообразные жанры, я использую междисциплинарный подход, который охватывает драматургию, художественную прозу, художественные переводы, театральные спектакли, народную и массовую культуру.

Рис. 1. Персонажи итальянской комедии дель арте.
Литография XIX века. Из частной коллекции Джиакомо Орельи

Художественные принципы итальянской комедии дель арте

Комедия дель арте возникла в Италии в середине XVI века, и корни ее уходят в глубину веков, к греко-римским комедиям и средневековым фарсам. Комедия дель арте оказала огромное влияние на западную культуру в таких областях, как драматургия, литература, балет, опера, цирк, пантомима, музыка и живопись [Miklashevsky 1927; Duchartre 1966; Oreglia 1968; Molinari 1985].

Несмотря на то что первое использование термина «commedia dell'arte» часто приписывается итальянскому драматургу XVIII века Карло Гольдони, это определение существовало и раньше. *Arte* по-итальянски означает не только искусство, но и ремесло или мастерство, и комедия называлась также *commedia all'improviso* — импровизированная комедия, *commedia di zanni* — комедия дзанни, *commedia delle maschere* — комедия масок и *commedia a soggetto* — сюжетная комедия [Miklashevsky 1927: 22–25].

Комедия дель арте отличалась несколькими основополагающими художественными принципами: отсутствие заранее написанного текста, использование импровизированных диалогов, наличие масок или полумасок на лицах актеров-комиков. Каждая маска воплощала в себе персонажа с определенными чертами характера, в традиционном костюме, изъясняющегося на типичном диалекте одной из областей Апеннинского полуострова. Комедия дель арте представляла собой уникальный тип сценического действия, где особую роль приобретало искусство исполнителей-виртуозов, ибо режиссерское искусство в современном смысле этого слова в ней не использовалось. Актер комедии дель арте должен был быть одновременно и циркачом, и мимом, и певцом, и танцором. Поскольку основные комические персонажи выступали в масках или полумасках, особое значение придавалось языку жестов, а для актеров были особенно важны физическая экспрессия, вокальные и речевые данные. Самые выдающиеся «маски» из комедии дель арте обсуждали на театральных подмостках серьезные смысложизненные вопросы, перемежая их шутками и буффонадой. Так, к примеру, легендарный итальянский комик Антонио Сакки цитировал на сцене Сенеку, Цицерона и других древних философов. От актера-комика ожидалось, что он не только станет соблюдать верность вековым традициям, связанным с его характерной маской, но и проявит осведомленность в вопросах культуры и общественной жизни. Внешний облик комических персонажей поражал гротескным сочетанием безжизненно-неподвижных масок, закрывающих пол-лица, выразительного, не скрытого маской рта и гибкого, подвижного тела. Подобное противопоставление символов жизни и смерти настраивало зрителей на философские размышления: скорбя о неизбежности смерти, следует наслаждаться радостями жизни.

Карло Гольдони, противопоставивший комедии дель арте литературный театр, в своих знаменитых мемуарах отмечает, что комедия является исключительно итальянским искусством, которое не способна воспроизвести ни одна другая нация [Goldoni 1965: 256]. Несмотря на это, начиная с середины XVI века вся Европа была охвачена страстью к комедии дель арте: заимствовались сюжеты итальянских сценариев, использовались знаменитые маски, сценарии переписывались и приспосабливались к местным национальным традициям.

Знаменитые персонажи комедии дель арте, также известные как «маски», основывались на различных человеческих типах и отражали специфические свойства и многообразие итальянских диалектов. Например, Арлекин был хитрым и находчивым слугой из Бергамо, Доктор — ученым глупцом из Болоньи, Панталоне —

старым скупцом из Венеции и т. д. На протяжении веков комедия дель арте выработала уникальную технику, поэтику и эстетику, которые оказали значительное влияние на европейское театральное, изобразительное и музыкальное искусство, литературу и драматургию. При постановке комедии дель арте широко использовались такие элементы, как яркая театральность, пародия, гротеск, пластика, наличие двойников и трагикомические события. Комедия дель арте оказала значительное влияние на творчество многих великих драматургов: Уильяма Шекспира, Жана Батиста Мольера, Бена Джонсона, Пьера Мариво, Карло Гольдони, Карло Гоцци и многих других: «Везде, где есть остроумные слуги и требовательные хозяева, молодые жены и старые мужья, напыщенные педанты, отвергнутые любовники или хвастливые военные, присутствуют дух и форма комедии» [Callow 2007].

Арлекинизация в русской культуре

Для изучения русских произведений литературы и искусства, созданных под влиянием итальянской комедии дель арте, я предлагаю использовать термин «арлекинизация» или «арлекинизированные произведения». Этот термин основан на имени одного из самых любимых персонажей комедии дель арте — Арлекина (по-итальянски — *Arlecchino*). Арлекин был одним из главных персонажей комедии дель арте и впервые появился в России как своеобразный гибрид русского скомороха и немецкой версии этого итальянского персонажа. Уже в 1702 году, во времена правления Петра I, актеры, скрывавшиеся под маской Арлекина, стали неотъемлемой частью театральных представлений и носили имена Арлекин, Гарлекин или Гаер. Эти русифицированные Арлекины стали появляться на русской сцене задолго до того, как первая итальянская труппа комедии дель арте приехала в Россию на гастроли и первый итальянский Арлекин появился на театральных подмостках при дворе Анны Иоанновны в 1731 году. В XVIII веке маска Арлекина постоянно появлялась как в комедиях, так и в трагедиях и на маскарадах. Затем, в XIX веке,

Арлекин был постепенно вытеснен из официальной дворцовой культуры и мигрировал в ярмарочные балаганы и на арены цирков. На рубеже XIX–XX веков и в эпоху русского модернизма из комического персонажа и находчивого слуги Арлекин превратился в неотразимого любовника и модернистский символ эротики. Как будет продемонстрировано в этой книге, Арлекин с другими масками комедии дель арте странствовали по дорогам русской культуры несколько веков.

Я использую термин «арлекинизированные искусство и литература» для обозначения процесса транспонирования условного театрального языка комедии дель арте на язык литературы и других искусств. Этот термин до определенной степени связан с концепцией карнавализации М. М. Бахтина, подробно описанной в его книге «Творчество Рабле и народная культура средневековья и Ренессанса», как процессом перевода символического языка карнавала на язык литературы. Тем не менее есть существенное различие между карнавалом, который представляет собой особую временную бытовую практику, и комедией дель арте, которая является формой театрального искусства, основанной на строгих сценических законах. Арлекинизированное произведение должно обладать рядом фундаментальных характеристик. К ним можно отнести явные биографические связи между творчеством того или иного художника и итальянской культурой и театром, наличие в тексте итальянских масок или элементов импровизации, использование сюжетов итальянских сценариев, а также наличие гротескных образов, пародий и других аллюзий на комедию дель арте. Подобный подход помогает определить, как и с какой целью русское творческое воображение использовало комедию дель арте на разных исторических этапах.

В эпоху Ренессанса комедия дель арте была неразрывно связана с карнавальными празднествами и имела гораздо более прочные связи с карнавалами, чем любая другая форма искусства [Бахтин 1990: 42]. Вслед за Бахтиным, который называет «карнавализацией» результат воздействия традиций карнавала на язык литературы и других искусств, я предлагаю использовать термин «арлекинизация» для определения произведений литературы и искусства, находящихся под непосредственным воздействием комедии дель арте[1].

Традиции карнавала и комедии дель арте имеют между собой много общего, но между ними есть и существенные различия. И в карнавалах, и в представлениях комедии дель арте широко представлены эксцентричное поведение, гротескные формы, атмосфера веселья и жизнеутверждающий смех. Кроме того, и карнавал, и комедия дель арте достигли своего расцвета в эпоху Ренессанса, причем их традиции распространились на разные виды искусства и литературу. В отличие от карнавальных празднеств, где все участники одновременно существовали в перевернутом, игровом мире, в котором разрушались социальные и религиозные табу, комедия дель арте всегда имела четкое разделение между актерами и зрителями. Как уже упоминалось, карнавал был бытовой практикой, а комедия дель арте — фантазийным театральным искусством, которое создавали актеры-виртуозы.

Ю. М. Лотман утверждает, что «искусство может быть описано как некоторый вторичный язык, а произведение искусства — как текст на этом языке» [Лотман 1998: 22]. В течение своей многовековой жизни комедия дель арте сформировала подобный тип вторичного языка. Русская культура впервые познакомилась с языком комедии косвенным образом, через посредство различных иностранных толкователей — немецких актеров и иностранных кукольников, которые часто гастролировали в Российской империи. В 1731 году русская культура (и публика) впервые испытали непосредственное влияние языка комедии дель арте, который глубоко укоренился в русской почве и, подобно любому другому языку, постоянно видоизменялся. Поначалу этот язык был чисто сценическим, но постепенно стал внедряться в литературу, драматургию, изобразительное искусство, музыку и балет. Подобная адаптация произошла благодаря «художественному переводу» языка одного вида искусства на язык другого [Лотман

---

[1] Теория карнавала и карнавализации была подробно разработана Бахтиным в работах «Творчество Франсуа Рабле и народная культура средневековья и Ренессанса» (1965) и «Проблемы поэтики Достоевского» (1963).

1998: 606]. Таким образом, арлекинизированные искусство и литература представляют собой художественный перевод театрального языка на язык других искусств, а всем арлекинизированным произведениям свойственна яркая театральность, которая, по определению Лотмана, «есть язык театра как искусства» [Лотман 1998: 604].

Маска является важнейшим атрибутом арлекинады, поэтому присутствие в любом произведении масок комедии дель арте безошибочно указывает на их интертекстуальную взаимосвязь. Гротеск представляет собой комическое и абсурдное искажение реальности, нечто странное и фантастическое. Гротескные образы с преувеличенными частями тела, имитацией персонажами голосов и движений животных и птиц широко использовались в комедии дель арте, поскольку импровизационный характер представлений давал простор для воображения и самовыражения актеров.

Важно уточнить, что только присутствие масок и других ключевых атрибутов комедии дель арте дает возможность утверждать, что то или иное произведение искусства является арлекинизированным. В этой книге прослежены только те элементы арлекинизации, в которых выявлены очевидные связи с комедией дель арте: их создатель — художник или писатель — переводил арлекинады, как В. К. Тредиаковский, изучал комедию дель арте или экспериментировал с ней, как В. В. Набоков и Е. Б. Вахтангов, или демонстрировал живой интерес к итальянскому театральному искусству, подобно Н. В. Гоголю.

Англоязычные публикации о комедии дель арте в России

Влиянию комедии дель арте на западный театр, литературу и культуру посвящены мириады научных трудов, составляющих отдельную область искусствоведения. В то же время остается лишь удивляться тому, сколь небогата литература, посвященная разнообразным аспектам влияния комедии дель арте на русскую культуру в различные периоды истории последней. К моменту начала моей работы над книгой не было ни одного исследования, охватывающего эту тему во всем ее многообразии и рассматривающего метаморфозы, происходившие с этой уникальной театральной системой и ее масками на русской почве на протяжении нескольких веков. Еще в 1988 году Томас Хек выпустил библиографический справочник, включив в него материалы о комедии дель арте в Западной Европе, Восточной Европе и в Соединенных Штатах, но в нем явственно ощущается недостаток специализированных изданий на эту тему в России [Heck 1988]. В одном из недавних сборников, посвященных этой теме, — «The Routledge Companion to Commedia dell'Arte» 2015 года, — объединившем ведущих специалистов в этой области, комедии дель арте в России посвящена всего лишь одна короткая статья канадского слависта Д. Клейтона под названием «От Мейерхольда до Эйзенштейна», где освещено только широко известное увлечение комедией в эпоху русского модернизма [Clayton 2015: 364–369].

Среди наиболее значительных западных исследований о комедии дель арте в России стоит упомянуть такие англоязычные труды, как «Триумф Пьеро. Комедия дель арте в современном воображении» М. Грина и Д. Свана [Green, Swan 1986], «Петрушка. Русский карнавальный кукольный театр» К. Келли [Kelly 1990], «Пьеро в Петрограде» Д. Клейтона [Clayton 1993] и «Серебряная Маска. Арлекинада в поэзии символизма Блока и Белого» О. Соболевой [Soboleva 2008]. Эти публикации внесли важную лепту в истории русских арлекинад и русского кукольного театра. Все вышеуказанные исследования подходят к русской арлекинаде как некоему изолированному явлению, характерному лишь для пред- и постреволюционной эпох.

Исследования комедии дель арте представляют собой сложный культурологический ландшафт и охватывают самые разные области: история сценического и изобразительного искусства, драматургия, литература, история музыки и сравнительные культурологические исследования. Одним из первых западных исследований о комедии дель арте в России стала книга швейцарского музыковеда Р.-А. Музера [Mooser 1948], посвященная истокам русской оперы. Работа Музера содержит ценную информацию и документы об оперных спектаклях и исполнителях, которые выступали в России при дворе Анны Иоанновны в составе трупп, дававших представления импровизированных итальянских комедий. Ведущие итальянские ученые, специализирующиеся на влиянии итальянской комедии на русскую культуру XVIII века, — М. К. Пезенти [Pesenti 1996] и М.-Л. Феррацци [Ferrazzi 2000] — провели серьезные исследования взаимосвязи русской и итальянской культур. Исследования Пезенти преимущественно посвящены генеалогии ранних русских арлекинов, а Феррацци интересуют исторические материалы и документы, освещающие выступления итальянских трупп при дворе Анны Иоанновны. И наконец, невозможно переоценить исследовательскую работу ведущего российского знатока русской театральной жизни XVIII века Л. М. Стариковой: ее работа в архивах и публикации открыли доступ к ценнейшим документам о театральной культуре России XVIII века, в частности в эпоху правления Анны Иоанновны [Старикова 1995]. Используя опыт и открытия предшественников, я в своей книге продолжаю изучение межкультурного и междисциплинарного феномена — влияния итальянской комедии дель арте на русскую культуру.

Краткое содержание глав

Книга состоит из девяти глав, в ней в хронологическом порядке рассмотрено влияние итальянской комедии на русскую культуру на протяжении трех с лишним веков. Поскольку комедия дель арте являлась синтезом различных искусств, для прослеживания ее влияния в таких областях, как сценическое искусство, литература и народная культура, используется междисциплинарный подход. После обзора культурного ландшафта на различных этапах истории русской культуры в каждой главе предпринято подробное тематическое исследование творчества того или иного деятеля искусств, чьи произведения находились под влиянием комедии дель арте, — при этом особое внимание уделено вычленению этапов эволюции комедии дель арте на русской почве.

Первая глава — «Первые русские арлекины» — посвящена состоянию дел в русском театральном искусстве до периода правления Анны Иоанновны. Я анализирую ранние примеры арлекинизированного искусства в допетровской и петровской России: они подготовили благодатную почву для колоссального успеха у русской публики первой итальянской труппы, прибывшей ко двору императрицы в 1731 году. Особое внимание уделяется искусству скоморохов и средневековым странствующим менестрелям, чьи подходы имели много общего с творчеством итальянских комедиантов. Европейские зрители были хорошо знакомы с искусством комедии дель арте еще с XVI века, русская же публика довольствовалась лишь второсортными немецкими и французскими подражателями. Что касается Петра I, рьяно занимавшегося европеизацией России, — в годы его правления не наблюдалось существенного развития сценического искусства. Император не был поклонником театра, музыки или оперы, отдавая предпочтение морскому и военному делу. Западноевропейские дипломаты и путешественники характеризовали театр Петровской эпохи как довольно варварский, а сам император откровенно признавался, что не является большим поклонником театра. Петр I был знаком с европейским театром и слышал итальянские оперы во время поездок за границу, но получал больше удовольствия от судовождения и стрельбы из пушек.

Вторая глава — «Итальянская декада императрицы Анны Иоанновны» — описывает первое знакомство русского зрителя с подлинным итальянским театром, состоявшееся в 1731 году, когда Анна Иоанновна (1693–1740), племянница Петра I и почитательница европейской культуры, пригласила труппу Томазо Ристори для выступлений при российском дворе. Итальянские актеры имели сенсационный успех у русской публики и на все десятилетие правления Анны Иоанновны (1730–1740) заняли видное положение в культурной жизни русского двора. Для страны, не имевшей в то время собственной профессиональной сценической традиции, такого рода встреча с первоклассными европейскими актерами, певцами и музыкантами ознаменовала собой декаду культурного пробуждения: русская публика впервые получила возможность наслаждаться искусством итальянских виртуозов, впервые соприкоснулась с высокими европейскими стандартами того времени. Итальянская декада правления Анны Иоанновны явилась первой мощной волной влияния комедии дель арте на русскую культуру.

В третьей главе — «Русификаторы комедии дель арте. В. К. Тредиаковский и А. П. Сумароков» — рассмотрены первые литературные переводы сценариев комедии дель арте Тредиаковским (1708–1768) на русский язык и оценено их влияние на первые шаги профессиональной драматургии в России. Далее подробно разобрана одна из ранних арлекинизированных русских комедий «Чудовищи / Третейный суд» (1750) Сумарокова (1717–1777). Эти две темы заслуживают особого внимания исследователей. Переводы Тредиаковского были преданы забвению, но они внесли значительный вклад в историю русского драматургического искусства, а также в историю русских арлекинад. Сумароков, по праву считающийся одним из основоположников русского театра, также использовал образы и приемы комедии дель арте. Особого внимания заслуживает один из персонажей комедии «Чудовищи», слуга Арликин, представляющий собой своеобразный русско-итальянский комический гибрид.

В четвертой главе — «Последствия итальянской декады» — прослежено, какой мощный импульс придали итальянские гастролеры эпохи Анны Иоанновны развитию российской литературной и культурной критики XVIII века. Следующим этапом явилось осмысление итальянского искусства и критический анализ увиденного и услышанного, отраженный в цикле публикаций о принципах устройства оперы, драматургии и комедии. Итальянская комедия и ее маски начали проникать в различные сферы русской жизни, отражая общую тенденцию к стиранию границ между сценой и реальной жизнью в послепетровскую эпоху.

В пятой главе — «Шинель-Полишинель-Пульчинелла. Итальянская генеалогия Акакия Башмачкина» — предложен новый взгляд на одну из самых известных русских повестей XIX века — «Шинель» Н. В. Гоголя (1809–1852), впервые опубликованную в 1842 году. Оспаривая общепринятое мнение о том, что повесть основана исключительно на русском материале, я утверждаю, что во время работы над «Шинелью» Гоголь находился под сильным влиянием итальянской комедии дель арте и генеалогия петербургского чиновника Акакия Башмачкина тесно переплетена с итальянской маской Пульчинеллы. Гоголь много жил в Италии между 1836 и 1848 годами, прекрасно владел итальянским языком и закончил «Шинель» весной 1841 года в Риме. Он живо интересовался итальянской комедийной традицией, в особенности комедиями Карло Гольдони (1707–1793), сюжеты которых, в свою очередь, были неразрывно связаны с комедией дель арте. Исследуя итальянский контекст повести, я прослеживаю, что основные элементы сюжета, повествовательные приемы, равно как и имя и характер главного героя содержат явные интертекстуальные параллели с традицией комедии дель арте.

Шестая глава — «Возрождение комедии дель арте в эпоху модернизма» — посвящена второй, мощной и лучше изученной волне комедии дель арте на русской почве, пришедшейся на эпоху русского модернизма (1890–1930). Начиная с последнего десятилетия XIX века и в первые два десятилетия XX русские деятели искусства пересматривали уже сформировавшиеся глубокие культурные связи с итальянской комедией. Общепринятая в западном искусствоведении теория, что Россия находилась под сильным влиянием французского модернизма и что волна модернистского увлечения комедией дель арте пришла в нее исключительно из Западной Европы, в некотором смысле однобока и ограниченна. Именно в эпоху русского модернизма выходило множество публикаций о глубинных связях России с комедией эпохи Анны Иоанновны. Русские модернисты переосмыслили и русифицировали комедию дель арте в таких знаменитых произведениях, как «Балаганчик» А. А. Блока (1906) и «Веселая смерть» Н. Н. Евреинова (1909), заменив жизнеутверждающий смех XVIII века трансцендентальной иронией и смехом сквозь слезы. Жизнелюбие и забавные любовные похождения со счастливыми развязками, которые разыгрывались перед публикой в XVIII веке, были преобразованы в арлекинады Серебряного века с неразрешимыми любовными треугольниками и постоянным присутствием темы неизбежной смерти. Радость бытия, изображавшаяся на сценических подмостках XVIII века, сменилась гротескным образом веселой смерти.

Седьмая глава — "Принцесса Турандот" Е. Б. Вахтангова» — посвящена творческому наследию модернистского режиссера и актера Вахтангова (1883–1922). В 1922 году, в период Гражданской войны, Вахтангов и его ученики из Третьей студии Московского Художественного театра создали яркий жизнеутверждающий спектакль «Принцесса Турандот» по одноименной пьесе Карло Гоцци (1762). Этот спектакль-праздник, поставленный в стиле комедии дель арте, уносил зрителей от тягот послереволюционной жизни и Гражданской войны в фантастический, сказочный мир. Смертельно больной Вахтангов обрел в комедии дель арте карнавальную радость бытия, провозгласив итальянскую комедию «идеальным театром вечных масок».

В восьмой главе — «Последний роман В. В. Набокова "Взгляни на арлекинов!"» — роман Набокова (1899–1977) «Взгляни на арлекинов!» (1975) проанализирован через призму художественных принципов комедии дель арте. Хотя при первом прочтении трудно вычленить роль комедии в романе, внимательный анализ выявляет искусно завуалированное вплетение итальянских образов в канву повествования. Постоянный интертекстуальный диалог со старинными арлекинадами наводит на мысль, что роман можно отнести к истории русских арлекинад и объявить арлекинизированным литературным текстом. Прощальный роман Набокова отражает ностальгию стареющего писателя по атмосфере его юности — эпохе русского модернизма с ее излюбленными Арлекинами.

Заключительная, девятая глава — «Алла — императрица-шутиха русской поп-культуры» — отдает дань творчеству певицы А. Б. Пугачевой (р. 1949) в историко-культурном контексте русских арлекинад. В 1975 году, почти одновременно с выходом в свет романа Набокова «Взгляни на арлекинов!», Пугачева ворвалась в мир советской эстрады с песней о трагикомическом клоуне Арлекино. Именно под этой легендарной итальянской маской певица успешно создала свой сценический образ привилегированной шутихи, которой была позволена эксцентричность, идущая против всех установленных канонов советской эстрады. В течение долгой карьеры Пугачевой ей прощали критику и насмешки над правителями и политическим status quo, а ее личная жизнь, разрушающая патриархальные правила, лишь подхлестывала интерес миллионов поклонников к певице.

Моя книга — первое исследование на данную тему, охватывающее длинную историю русских арлекинад и демонстрирующее повсеместное / вездесущее присутствие художественных принципов комедии дель арте на русской почве. Итальянская комедия дель арте в России — это богатейшая и малоизученная традиция, оказавшая значительное влияние на процессы творчества в различных культурных сферах. Эта книга повествует о комедии дель арте как о неиссякаемом источнике вдохновения, питающем русскую культуру вот уже более трех веков. Каждый из русских художников, обращавшихся к комедии дель арте, интерпретировал ее по-своему, внося новизну в творческие подходы к ней и бесстрашно предаваясь под итальянскими масками экспериментам. Эта книга охватывает широкий спектр культурологических явлений, предлагая новый взгляд на арлекинизированное творчество знаменитых русских художников и на их методы русификации итальянской комедии дель арте. Хочется верить, что мое исследование поможет хотя бы частично заполнить пробел в истории русского театра, литературы и фольклора, пролив свет на глубину воздействия комедии дель арте на русскую культуру.

Глава первая
Первые русские арлекины

В этой главе рассмотрено несколько основополагающих факторов, подготовивших русскую публику XVIII века к восприятию итальянской комедии дель арте. В главе прослежено сходство искусства русских скоморохов с эстетикой комедии дель арте, а также отмечено, что арлекинизированные представления присутствовали на русской почве еще до правления императрицы Анны Иоанновны. Успеху комедии дель арте в России XVIII века во многом способствовало знакомство русских зрителей с масками комедии дель арте и с импровизационной манерой игры, которое произошло благодаря различным гастролерам-имитаторам — немецким труппам, театрам кукол — и придворным любительским спектаклям, где использовались маски комедии дель арте.

Состояние дел в русском сценическом искусстве до правления Анны Иоанновны

Искусство русских скоморохов имело много общего с представлениями комедии дель арте. Первое упоминание о скоморохах относится к 1068 году и зафиксировано в Лаврентьевской летописи. По сей день ученые не пришли к единому мнению по поводу этимологии слова *скоморох*: о его происхождении высказываются различные гипотезы. Так, предполагается возможная связь с византийским *skom-archos* — главный артист, а также с арабским *maskhara* — шут [Белкин 1975: 25–29; Стахорский 2012:

53–54]. Наиболее вероятная гипотеза предполагает индоевропейские корни слова *скоморох*, связывая его с французским *scaramouche* или итальянским *scaramuccia* — шут, странствующий комедиант, музыкант и танцор [Дмитриев 1977: 11]. В Неаполе конца XVI века *scaramuccia* являлся одним из персонажей комедии дель арте [Duchartre 1966: 236]. По совпадению Томазо Ристори — руководитель первой итальянской труппы комедии дель арте, прибывшей в Россию в 1731 году, — был известным исполнителем роли Скарамуччо, однако приезд его состоялся в то время, когда искусство скоморохов уже практически исчезло из культурной жизни, оставив пустоту, которая и была заполнена итальянскими комедиантами.

В период Средневековья скоморохи были единственными и излюбленными лицедеями Древней Руси и в то же время первыми русификаторами западного сценического искусства. Во время долгих странствий скоморохи знакомились с иностранными артистами и видели их выступления, получая таким образом информацию о различных иностранных формах культуры развлечений. Подобно итальянской комедии дель арте, скоморошество родилось и достигло расцвета в недрах народной культуры, уходя корнями в глубокую старину. Так же как итальянские комедианты, скоморохи были универсальными исполнителями-виртуозами, способными соединять в своих представлениях танец, пение, игру на музыкальных инструментах, акробатику и кукольный театр. «Всяк спляшет, да не так, как скоморох», — гласит русская пословица, иллюстрируя профессиональное мастерство бродячих артистов [Дмитриев 1977: 14]. Маски и импровизация были важнейшими компонентами искусства скоморохов, и так же, как в комедии дель арте, актеры часто всю жизнь исполняли одну и ту же роль, сживаясь с определенной маской, полагаясь на схематические описания в отсутствие текста как такового [Белкин 1975: 114].

Поскольку искусство скоморохов принадлежало к устной народной традиции, исследование их творчества осложняется отсутствием достоверных исторических документов. История скоморошества зиждется на сохранившихся воспоминаниях

Рис. 2. Пляска под волынку. Лубок

зрителей и древних фресках, где остались их изображения. Скоморохи были хорошо знакомы с русскими народными обычаями и традициями и так же, как и итальянские комедианты, были прекрасно осведомлены о своем социальном и политическом окружении, что позволяло им широко использовать в представлениях юмор и пародию [Zguta 1978: 49]. Скоморохи были не только актерами, но и дрессировщиками и предсказателями будущего: в представлениях задействовались дрессированные животные, а после спектаклей некоторые скоморохи предлагали погадать зрителям по ладони — действия, которые клеймились клириками как дьявольские и греховные. Запреты церкви не препятствовали интересу широкой публики к гаданиям [Zguta 1978: 49]. Скоморохи активно сопротивлялись преследованиям со стороны властей, многочисленным попыткам запретить скоморошество и обвинениям в языческой природе своего искусства и при этом пользовались большим успехом у различных социальных слоев общества. Несмотря на запреты, их искусство было востребовано не только в народной среде, но и при царском дворе. Как это ни парадоксально, но, притом что церковники и власть имущие осуждали скоморохов за богохульство, странствующие артисты часто получали приглашения ко двору для развлечения элитарной публики, представители которой с удовольствием проводили время в их обществе. Скоморохи были представителями народной смеховой культуры, которая, по словам Д. С. Лихачева, всегда стояла в оппозиции к традиционному религиозному мироустройству, поскольку смех неизменно восставал против догматических установок [Лихачев 1984: 39–45]. В свою очередь, С. С. Аверинцев отмечает, что в русском языке слово «смех» рифмуется со словом «грех», что наглядно выражено в пословицах, например: «Где смех, там и грех». В аскетической православной традиции смех считался явлением греховным [Аверинцев 1993: 341–345].

История скоморошества освещает отношение к зрелищам, музыке, танцу и маскам в допетровской России. Игра на музыкальных инструментах и танцы считались у православных христиан богохульством, а использование масок — бесовщиной. Изданный в 1551 году «Стоглав» — сборник, посвященный как религиозно-церковным, так и государственно-экономическим вопросам, — содержит список строгих религиозных и поведенческих правил и рекомендаций. Участие скоморохов в свадебных гуляньях приравнивается к бесовству:

> В мирских свадьбах играют глумотворцы и арганники и гусельники, и смехотворцы и бесовские песни поют, и как к церкве венчатися поедут, священник со крестом будет, а пред ним со всеми теми играми бесовскими рищут, а священницы имо том не возбраняют и не воспрещают [Ливанова 1938: 286–287].

«Стоглав» настоятельно рекомендует запретить представления скоморохов, с негодованием описывая народное веселье, начатое по вине скоморохов в Троицкую субботу, во время поминовения усопших:

> В Троицкую субботу по селам и по погостам сходятся мужи и жены на жальниках и плачутся по гробам умерших с великим воплем, и егда скомрахи учнут играти во всякие бе-

> совские игры, и они от плача преставше, начнуть скакати и плясати, и в долони бити, и песни сатонинские пети, на тех жальниках обманщики и мошенники.
> Всем священником, по всем градом и по селам чтобы православных христиан наказывали и учили, в которые времена родителей своих поминают и они нищих покоили, и милостыню бы по силе давали, и кормили, и поили, а скомрахам и всяким глумникам запрещали и возбраняли, чтобы в те времена, коли поминают родителей, православных христиан не смущали теми бесовскими играми [Ливанова 1938: 286–287].

Подобные наставления дают понятие о репутации скоморохов — «веселых людей», как их называли в старину, — и противопоставляют их «бесовскую» деятельность церковно-религиозным правилам. Такие пословицы, как «Скоморох попу не товарищ» или «Бог дал попа, черт — скомороха», также отражают конфликтные отношения между скоморошеством и церковью.

Несколько исторических примеров иллюстрируют отношение к зрелищам и развлечениям на Руси. Например, Иван Грозный, в правление которого был издан Стоглав, двойственно относился к скоморохам: официально он оценивал скоморошество как явление антирелигиозное, однако любил устраивать пышные пиры, приглашая на них скоморохов:

> Сохранились известия, что Грозный очень любил «веселых», т. е. скоморохов и гудельников, которых к нему присылали нарочно из Новгорода, вместе с медведями. Вообще, при его дворе, по обычаю боярских домов, был постоянно многочисленный штат всевозможных «умельцев» и шутов [Михневич 1879: 58].

На пирах Иван Грозный пускался в пляс вместе со скоморохами, пел крайне непотребные песни, а иногда даже надевал скоморошью маску — харю, жестоко наказывая при этом всех, кто осмеливался критиковать его за подобное поведение. Лихачев отмечает лицедейство Ивана Грозного, видя и в его поведении, и в словах влияние скоморошества со свойственным ему частым чередованием церковного языка с ругательствами и просторечиями [Лихачев 1984: 35]. Князь Андрей Курбский открыто осуждал Ивана Грозного за приглашения ко двору «скоморохов с их дудами и богоненавистными песнями» [Михневич 1879: 58].

Другая история рассказывает о трагической судьбе князя Михайлы Репнина, отказавшегося надеть маску, которую пьяный царь пытался на него натянуть. Репнин снял маску, бросил ее наземь и раздавил, сказав при этом: «Государю ли быть скоморохом? По крайней мере я, думный боярин, им не стану!» Через несколько дней князь Репнин был зарезан в церкви в наказание за неповиновение государю и за нелюбовь к скоморохам [Михневич 1879: 59].

Во время своего краткого царствования Лжедмитрий (1605–1606) подвергался строгой критике современников за любовь к музыке, пению, танцам, а также за использование масок. Князь Василий Шуйский, политический противник Лжедмитрия, сравнивал его со скоморохом, говоря при этом: «Что это за царь? <...> Какое в нем достоинство, когда он с шутами, да с музыкантами пляшет, да хари надевает? Это — скоморох» [Михневич 1879: 62]. Любовь Лжедмитрия к европейской музыке и маскам получила трагедийное завершение: в результате заговора, во главе которого стоял все тот же Шуйский, самозванец был убит, а его труп брошен на обозрение публики. На животе лежала маска, на груди — волынка, а в рот была воткнута труба [Стахорский 2012: 364].

Возмущение деятельностью скоморохов было частым явлением среди верующих. К примеру, один из самых влиятельных староверов, протопоп Аввакум Петров, подробно описывает в своей биографии собственноручное избиение и наказание скоморохов за антирелигиозную сущность их искусства:

> Придоша в село мое плясовые медведи с бубнами и с домрами, и я, грешник, по Христе ревнуя, изгнал их, и ухари и бубны изломал на поле един у многих и медведей двух великих отнял, — одново ушиб, и паки ожил, а другова отпустил в поле... [Аввакум 1673][1].

---

[1] Протопоп Аввакум (1620–1682) был религиозным лидером старообрядчества, активно противостоял реформам Русской православной церкви, проводимым патриархом Никоном. «Ухари» — «хари», маски.

Иностранные путешественники дивились на подобную варварскую враждебность русских к музыке и лицедейству. Так, немецкий ученый и путешественник Адам Олеарий (1599–1671) отмечает в своих записках:

> Они (русские) не терпят в церквях своих ни органов и никаких других музыкальных инструментов, говоря: «инструменты, не имея никакого духа и жизни, не могут восхвалять бога» <...> Вне церквей, впрочем, в домах, в домах, особенно во время своих пиршеств, русские любят музыку. Но так как ею стали злоупотреблять, распевая под музыку в кабаках, корчмах и везде на улицах всякого рода срамные песни, то нынешний патриарх, два года тому назад, сперва строго воспретил существование таких кабачьих музыкантов, и инструменты их, какие попадутся на улицах, приказывал тут же разбивать и уничтожать, а потом и вообще запретил русским всякого рода инструментальную музыку, приказав в домах и везде отобрать музыкальные инструменты, которые и вывезены были по такому приказанию на пяти возах за Москву-реку, и там сожжены [Ливанова 1938: 284][2].

Русской культуре был присущ унаследованный от Византии аскетизм и набожное порицание любых удовольствий, получаемых от различных видов искусства. На русской почве подобные ограничения доходили до крайности. Именно по этой причине народные веселья и гуляния, связанные со скоморохами — веселыми людьми, — представляли серьезную опасность для церковного догматизма. Языческая природа скоморошества и всеобщая радость от встреч со скоморохами рассматривались как богохульство и потому подлежали преследованиям и искоренению. Популярность скоморохов в народной среде и экстатический энтузиазм зрителей, толпившихся на их представлениях, объяв-

---

[2] Адам Олеарий оставил подробное описание нескольких путешествий в Московию, где освещены различные аспекты культурной и политической жизни на Руси в XVII веке (Олеарий А. Подробное описание путешествия голштинского посольства в Московию и Персию в 1633, 1636 и 1639 гг. М., 1870. Цит. по: [Ливанова 1938]).

лялись недопустимыми для богопослушных православных христиан. Царь Алексей Михайлович возмущался тем, что скоморохи отвлекают народ от церковной службы, зазывая зрителей на представления на открытом воздухе, которые могли длиться всю ночь и сопровождались песнями и плясками [Zguta 1978: 60–61].

В 1648 году, заручившись поддержкой церкви, Алексей Михайлович издал указ, запрещавший выступления скоморохов; указ призывал отправлять бродячих артистов в ссылку, изгонять из больших городов, а также конфисковывать и сжигать их музыкальные инструменты и маски. Тем не менее, игнорируя строжайшие запреты властей, скоморошество на Руси продолжало существовать:

> После указа [царя] Алексея 1648 года скоморохи не исчезли окончательно. Во-первых, существует грамота Федора II, в которой царь описывает гражданские беспорядки в деревне Лысково (находящейся на востоке от Москвы). Скоморохи упоминаются в числе факторов, вызвавших беспорядки, поскольку они часто появлялись в местной деревенской таверне с их дрессированными медведями и всевозможными сатанинскими развлечениями [Zguta 1978: 64].

Несмотря на многочисленные преследования, скоморошество просуществовало до второй половины XVIII века. Один из последних исторических документов, в котором упоминаются представления скоморохов в Западной Сибири и на Урале, датируется сентябрем 1768 года [Zguta 1978: 65].

Первые арлекины на русской сцене

Русские дипломаты регулярно докладывали царям о театральных представлениях, которые они посещали в Италии, Франции и других европейских государствах. В 1658 и 1668 годах посланники с энтузиазмом описывают свои впечатления от флорентийских и парижских театров, выражая восхищение роскошью декораций и техническими достижениями европейского театра

[Всеволодский-Гернгросс 1957: 102]. Царь Алексей Михайлович решает пригласить в Россию европейских актеров и антрепренеров, осознавая ценность их опыта подготовки новых кадров для создания театрального дела в стране. В мае 1672 года царь приказывает полковнику Николаю фон Стадену ехать в Курляндию с целью «приговаривать великого государя в службу... 2 чел. трубачей самых добрых и ученых, 2 чел., которые б умели всякие комедии строить» [Всеволодский-Гернгросс 1957: 102]. По мнению Всеволодского-Гернгросса, «царь, несомненно, разумел при этом не актеров (двоих было бы мало), а организаторов театрального дела, режиссеров-педагогов, по нашей современной терминологии» [Всеволодский-Гернгросс 1957: 102].

Хотя четверть века назад он наложил запрет на выступления скоморохов, Алексей Михайлович начинает оказывать активную поддержку организации придворного театра. Рождение сына Петра также диктует необходимость придворных празднеств и развлечений. Алексей Михайлович покровительствовал преимущественно религиозным спектаклям, в которых использовались тексты, заимствованные из Немецкой слободы, в которой функционировал постоянный любительский театр [Берков 1977: 17–18]. Перевод немецких пьес на русский язык был связан с немалыми трудностями, поскольку русский театральный язык был в то время неразвит — на нем невозможно было представить возвышенные или галантные диалоги. При этом переводы комических сценок, являющихся неотъемлемой частью любых представлений, в том числе и на библейские сюжеты, удавались превосходно, поскольку благодаря искусству скоморохов и придворным шутам народный комический язык развивался на Руси на протяжении нескольких веков. Существует предположение, что комические интерлюдии в «комедийной хоромине» — придворном театре Алексея Михайловича, просуществовавшем с 1672 по 1676 год, — находились под влиянием *lazzi* (комических трюков) итальянской комедии дель арте, которые проникали в русскую культуру через европейских, в особенности немецких гастролеров [Орлов 1970: 371–373].

К моменту, когда в 1731 году на русской сцене появился первый аутентичный итальянский Арлекин, его предшественники уже достигли большой популярности, десятилетиями странствуя по российским городам и весям как незаменимые участники русских комедийных представлений. Предшественники Арлекина носили различные имена: Гаер, Херликин, Арликин — и проникали в Россию через польские и украинские спектакли, а также через немецких интерпретаторов итальянской комедии дель арте. Итальянские комедианты гастролировали в Германии начиная с XVI века и оказали значительное влияние на развитие немецкого театра. Что касается маски Арлекина, то она появилась в немецкой литературе и драматургии еще в 1616 году [Heck 1988: 141–143][3]. Немецкие арлекинады часто разыгрывались в России начала XVIII века, в эпоху царствования Петра I [Пезенти 2008: 51]. Более того, упрощенные и переделанные адаптации сценариев комедии дель арте были доступны в польских переводах, и наличие элементов комедии дель арте было частым явлением в украинских школьных и любительских театрах [Пезенти 2008: 36].

В годы своего правления (1682–1725) Петр I охотно покровительствовал русскому сценическому искусству и пытался пригласить в Россию ведущих европейских исполнителей. Однако императору не удалось залучить к себе никого из первоклассных европейских артистов. Английские, французские, голландские и немецкие труппы часто гастролировали в России, но наибольшей популярностью пользовались кукольные представления. Кукольники выступали не только на народных ярмарочных гуляниях, но и во дворцах аристократии и пользовались любовью публики из самых разных сословий. Как отмечает Старикова,

> представления кукольников, в частности иностранных, занимали в указанную эпоху одно из главнейших мест в театрально-зрелищной панораме России и являлись едва ли не самыми популярными среди русских зрителей всех слоев, начиная с самих монархов и их придворных и кончая «низа-

---

[3] Итальянские труппы гастролировали в Германии начиная с XVI века, и элементы комедии дель арте оказали существенное влияние на развитие немецкого театра. Что касается маски Арлекина, этот персонаж начал появляться в немецкой литературе и драме начиная с 1616 года [Heck 1988:141–143].

ми», причем одни и те же исполнители-кукольники показывали свою «Игру» в доме Его царского величества и в других господских домах и публично [Старикова 1996: 135].

Что касается Петра I, много путешествовавшего по Европе, то он, безусловно, осознавал эстетическое и политическое значение театрального искусства для культуры России периода грандиозных реформ. Документально подтверждено и то, что Петр был знаком с итальянской оперой и театром. Император слушал итальянцев в Ганновере в 1697 и 1713 годах, но открыто признавался, что не был большим любителем музыки, предпочитая звуки канонады, кораблестроение и навигацию [Mooser 1948: 29]. Петр не посещал Италии по ходу своих европейских путешествий, но был хорошо осведомлен о богатстве итальянской культурной жизни благодаря русским посланникам и путешественникам. Дипломаты, посетившие Флоренцию и Венецию, были потрясены яркостью и живостью карнавалов и великолепием театральных и оперных спектаклей [Mooser 1948: 26]. Князь Петр Толстой, дипломат и путешественник, с восторгом описывает свои впечатления:

> В Венеции бывают оперы и комедии предивные, которые в совершенстве описать никто не может, и нигде на всем свете таких предивных оперов и комедий нет и не бывает. Те палаты, в которых те оперы бывают, великие, округлые, и называют их итальяне театрум. В тех палатах поделаны чуланы многие в пять рядов вверх и бывает в одном театруме чуланов 200, а в ином 300 и больше, а все чуланы поделаны внутри того театрума предивными работами золочеными. <...> Играют в тех операх во образе древних гисторий, кто какую гисторию излюбит так в своем театруме и сделает; а музыка в тех операх бывает предивная с разными инструментами человек 50 и больше, которые в тех операх играют [Ливанова 1938: 309].

В 1702 году Петр I приглашает в Москву немецкую труппу под руководством Иоганна Христиана Кунста [Mooser 1948: 30]. Деревянный театр под названием «комедийная хоромина» был построен специально для выступлений немецких гастролеров прямо на Красной площади. Прибыв в Россию с девятью коллегами, Кунст незамедлительно принялся за обучение русских актеров, и во время представлений русские и немцы выступали поочередно, переходя с русского на немецкий язык и обратно [Старикова 1997: 10]. Кунст, а затем Отто Фурст, приехавший в Россию после смерти Кунста в 1703 году, сыграли важную роль в развитии русского театрального дела, обучая русских актерскому мастерству и режиссуре. По мнению иностранных вельмож, служивших при русском дворе и хорошо осведомленных о высоких стандартах европейского театра, и Кунст, и Фурст были посредственными артистами и не заслуживали ни больших затрат на их услуги, ни построения для них специального театра. Граф Геннинг Фридрих фон Бассевич (1680–1749) обвинял актеров в дурновкусии и отсутствии профессионализма, утверждая при этом, что сам император обладал хорошим вкусом во всем, включая искусство, и остался недоволен работой Кунста и Фурста [Пекарский 1862: 432]:

> По словам Бассевича, Петр требовал репертуара, в который входили бы пьесы «трогательные», но «без этой любви, которую всюду вклеивают», и фарс, «но без шутовства», пьесу без любовной интриги, не очень печальную, не очень серьезную и вместе с тем забавную. Но самое главное, чего добивался Петр при создании публичного театра, — это его доступности. Репертуар же театра Кунста — Фурста состоял в основном из иностранных пьес, правда несколько переработанных для русского зрителя. И все же сюжеты пьес, сценические положения, инсценируемый быт казались русскому зрителю чуждыми [Всеволодский-Гернгросс 1957: 148].

Петр также оказывал покровительство домашнему театру своей сестры, царевны Натальи Алексеевны, находившемуся в селе Преображенском, в окрестностях Москвы. Формально театр был открыт для широкой публики, но предпочтение отдавалось аристократии и иностранцам [Старикова 1997: 17]. Как правило, большинство текстов пьес, равно как и костюмы, декорации и бутафорию, брали на время у немецких артистов. Около 1710 года театр переехал в Санкт-Петербург, где он просуществовал до смерти Натальи в 1716-м. В основном репертуар театра состоял из пьес на библейские сюжеты, написанных самой Натальей Алексеевной и восхваляющих деяния ее брата, Петра Великого. Иностранные дипломаты, посещавшие театр, снисходительно описывали увиденное, отмечая низкий уровень русских исполнителей. Вот как отзывается о состоянии театрального дела при Петре I мекленбургский посланник Вебер:

> ...со временем в Петербурге должна учредиться опера и театр, и тому уже положено начало, хотя царь в подобных зрелищах находит столько же удовольствия, сколько и в охоте. Русские и сами делали попытки завести театры, но по недостатку в руководителях все это не принесло видимой пользы. Еще до отъезда царя в чужие края (в 1717 г.) великая княжна Наталья (любимая сестра Петра) заставляла играть драматические пьесы, на которые смотреть волен был всякий. Для помещения театра избрали огромный пустой дом, где устроили партер и ложи. 10 актеров и актрис были природные русские, не видавшие ничего, кроме России, а потому можно вообразить себе их искусство. Великая княжна и сама сочиняла по-русски трагедии и комедии, заимствуя для них сюжеты из Библии или из обыкновенных вседневных приключений. Роль Арлекина поручена была одному обер-офицеру, и он вмешивался с своими шутками туда и сюда в продолжении представления; потом выходил оратор и рассказывал о содержании и ходе пьесы, а наконец следовала и сама пьеса, где была изображена неудачность восстаний и всегда несчастный конец их. В этой пьесе... было выведено на сцену одно из последних стрелецких возмущений [Пекарский 1862: 441–442].

Записки Вебера отражают функцию русского Арлекина в придворном театре и тот факт, что шутовской персоне дозволялось вторгаться с комическими сценками в представления, посвященные таким серьезным политическим событиям, как восстание стрельцов. Подобная смеховая традиция уходила корнями в Средневековье, когда комические интермедии давались в середине самых разных представлений, включая спектакли на библейские сюжеты [Пезенти 2008: 17]. Арлекинизированные комические персонажи — Арлекины, Гаеры и Херликины — являлись главными героями подобных интермедий. Комические эффекты были построены на физическом насилии, избиениях — и изумляли иностранных дипломатов особенностями русского юмора.

Петр был покровителем и частым зрителем в театре сестры, понимая при этом, что России необходимо соприкосновение с западным исполнительским искусством; однако активная деятельность на политической, военной и общественной ниве не оставляла государю времени и энергии на осуществление театральных реформ. Тем не менее Петр изъявлял желание пригласить в Россию артистов, играющих на одном из славянских языков.

> Петр Великий очень хорошо понимал сам недостатки и несовершенства игры современных русских актеров, а потому у него была мысль выписать из-за границы такую труппу артистов, которые бы знали по-чешски или по-славянски и, следовательно, скорее и легче могли бы давать представления на русском языке, а также быть образцом для русских актеров. В 1720 г. он, между прочим, писал к Ягужинскому, бывшему тогда в Вене: «Постарайтесь нанять из Праги компанию комедиантов таких, которые умеют говорить по-славянски или по-чешски» [Пекарский 1862: 435–436][4].

Арлекинизированные интермедии в Петровскую эпоху

Маски комедии дель арте часто использовались в интермедиях Петровской эпохи, учитывая при этом специфическую природу комического в России. Итальянским сценариям комедии дель

---

[4] Ягужинский Павел Иванович (1683–1736) — русский государственный деятель и дипломат, сподвижник Петра I.

арте были свойственны сложные сюжеты, любовные похождения, битвы на шпагах, волшебные явления и фантастические метаморфозы. Итальянские сценарии часто строились на комедии ошибок, любовных треугольниках и изменах. Что касается географии, действие могло разворачиваться в разных частях света, а порой и на Луне. Развитие действия отличалось динамизмом, а импровизационная природа актерской игры оживляла представления, вызывая зрительский восторг. Итальянские интермедии были известны своей фривольностью и употреблением непристойных выражений. Слуги-дзанни (*zanni*) пародировали возвышенные монологи и диалоги господ, используя при этом жесты и выражения эротического свойства.

Сюжеты русских интермедий были просты по содержанию, а персонажи — довольно одномерны. Первые русские арлекины во многом походили на итальянских, а их появление на русской сцене стало важным этапом в развитии русского театра, отразив в себе процесс русификации и ассимиляции этого персонажа на русской почве [Пезенти 2008: 245][5]. Некоторые черты русских арлекинов созданы исключительно народным воображением, но итальянская генеалогия этого персонажа безусловна. Сюжеты ранних арлекинизированных интермедий основывались на любовных похождениях Гаера, который одновременно волочится за несколькими женщинами. Как и его итальянский собрат, русский Арлекин — плут и обманщик, который обводит вокруг пальца мужей, принадлежащих к более высокому социальному сословию. Скатологический юмор и шутки, связанные с интимными частями тела, пользовались большим спросом у русской публики.

Одна из популярных интермедий Петровской эпохи — «Шутовская свадьба» — наглядно демонстрирует космополитическую природу русского Арлекина и его итало-немецко-русскую генеалогию. Обращаясь к зрителям, Арлекин ставит вопрос о своей национальной принадлежности:

---

[5] Книга Пезенти содержит подробное исследование ранних русских интермедий в русском любительском театре.

> Здравствуйте, благородные господа!
> Я пред вами имею почтенье всегда.
> Каким-ста вы меня чаете,
> Русским или немцем признаете?
> Нет-ста, я гарликин российский.
> Пришел вам отдать поклон низкий! [Старикова 1988: 60].

Арлекин не упоминает впрямую о своем итальянском происхождении, однако, спрашивая, считают ли его русским или немцем, подразумевает свое иностранное происхождение, поскольку в Петровскую эпоху немцами, как известно, называли в народе любых иностранцев. Другое возможное объяснение: автор интерлюдии имеет в виду немецкого, а не итальянского арлекина, поскольку массовая культура не была еще в то время знакома с итальянскими актерами.

Русский Арлекин хотел бы жениться и обращается к зрителям за советом:

> Прошу вас и требую совета:
> Уже пришли мои совершенные лета.
> Хочется, как и прочим, жениться
> И с женою лапушкой повеселиться!

Затем Арлекин обращается к животному миру, смещая зрительское внимание на брачные игры птиц:

> Птицы и звери, тварью что разумеют,
> И те при себе жену имеют.
> Я некогда по улице гулял и видал,
> как воробей воробьиху топтал.
> Також де и петух курочку топчет,
> И курочка от него клохчет [Старикова 1988: 60].

Комические персонажи комедии дель арте часто имитировали в своих интермедиях движения и щебет птиц.

В одной из сценок, запечатленных в русском лубке XVIII века, пожилая сваха говорит Арлекину, что нашла ему невесту, и просит вознаграждения за услуги. Лотман пишет об органической связи русского лубка с театральными представлениями:

> Художественное пространство лубочного листа организовано особым образом, ориентируя зрителей на пространственные переживания не живописно-графического, а театрального типа [Лотман 1998: 484].

Лотман отмечает, что лубочные картинки, как и театр, часто используют маски:

> ...следует указать на тяготение лубка к маске. Неслучайно маска комического персонажа из итальянской комедии через посредство гравюр Калло, также имеющих двойную графико-театральную природу (хотя не исключено и прямое влияние итальянского театра, систематически гастролирующего в Петербурге в середине XVIII в. и явившегося одним из мощных проводников барочной культуры в России), пустила такие глубокие корни в русском лубке [Лотман 1998: 484].

Лубочная картинка «Жених и сваха» любопытна противопоставлением русской свахи в традиционном допетровском одеянии и Арлекина, одетого в западный костюм с типичным для Арлекина узором из ромбов, с маской на лице и с традиционной тросточкой — *battoccio* в руке, которая являлась неотъемлемым атрибутом итальянских арлекинов. Наличие маски, прикрывающей только половину лица, также типично для комедии дель арте. Рот шута при этом не закрыт, а внушительный нос, возможно, подразумевает итальянскую генеалогию этого персонажа. В отличие от Арлекина лицо свахи полностью открыто, а ее традиционное русское одеяние и головной убор с меховой опушкой ярко контрастируют с европейским обликом Арлекина. Эта лубочная картинка изображает противостояние России и Запада, причем Арлекин олицетворяет западные нововведения, а сваха — национальную традицию, отвергающую новизну. Выразительная поза свахи с рукой на груди выражает удивление и недоумение по поводу странного вида русского Арлекина.

Рис. 3. Жених и сваха. Лубок. Персонажи любительских комедий XVIII века

Еще одна интермедия, относящаяся к концу XVII или первому десятилетию XVIII века, поражает эротизмом, фривольностью, образами насилия и обилием непристойных выражений [Тихонравов 1874: 485–488][6]. Пезенти отмечает скатологическую природу юмора в ранних русских интермедиях, где Херликин пытается соблазнить молодую жену старого мужа. Херликин неожиданно приходит в гости к семейной паре с бутылкой вина и фруктами и тут же начинает флиртовать с женой, одновременно беседуя с мужем. Старый муж постепенно пьянеет, а Херликин принимается за приготовление постели, куда укладывает пьяного мужа, а затем ложится в ту же самую постель с молодой женой:

> С т а р и к: И ты ложись жена.
> Ж е н а: Я и так возле тебя.
> Х е р л и к и н: А мне ж где?
> Ж е н а: Вот зде.
> (Туда ж ложитца и обнимает хозяйку) [Пезенти 2008: 152–153].

---

[6] Тихонравов уточняет, что вышеуказанная «Интермедия» относится к XVIII веку и идентифицирует ее как переводной текст с немецкого, являвшийся частью репертуара труппы Кунста и Фурста ([Тихонравов 1874, 1: xlv, xlviii]).

Перед тем как убежать, Херликин испражняется прямо на супружеском ложе, после чего скрывается. Комический спор между мужем и женой строится на взаимных обвинениях в том, кто именно испражнялся и мочился в постели [Пезенти 2008: 152–153].

Такого рода грубый эротизм наглядно демонстрирует природу юмора и пародии в Петровскую эпоху. Лотман объясняет подобную фривольность «обстановкой ярмарочного веселья и снисходительностью моральных норм балаганно-театральной культуры» [Лотман 1998: 487].

Главный персонаж «Интермедии» из сборника Н. С. Тихонравова, Гаер, использует богатый народный лексикон, типичный для русского фольклора, с обилием пословиц, поговорок и прибауток. С самого первого появления Гаер сетует на свое физическое и умственное несовершенство:

> Голова моя буйна! куда ты мне кажешься дурна! Уши не как у людей, будто у чюдкских свиней; глаза как у рака, взирают нимака. Рот шириною в одну сажень, а нос на одну пядень; лоб как бычачей, а волосы подобны шерсти свинячей. Брюхо — волынка: е! диконькая детинка! Где сыщешь такого удальца, доброго дородного молодца, что бороться, и биться, и с козами беситься? [Тихонравов 1874: 485].

Затем следует гротескно-комическое описание внешности и носа Гаера, и создается впечатление, что он не уверен в собственном происхождении: «Я и сам дивился, что такой родился и как здесь очутился».

В итальянской комедии дель арте благородные господа — *innamorati* — обычно дерутся на шпагах, защищая собственную честь и при этом поколачивая своих слуг палками. Комические эффекты в русских интермедиях основаны преимущественно на сквернословии, ругательствах и драках. В «Интермедии» Гаер грозится, что будет водить старуху по селам на цепи, как дрессированного медведя, — явная ассоциация со скоморошеством: «Возьму старую чертовку, стану водить как медведицу по дворам, а не станешь ходить, так приударю по бедрам» [Тихонравов 1874: 485]. Старуха обещает поколотить Гаера кочергой.

Легендарные любовные похождения итальянского Арлекина, чья тросточка (*battocchio*) не только служила ему средством защиты, но и символизировала его сексуальную мощь, отражены и в образе любвеобильного Гаера. Несмотря на физическое несовершенство, на которое он жалуется во вступительном монологе, Гаер пользуется успехом у женщин и любит бахвалиться своими победами: «Я давно желал спать с девкой. Спасибо, голубушка, что пришла, а меня бедного здесь нашла». Как только молодая женщина отвечает Гаеру взаимностью, он обращается к ее матери: «А дочка твоя пускай у меня посидит, а на мои фигуры поглядит. Я к тебе ее провожу, чем знаю, тем награжу» [Тихонравов 1874: 487]. В следующей сценке Гаер флиртует уже с другой молодой женщиной, с которой он, судя по всему, был ранее знаком, и без особых увещеваний и ухаживаний прямиком приглашает ее лечь с ним в постель: «Аль ты меня не узнала? Помнишь ли как лежала? Я подарил тебе юбку, ел у тебя жареную утку» и затем: «Ей, молодка, ты, помнишь, в ту пору избу топила и варила кисель, а окорок ветчины тут же висел... Я с тобой пришел погулять, вместе на кровати полежать» [Тихонравов 1874: 491].

Как и итальянский Арлекин, любящий хорошо поесть, Гаер со смаком перечисляет разные блюда, которыми его угощала хозяйка во время последнего свидания, упоминая при этом кисель, окорок и солянку. В описании действия налицо эротическая сцена на виду у публики и неизбежный любовный треугольник — неожиданное возвращение мужа: «Лягут под одеялом. Хозяин идет пьяный и кричит: "Встречай!"»

В финальной сцене интерлюдии общее настроение резко меняется из комического к более драматическому, и Гаер, чьи речи до сих пор состояли преимущественно из шуток и фривольностей, произносит монолог, в котором слышатся трагические ноты:

> Что на свет родился, так и умом куда пригодился! Разума довольно; не знаю, что попало, то и повираю. Люди живут разумно, а я всегда безумно. У иного довольно серебра и злата, того почитают за брата, а у меня ничего нету: не знаю ни от кого привету. Весьма мне хочется деньжонок, да не полушки в кармане не гремит. Ино ночью во сне видится

кабы полны денег карманы, а проснулся: ажно все обманы. Не знаю, как другие наживают, а у меня никогда не бывают. Разве уж стать лукавить? Так и тут еще кто задавит. Пойду теперь, работать наймуся: авось либо разживуся [Тихонравов 1874: 495].

В этом монологе шута-философа звучат одиночество и боль человеческой души, кружащейся в вихре политических и общественных реформ Петра I. Гаер Петровской эпохи теряется среди множества новшеств, вторя чувствам и мыслям своих зрителей:

> Этот шут был двигателем всякой интриги или же... выходил на сцену в финале, даже когда не участвовал в самой интриге. Он был любимцем зрителей, потому что был их выражением, глашатаем: выражал симпатии, антипатии и наказывал именем публики [Пезенти 2008: 245–246].

У первых русских арлекинов была сложная генеалогия, представляющая собой гибрид немецкой адаптации итальянской маски комедии дель арте и творчества русских скоморохов. Обладая итальянским именем и итальянской внешностью, русский Арлекин — Гаер — Херликин использует характерную речь и физические приметы скомороха, при этом в нем чувствуется влияние немецкой версии Арлекина — Гансвурста. Этот космополитичный образ шута является воплощением Петровской эпохи европеизации. Арлекины этого времени насмехаются над собственной генеалогией, напоминая тем самым зрителям о потере национальной идентичности в эпоху великих реформ. Первые русские арлекины — это комические знаковые символы эпохи, которые отваживаются на пародирование грандиозных Петровских реформ под итальянской маской, обнажая тем самым тяготы жизни своих соотечественников. Постоянное присутствие арлекинизированных шутов на русских театральных подмостках указывало на любовь к ним русской публики, а интермедии с их участием способствовали развитию комического искусства в России.

Глава вторая
Итальянская декада императрицы Анны Иоанновны

Первая встреча русского зрителя с аутентичной итальянской комедией дель арте состоялась в 1731 году, во времена царствования племянницы Петра I, императрицы Анны Иоанновны (1730–1740), — в эпоху, названную Стариковой «декадой итальянского искусства» на русской почве [Старикова 2003: 17]. В отличие от европейской публики, познакомившейся с комедией дель арте еще в период ее расцвета в XVI веке, русским зрителям было суждено встретиться с ней уже в период ее постепенного упадка. Золотой век комедии дель арте пришелся на эпоху Возрождения, когда изысканный вкус и тяга к классической культуре переплелись с живым интересом к народным национальным традициям [Феррацци 2008: 97]. В период упадка комедии дель арте актеры использовали старые трюки и шутки, часто довольно низкого художественного уровня. Феррацци пишет:

> На рубеже XVII–XVIII вв. постепенная деградация комедии дель арте стала заметна всем и в самой Италии: за редким исключением, «незаученная комедия попадала в руки трупп, больше занятых собственным экономическим выживанием, нежели художественным уровнем своего исполнения, и при этом привязанных к закрытому и повторяющемуся репертуару» [Феррацци 2008: 102].

Карло Гольдони призывал исполнителей вернуть итальянской сцене утраченную честь «через сочинение добрых комедий, которые были бы подлинно комедиями, а не сценами, сбитыми вместе без порядка и правил» [Феррацци 2008: 103]. Два ведущих итальянских драматурга XVIII века, Карло Гольдони и Карло Гоцци, создают литературный театр, во многом полагаясь на маски и приемы комедии дель арте, используя ее сюжеты в литературных комедиях и тем самым вытесняя импровизационную основу спектаклей. Поскольку интерес итальянской публики к комедии дель арте постепенно ослабевает, комедианты ищут новых зрителей за пределами Италии и выступают повсюду в Европе, развлекая придворную и широкую публику.

Первый приезд труппы комедии дель арте в Россию в 1731 году

Будущая императрица Анна Иоанновна (1693–1740) вышла замуж за Фридриха Вильгельма, герцога Курляндского, в 1710 году и провела двадцать лет в курляндском городе Митава, где регулярно выступали гастролеры из Германии — они и сформировали вкус будущей царицы. Анна Иоанновна любила гротескные комедийные сцены и непристойные шутки придворных шутов, вызывавшие у нее порой гомерический хохот [Mooser 1948: 35]. Вполне вероятно, что Анна познакомилась с искусством комедии дель арте задолго до восшествия на престол. Будучи хорошо знакомой с европейским театральным искусством, Анна желала воссоздать великолепие европейской культурной жизни при русском дворе и жаждала развлечений. Будучи племянницей царя-реформатора и русская душою, она одновременно и любила европейское искусство, и желала сохранить исконно русские традиции. Анна Иоанновна стремилась создать себе репутацию достойной продолжательницы дела европеизации России и была готова заплатить любую цену ради того, чтобы ее двор мог соперничать с Европой [Старикова 1995: 80]. Попытки пригласить в Россию первоклассных итальянских певцов и артистов пред-

Рис. 4. Исполнители комедии дель арте в России. Лубок

принимались и до правления Анны Иоанновны, но не увенчались успехом. Во времена правления Петра I русские придворные страстно увлекались карнавалами и маскарадами, и газета «Санкт-Петербургские ведомости» регулярно публиковала информативные статьи об итальянских карнавалах и театральных спектаклях. Так, в начале 1729 года газета публикует серию статей, посвященных итальянской культурной жизни, информируя читателей о присутствии кардинала Оттобони в одном из римских оперных театров, описывая, какое возвышенное наслаждение получают зрители от оперного искусства: «Из Рима от 4 дня декабря: Кардинал Оттобони велел в своих палатах на феатре новую музыческую Оперу действовать, которая зело изрядно и к удовольствию всех присутствующих отправлялась» [Старикова 1995: 112].

Газета информирует русского читателя о том, что театры посещают представители самых разных сословий — от католических священников и аристократов до простолюдинов, — и все получают удовольствие от представлений. В статье от 1 апреля 1729 года подробно описывается венецианский карнавал, на котором представители разных социальных слоев принимают участие в празднествах:

> Болшее удовольствие, которое тамо при том имеют состоит в машкарадах, которые також де такое множество бывает, что почитай, никто в городе не останется, которой бы во время онаго Карневала не сколько разов в машкараде публично не явился; тогда съезжаются на оперы и комедии забавляются в так называемых ридотах [суть такие домы в которых шляхтичи для играния сбираются] и смотрят, как скоморохи и протчие тому подобные художники играют и свои действия показывают, которых на площади, Санкт Маркус имянуемой, великое множество собирается. И трудятся с великим тщанием коим-нибудь образом время свое в роскошах препроводить и оными толь способнее увеселяться [Старикова 1995: 116].

Маски комедии дель арте были неотделимы от венецианских карнавалов, и «Санкт-Петербургские ведомости» упоминают арлекинов, полагаясь на знакомство русского читателя с этим персонажем. Выступление масок комедии дель арте детально описывается неизвестным автором, явно восхищающимся комическим даром и искрометной импровизацией:

> Гарлекины увеселяют присутствующих людей непристанными гарлекинскими действиями. Тот, который медицинским искусством хвастает или себе товарища ищет и со оным распрю начинает, или трудится, как ему горбатого, хромого, или слепого найти, которого он выздравить обещает. Адвокат таскается с свясками приказных дел, к которому того же часа другие пристают, которые объявляют, яко бы между ими процесс имеется, и в правах искуснаго к своей стороне привлещи домогаются. Одним словом сказать, машкарады суть непристанная комедия, на которую толь приятнее смотреть, понеже действователи к своему игранию не приуготовляются [Старикова 1995: 122].

Взойдя на престол, императрица решила во что бы то ни стало и как можно скорее пригласить в Петербург итальянскую труппу и обратилась за помощью к королю Польши и принцу Саксонии Фридриху Августу III. Знаток и ценитель музыки и театра, Фридрих Август держал при своем дворе итальянскую труппу под руководством Томазо Ристори. Труппа Ристори состояла из группы исполнителей комедии дель арте, а также из оперных певцов и музыкантов. В знак уважения к русской государыне Фридрих Август дал ей возможность «одолжить артистов» на целый год [Mooser 1948: 39]. Анна Иоанновна была готова заплатить любые деньги, чтобы заполучить лучших музыкантов, певцов и танцоров, и дала обещание, что по приезде в Москву предоставит итальянским артистам все необходимое. Как только русская сторона согласилась на все условия контракта, гарантировав актерам всяческие удобства во время их пребывания в России, маркиз де Флери, один из саксонских министров, участвовавших в переговорах, посоветовал, чтобы к итальянским актерам в России относились как к избалованным детям [Mooser 1948: 41–42].

Первое путешествие итальянских артистов в Россию было долгим, изнурительным, омраченным непредвиденными сложностями и болезнями. На то, чтобы добраться до Москвы в самый разгар суровой русской зимы, им понадобилось полтора месяца — с 1 января по 14 февраля 1731 года. Из страха перед непроходимыми лесами и нападениями волков в районе Минска итальянцы были вынуждены поехать в объезд, через Киев, Курск и Тулу, добавив к путешествию лишние 800 километров. Их кортеж включал в себя 19 человек артистов со слугами, технический персонал и сопровождение из солдат, несущих ответственность за безопасность труппы [Mooser 1948: 65]. Несмотря на охрану, руководитель группы Ристори был ограблен и лишился сундука с одеждой и других ценных вещей. По прибытии в Москву измученные, голодные, не привыкшие к морозам итальянские артисты были вознаграждены воистину царским гостеприимством.

Итальянцы, до того руководствовавшиеся слухами о варварской России, были приятно удивлены цивилизованностью и доброжелательностью русского двора. Артистов поселили в богатых дворцах, и все их нужды, включая медицинские, незамедлительно удовлетворялись. Им устроили банкет, на котором присутствовали императрица и придворные. Единственное, чего недоставало избалованной оперной диве Людовике, это шоколада, который попросту не был еще доступен в России [Mooser 1948: 68, 366]. Сразу после прибытия труппы в Москву, 19 февраля 1731 года, барон ле Форт, курировавший все приготовления и игравший род посредника между русскими и итальянцами, доложил, что члены труппы всецело довольны оказанным им приемом.

Тем не менее итальянцы столкнулись с непредвиденными проблемами, такими как отсутствие театра для будущих представлений. В донесении руководителя итальянской труппы Ристори содержится ценная информация о срочном строительстве передвижного театра, способного вместить 600 зрителей, и об организационных трудностях, с которыми столкнулись итальянцы в России. Ристори пишет:

> В конце концов мы прибыли в Москву, и ее величество царица пожелала увидеть комедию. Но так как до этого не существовало театра, мне было дано поручение построить передвижной театр, что я и сделал с невыразимым трудом; тем не менее через несколько дней театр был готов в том виде, о котором можно было желать, чтобы играть в нем разные комедии, оперные спектакли, и в котором имелся амфитеатр, вмещавший 600 персон.
> Когда эта работа была закончена, я получил распоряжение разобрать этот театр и перевезти его во дворец Ее Величества царицы в Кремль, расположенный на большом расстоянии от того места, где мы работали, около Немецкой слободы. Через несколько часов в присутствии Ее величества мы вновь собрали этот театр. После разных представлений по прибытии китайского посла я был вынужден разобрать театр и амфитеатр, чтобы освободить зал; по случаю разных мероприятий мне приходилось повторять это семь раз [Старикова 1995: 175].

Пока артисты отдыхали после утомительного и опасного переезда и начинали подготовку к первым выступлениям, императрица и весь двор предвкушали начало спектаклей, сгорая от нетерпения. Сохранившиеся документы указывают на то, что русский двор ожидал увидеть нечто необыкновенное, никогда до той поры не виденное. Очевидно, такого рода ожидания зиждились на мировой славе итальянской оперы и театра и на многочисленных описаниях итальянского искусства в газете «Санкт-Петербургские ведомости», включавших в себя мнения очевидцев об увиденном и услышанном в Италии. Барон ле Форт также напряженно ожидал начала представлений, предсказывая, что русская публика будет в «экстазе», когда наконец увидит итальянцев на сцене, отмечая в своих записках, что Ее величество и русские придворные никогда еще не видывали ничего подобного и «сгорают от нетерпения» [Mooser 1948: 366].

Подобный неподдельный интерес со стороны императрицы и всего русского двора иллюстрирует масштаб эволюции, которой подверглось отношение русской публики к зрелищно-театральной культуре вообще и к артистам в частности. Тот факт, что труппа Ристори была прислана в Россию европейским монархом, ценителем искусств, обязывал русских к соблюдению определенного поведенческого кода, одновременно вызывая особый интерес к итальянской труппе. В довершение всего Анна Иоанновна хотела выглядеть в глазах Европы достойной продолжательницей дел своего великого дяди. Приглашение итальянской труппы было вызвано не только жаждой развлечений, но и политическими амбициями императрицы, стремившейся придать европейское великолепие культурной жизни русского двора.

В ожидании начала итальянских представлений русский двор принимал участие в великом маскараде 1731 года. Подобно спектаклям комедии дель арте, русские придворные маскарады следовали заранее прописанному сценарию для всех участников, со строгим распределением ролей и предписаниями касательно костюмов [Старикова 1995: 20].

В отличие от венецианских карнавалов, где все сословия являлись равноправными участниками празднеств, московский двор не допускал на маскарады никого, кроме представителей аристократии, превращая карнавалы в элитарную форму развлечений. Лотман отмечает, что костюмированные маскарады противоречили русской православной традиции и ассоциировались с бесовством:

> Маскарадное переодевание в принципе противоречило глубоким церковным традициям, в православном сознании это был один из наиболее устойчивых признаков бесовства. Переодевание и элементы маскарада в народной культуре допускались лишь в тех ритуальных действиях рождественского и весеннего циклов, которые должны были имитировать изгнание бесов и в которых нашли себе убежище остатки языческих представлений. Поэтому европейская традиция маскарада проникала в дворянский быт XVIII века с трудом или же сливалась с фольклорным ряженьем. Как форма дворянского празднества, маскарад был замкнутым и почти тайным весельем [Лотман 1994: 100–101].

10 января 1731 года газета «Санкт-Петербургские ведомости» сообщала из Москвы, что в маскараде должны будут участвовать русские и иностранные министры: «К будущему великому машкараду чинятся еще и по ныне всякие приуготовления. Тако ж де уже и всем иностранным и здешним министрам объявлено, чтоб оные при оном машкараде присутствовали» [Старикова 1995: 177]. Всем участникам великого маскарада полагалось строго следовать установленным правилам и надеть национальные костюмы:

> Вчерашнего дня начался при дворе тако ж де и машкарад. Оный разделен в 4 класса, из которых первый, то есть Ея Императорское величество со всем своим придворным штатом, в персидском, иностранные министры в швейцарском, а прочие два в венецианском уборе были. Все было в зело преславном и изрядном порядке [Старикова 1995: 179].

Можно предположить, что венецианские костюмы включали маски комедии дель арте, которые были неотъемлемой частью венецианских карнавалов. Старикова пишет: «Так, в первых маскарадах 1731 года... ощущалась нескрываемая оглядка на Запад, явная ориентированность на Италию, в частности на Венецианский карнавал» [Старикова 1995: 94].

Итальянские актеры начали свои выступления 9 марта (26 февраля по старому стилю), во время великого карнавала 1731 года, на сцене, построенной в Кремлевском дворце, и русская придворная публика наконец-то увидела представления в стиле комедии дель арте и услышала итальянскую оперу во всем ее великолепии. Музер называет это событие «сенсационным откровением» и, судя по всему, не преувеличивает [Mooser 1948: 70]. В первый вечер итальянцы сыграли пьесу «L'Inganno Fortunato» («Счастливый обман») и интермедию «Velasco et Tilla», содержание которой неизвестно. Выступления прошли успешно и удостоились высокой похвалы императрицы. Интересен тот факт, что Анна Иоанновна сказала ле Форту: она, мол, очень довольна итальянскими артистами и, несмотря на непонимание итальянского языка, получила большое удовольствие от представления. Императрица изъявила желание заказать перевод комедий на русский язык, с тем чтобы лучше понимать развитие сюжета и игру актеров. «Санкт-Петербургские ведомости» сообщали: «В пятницу отправляли прибывшие сюда недавно Итальянские комедианты первую комедию при пении с великим всех удовольствием, к чему феатр в большой сале в новом императорском дворце нарочно приуготовлен был» [Старикова 1995: 188].

В свою очередь, осознав, что языковой барьер может осложнить восприятие спектаклей, Томмазо Ристори незамедлительно вносит свои коррективы:

> Выяснив, что Ее Величество царица совершенно не понимает итальянского языка, я усердно начал работать над усовершенствованием поведения артистов на сцене, машин и полетов и составил комедию, которая произвела на Ее Величество столь приятное впечатление, что тотчас по ее окончании она поднялась и, повернувшись к публике, начала хлопать в ладоши, приглашая всех последовать ее примеру. Это дало мне смелость продолжить мою работу [Старикова 1995: 176].

Сенсационный успех труппы Ристори продемонстрировал выразительность межкультурного художественного языка комедии дель арте, понятного всем благодаря искусству актеров-виртуозов, их пластической выразительности и эмоциональности. Универсальный язык арлекинады был понятен без слов, уничтожая национальные различия и сокращая географические расстояния: «Итальянская комедия дель арте явилась идеальным "чужим" театром, оказавшимся очень быстро освоенным, потому что в ней преобладали актерское начало и импровизированная стихия без жесткой опоры на закрепленный литературный текст» [Старикова 1997: 25].

Вдохновленный успехом у Ее императорского величества и придворной публики, Томмазо Ристори продолжил работать сразу в нескольких амплуа: актера, директора-распорядителя, постановщика, театрального художника и декоратора. Несмотря на преклонный возраст — к моменту приезда в Россию Ристори уже было за семьдесят, — он был превосходным актером комедии дель арте и энергично вел все административные дела. В Россию Ристори сопровождала его семья: его жена была актрисой труппы, а сын — композитором.

Как правило, актеры комедии дель арте выступали в одной роли всю свою жизнь, сживаясь со сценической маской. Порой было трудно отделить личность актера от его персонажа. Первая итальянская труппа имела в своем составе самого Ристори в роли Скарамуша, Андреа Бертольди — в роли Панталоне, Белотти — в роли Арлекина, Лукаса Кафанни — в роли Бригеллы и актеров и актрис, исполнявших роли влюбленных (*innamorati*) [Mooser 1948: 365]. У труппы Ристори была прекрасная репутация, но пик творческого расцвета ведущих исполнителей был уже в прошлом, и многие из них были, как и Ристори, «не первой молодости». Есть предположение, что, «уступая Анне Иоанновне своих итальянских актеров, польский король был втайне доволен, что смог с определенным изяществом избавиться от группы уже пожилых артистов» [Феррацци 2008: 31].

Занятный эпизод, случившийся 18 марта 1731 года, иллюстрирует столкновение итальянской и русской комедийных традиций. После спектакля «Ложный рогоносец», имевшего большой успех и вызвавшего много смеха, итальянские актеры в масках Арлекина и Панталоне решили пригласить на танец одну из придворных русских шутих. Будучи застигнутой врасплох, шутиха не сообразила, как вести себя в подобной ситуации и как правильно взаимодействовать с итальянцами. То ли растерявшись, то ли

Рис. 5. Императрица Анна Иоанновна. Гравюра Христиана Альберта Вортмана. 1730

полагаясь на русское чувство комического, шутиха решила сымпровизировать ответ и… поколотила итальянцев, наотрез отказавшись с ними танцевать. Когда итальянцам все-таки удалось вытащить шутиху на сцену, она задрала юбку, показав почтенной публике свое нижнее белье. Зрители были в восторге от подобного взаимодействия двух культур. В тот день на спектакле присутствовали три высокопоставленных священнослужителя; они отвернулись, чтобы не смотреть на это зрелище, отчего зрители расхохотались еще пуще [Mooser 1948: 368]. Этот эпизод, описанный в одном из писем ле Форта, интересен смешением русской комедийной традиции, построенной на физическом насилии и грубости, с итальянскими танцами, шутками и прямым общением с публикой. Тот факт, что на спектакле итальянцев присутствовали высокопоставленные церковники, свидетельствует об изменении общественных норм и европеизации русских нравов. Как сообщали в 1729 году «Санкт-Петербургские ведомости», католические кардиналы были частыми посетителями европейских театров, и западные нормы поведения разных сословий постепенно просачивались в Россию.

Политические и религиозные лидеры, которые всего век назад запрещали деятельность скоморохов за язычество и богохульство, безжалостно сжигая их музыкальные инструменты и маски, становятся в XVIII веке восторженными зрителями поющих и танцующих итальянских актеров в масках. Представители православной церкви вынуждены были теперь скрывать свое негодование или недоумение, подстраиваясь под европейский поведенческий код. Выступления итальянской труппы продолжались во время Великого поста 1731 года и были приостановлены всего лишь на несколько дней перед самой Пасхой. Пасха и юбилейные торжества, связанные с годовщиной восшествия императрицы на престол, также отмечались итальянскими представлениями, и певица Людовика исполнила по-русски кантату в честь Анны Иоанновны.

Как правило, итальянцы давали два представления в неделю, причем спектакли в стиле комедии дель арте шли вместе с оперными. Судя по названию исполняемых при дворе комедий, таких как «Арлекин — принц-самозванец», «Арлекин — школьный учитель», «Скарамуш-волшебник», «Скарамуш-садовник», «Панталоне — разочарованный любовник» и т. д., каждый сюжет был основан на комических приключениях одного из знаменитых персонажей в масках. Анне Иоанновне особенно полюбились импровизационные интермедии, поскольку она не являлась большой поклонницей оперного искусства и предпочитала комедию. Многочисленные донесения ле Форта подтверждают, что актерская игра была великолепной и что труппа Ристори имела огромный успех у русской публики. В течение всего 1731 года итальянские представления оставались главным событием культурной жизни российского двора. Для зрителей, не знакомых до той поры с профессиональным европейским театром, встреча с итальянским сценическим искусством стала подлинной сенсацией и своего рода художественным прозрением. Русская публика, привыкшая к официальному аскетизму в отношении театрально-зрелищной культуры, к предсказуемой скуке любительских религиозных спектаклей или к грубому юмору русских шутов, наконец-то получила возможность насладиться увлекательными, жизнеутверждающими спектаклями труппы Ристори.

Спектакли Ристори исполнялись в стиле комедии дель арте и уходили корнями в народное, площадное искусство. Доподлинно не известно, выступали ли артисты вне стен дворцов аристократии. Основываясь на сохранившихся документах, описывающих в числе имущества, оставленного итальянцами в России, «четыре малых театра кукольных», Старикова предполагает:

> Вероятнее всего, итальянские артисты в свободное от большой сцены время развлекались сами и развлекали русских придворных, разыгрывая куклами те же пьесы, которые они же исполняли на большом, «живом» театре [Старикова 1995: 44].

Поскольку иностранные кукольники часто развлекали и придворную, и более широкую публику, можно предположить, что марионетки в масках комедии дель арте могли выступать и вне дворцовых стен [Старикова 1995: 43].

Вторая (1733–1734) и третья (1735–1738) итальянские труппы

Первая встреча придворной публики с труппой Ристори вызвала сильную экзальтацию, а затем и потребность продлить эстетическое удовольствие и пригласить в Россию новую итальянскую труппу. Вскоре после того, как первая труппа вернулась в Польшу, русский двор начал вести переговоры о приглашении ведущих итальянских исполнителей прямо из Италии. К этому времени двор переместился из Москвы в Петербург, и приглашение итальянцев должно было способствовать оживлению культурной жизни и ее устройству по европейскому подобию.

В сентябре 1732 года императрица собственноручно подписала кредит на 5000 рублей для приглашения итальянцев. Она приказала своему концертмейстеру Иоганну Хабнеру выступить в роли культурного посланника в Венеции, где в то время находился основной центр европейского сценического искусства и куда съезжались импресарио со всей Европы [Mooser 1948: 99]. Хабнер и его помощник Доменико Дрейер наняли в Венеции около тридцати итальянских актеров. Вторая труппа итальянцев прибыла в Санкт-Петербург к середине апреля 1733 года, и, судя по официальной документации русского двора, на обеспечение комфорта иностранных гастролеров были потрачены 12 500 рублей [Mooser 1948: 99–100].

Многочисленные документы и счета дают нам подробную информацию о второй итальянской труппе, именах ее участников и огромных затратах на ее содержание. Эти документы освещают культурную жизнь русского двора, а также демонстрируют удивительную межкультурную атмосферу, царившую на дворцовых подмостках. В труппе были актеры с мировым именем, например Антонио Сакки, звезда итальянской сцены XVIII века. Сакки был прославленным исполнителем ролей Труффальдино и Арлекино — и удостоился высокой похвалы и Гоцци, и Гольдони, считавших его гениальным актером-импровизатором. В составе труппы был скрипач-виртуоз Пьетро Миро, которому довелось стать любимым шутом императрицы. Среди исполнителей также числился сын фаворита императрицы, Эрнста Иоганна Бирона, Карл [Старикова 1995: 272–295].

Примечателен и тот факт, что вельможа, о котором ходили слухи, что он был незаконнорожденным сыном царицы и ее фаворита, использовавшего свои интимные отношения с ней в политических целях, ассоциируется в документах с покупкой для него шпаги Арлекина, считавшейся символом сексуальности этого персонажа: «...куплено для графа Карла фон Бирона две шпаги арлекинские, ремень с пряшкою и башмаки белые» [Старикова 1995: 276].

Вторая и третья итальянские труппы выступали в Зимнем дворце, в театре, построенным архитектором Ф. Б. Растрелли. Театр был пышно декорирован скульптурами и маскаронами и вмещал до 1000 зрителей. Выступления оперных певиц и певцов-кастратов чередовались с представлениями комедии дель арте. Большинство исполнителей были итальянского происхождения, но русские актеры-любители тоже играли на сцене, учась одновременно актерскому мастерству у итальянцев. Репертуар состоял из 44 комедий и музыкальных интермедий, большинство из которых было переведено на русский язык Тредиаковским.

Мемуары иностранных путешественников описывают роскошь театральной атмосферы и уважительное отношение к артистам — все это разительно отличается от времен Петра I. Датчанин Педер фон Хавен, служивший в это время в России, вспоминает:

> Императрица держала труппу численностью примерно в 70 итальянских певцов. Они получали очень большое жалование, особенно две певца-кастрата и одна певица — каждый из них имел в год с тысячу рублей установленной платы, не считая подарков. Они не жалели своих денег, а вели себя как высокие господа. Эти люди к каждому большому празднику ставили оперу. Кроме того, дважды за неделю они играли комедию и дважды — интермедию [Феррацци 2008: 68].

Несмотря на огромные затраты русского двора на зарплаты и костюмы иностранных гастролеров, зрители посещали представления бесплатно. «На жалованье и театральные костюмы этой труппы ежегодно тратится значительная сумма, в которую те, кто посещают спектакли, не вносят ни единой копейки», — пишет в 1735 году Карл Рейнгольд Берк, шведский ученый, посетивший новую русскую столицу [Феррацци 2008: 67].

При этом правила поведения были строгими, и опоздавшие зрители не допускались в зрительный зал. Придворная публика выглядела изумительно и соперничала друг с другом в великолепии нарядов. Англичанка Элизабет Джатис, работавшая гувернанткой в доме английского купца, жившего в Петербурге, пишет:

> Одеяния знати — как мужчин, так и дам — очень богаты. Некоторые дамы были в бархате, и большинство имели на отделке платьев крупные жемчужины. На других были гладкие силезские шелка, отделанные испанскими кружевами. Мужчины обычно носили бархат, расшитый золотом и серебром, каковым умением русские знамениты, как знамениты показной пышностью и парадностью. Думаю, что в этом русский двор невозможно превзойти [Феррацци 2008: 69].

Педрилло / Пьетро Миро — царский шут и посланец

Любимый шут Анны Иоанновны, по прозвищу Педрилло, приехал в Россию из Венеции в 1732 году, предположительно в составе второй итальянской труппы, как скрипач-виртуоз Пьетро Миро. Судя по финансовым документам, Пьетро Миро был одним из ведущих музыкантов в труппе, поскольку его жалованье было значительно выше, чем у остальных музыкантов (которые получали около 500 рублей или меньше) и составляло 700 рублей в год [Старикова 1995: 217][1]. В России Пьетро Миро улыбнулась фортуна, а талант его расцвел благодаря покровительству Анны Иоанновны и ее щедрым подаркам. В различных документах Миро значился как скрипач, певец, композитор, шут,

---

[1] Важно уточнить, что русские музыканты получали в четыре раза меньше итальянских.

знаток искусства и посланец императрицы, которого в 1734 году уполномочили набрать в Италии новую труппу. Миро был известен в России как шут Педрилло или Петрилло — этимология этого прозвища не совсем ясна. Музеру, изучавшему архивные документы XVIII и XIX веков, удалось установить, что Пьетро Миро родился недалеко от Неаполя в семье скульптора Адвьяджо Педрилло, и вполне вероятно, что его прозвище было попросту фамилией [Mooser 1948: 69]. Всеволодский-Гернгросс считает, что Педрилло все-таки было прозвищем: «Среди скрипачей был еще некий Пьетро Миро, по прозвищу Петрилло. Попав к русскому двору, он вскоре променял свою профессию на место шута при Императрице» [Всеволодский-Гернгросс 1913: 14].

Поняв, что Анна Иоанновна выделяет его среди других артистов, Пьетро Миро стал вживаться в новые роли — любимого шута и доверенного лица Ее величества. Уцелевшие документы указывают на то, что Пьетро Миро был скрипачом-виртуозом, композитором, а также отличался исключительным остроумием[2]. Одно из уцелевших музыкальных сочинений Миро, которыми он развлекал царицу, «Забавные штуки для скрипочки, сочинение известного шута Педрилло», свидетельствует о великолепной технике, которая позволяла ему выделывать всевозможные музыкальные фокусы [Mooser 1948: 106]. Миро участвовал и в представлениях комедии дель арте наряду со знаменитыми Антонио и Ниной Сакки. Одно из таких арлекинизированных представлений с его участием называлось «Комедия о рождении Арлекина» [Старикова 1995: 276]. Пьетро Миро был артистом-универсалом, разносторонние таланты позволили ему создать легендарный образ любимого шута императрицы, который смог соединить итальянскую комедию с русской шутовской традицией.

Еще во времена Петра I придворные шуты занимали привилегированное положение, совмещая шутовскую роль с ролью государственного деятеля. Многие русские шуты принадлежали

---

[2] Невозможно с точностью определить, насколько хорошо Пьетро Миро знал русский язык, но, судя по воспоминаниям современников и его статусу доверенного лица императрицы, можно предположить, что он быстро овладел русским.

к старинным аристократическим родам и считали свою роль не унизительной, а почетной[3]. В 1734 году Анна Иоанновна назначила шута Педрилло своим посланцем, поручив ему нанять в Италии постоянную труппу для выступлений в Санкт-Петербурге. Судя по всему, императрица полностью доверяла художественному вкусу Педрилло, его интуиции и деловым качествам и не сомневалась, что он успешно выполнит ее поручение. Музер предполагает, что русский двор снабдил Педрилло солидными финансовыми ресурсами, поскольку ему удалось привлечь в Россию третью итальянскую труппу, состоявшую из ведущих итальянских певцов, танцоров, комедиантов, композиторов, театральных художников и техников сцены. В составе этой третьей труппы была также одна из лучших в Италии трупп комедии дель арте.

Успешно завершив порученную ему миссию и привезя в Россию третью итальянскую труппу, Миро вскоре осознал, что, несмотря на желание императрицы видеть при дворе лучших итальянских актеров и музыкантов, ее собственный вкус не отличается особой утонченностью. В часы дневного отдыха Анна Иоанновна предпочитала слышать грубые или неприличные шутки, и комедийный талант Пьетро Миро, его игра на скрипке с уморительными гримасами заставляли царицу хохотать до слез [Анисимов 2002: 87–100]. Итальянскому шуту удавалось превзойти знаменитого русского шута Балакирева и португальского еврея, шута Лакоста, служивших в это время при дворе.

Пьетро Миро не только сумел с успехом соединить итальянское и русское шутовство, но и стер грани между представлением и жизнью, вовлекая придворных в свою игру. Один дошедший до нас эпизод описывает находчивость шута Педрилло, его прекрасное знание русских традиций и обычаев и умение взаимодействовать с русскими придворными. Всеволодский-Гернгросс подробно описывает этот эпизод, отмечая, что благодаря этой истории Педрилло заработал свои первые 10 000 рублей:

---

[3] Представители аристократических русских семей Михаил Волконский и Никита Голицын также были шутами Анны Иоанновны.

> Известное в России обыкновение класть роженицам на зубок деньги. Есть-ли знатная Госпожа, то по меньшей мере надобно подарить ее червонцом, и за то целуют роженицу. Некогда Курляндский герцог, шутя сказал Педрилле, будто он женат на козе. Педрилло ответствовал ему с ниским поклоном, правда, и что жена его скоро родит, и он приемлет смелость просить Ея Величество со всем двором посетить роженицу, и уповает, что ему не мало нанесут подарков, для порядочного воспитания своих детей. Сия шутка ему посчастливила. В назначенный день положили его в театре на постеле и подле его козу; по поднятии занавесы все увидели Педриллу лежащаго с женою своею на постеле. Императрица пожаловала ему свой подарок; почему и каждый Ея Двора дать должен был роженице [Всеволодский-Гернгросс 1913: 14–15].

За девять лет службы в России Пьетро Миро удалось заработать солидное состояние.

Большинство ученых сходится во мнении, что генеалогия Петрушки тесно связана с образом шута Педрилло [Смирнова 1963: 28]. Всеволодский-Гернгросс утверждает, что такие имена, как Петруха, Петруха-Фарнос, Фарнос, также были именами популярного шута, посыпавшего лицо мукой (по-итальянски *farina*) во время выступлений. Образ знаменитого шута Педрилло был запечатлен и в русских народных картинках. На одной из картинок Педрилло изображен в польском костюме со скрипкой в руках. Подпись воспроизводит его выходной монолог:

> Здравствуйте, почтенные господа,
> Я приехал к вам музыкант сюда.
> Не дивитесь на мою рожу,
> Что я имею у себя не очень пригожу.
> А зовут меня молодца Петруха Фарнос,
> Потому что у меня большой нос,
> Три дня надувался,
> В танцевальные башмаки обувался,
> А как в танцевальное платье совсем оболокся,
> К девушкам я приволокся.
> На шее я ношу заношенную тряпицу,
> А сам наигрываю в скрипицу [Всеволодский-Гернгросс 1957: 182].

Петруха (русификация итальянского имени Пьетро) напрямую обращается к зрителям, и его рассказ совпадает с биографией Миро. Петруха сообщает, что приехал в Россию как музыкант (возможно, издалека), лицо его покрыто мукой или театральной маской, а его внушительный нос свидетельствует о его итальянском происхождении. А то, что Петруха играет на скрипке и носит танцевальные туфли, также указывает на профессию музыканта, танцора или шута.

После смерти Анны Иоанновны Пьетро Миро в 1743 году вернулся в Венецию, где познакомился со знаменитым авантюристом — Джакомо Казановой, мать которого была актрисой труппы комедии дель арте, выступавшей в России во время правления Анны Иоанновны [Mooser 1948: 109]. Миро продолжил свое карьеру в Дрездене, затем вновь переместился в Венецию, где открыл таверну. Через много лет некто Ф. Лафермиер (библиотекарь великого князя Павла Петровича и его жены Марии Федоровны, путешествовавших по Европе в 1781–1782 годах) встретил Миро живого и здорового, в то время как в России все были уверены, что шута уже давно нет в живых [Mooser 1948: 109].

Во время своего царствования Анна Иоанновна проявляла отменную щедрость, тратя в среднем 20 тысяч рублей в год на иностранных артистов [Старикова 1995: 222–230]. Выступления в России оказались успешными и выгодными для итальянцев как с творческой, так и с финансовой стороны. Артисты были приятно удивлены русским гостеприимством, щедростью царицы и феноменальным успехом у русской публики. Отсутствие в России оснащенных театров и необходимость постройки таковых, равно как и обучения русских танцам, пению и актерской игре, предоставили итальянским архитекторам, театральным художникам и актерам уникальные возможности для творческой и педагогической деятельности. Благодаря приглашению в Россию итальянцев Анне Иоанновне удалось придать культурной жизни русского двора великолепие и многообразие. В эпоху ее правления в Россию были приглашены на работу театральный архитектор Франческо Бартоломео Растрелли (вскоре ставший главным архитектором русского двора), композитор и оперный певец Франческо Арайя, танцор и хореограф Антонио Ринальди (Фузано) и многие другие [Старикова 2003: 20]. В 1735 году, воодушевленная итальянским театральным искусством, императрица учредила в Санкт-Петербурге так называемую Итальянскую компанию, явившуюся предшественницей Дирекции императорских театров. Итальянская компания объединила актеров, музыкантов, художников-декораторов, танцоров, хореографов и других профессионалов театрально-зрелищного искусства и оказала колоссальное влияние на культурную жизнь России.

Развитие театральной критики в России

Выступления итальянских трупп при дворе Анны Иоанновны во многом способствовали развитию русской театральной критики и вызвали публикацию нескольких статей об истории театрального и оперного искусства. Русская публика хотела не просто восхищаться и наслаждаться итальянским искусством, но и критически оценивать увиденное и услышанное, а также восполнять отсутствие знаний по истории сценического искусства:

> Существование в России на протяжении всех 30-х годов постоянно действующей профессиональной итальянской труппы спровоцировало появление в русской печати первых статей о театральном искусстве, считающихся некоторыми историками «начальным этапом русской театральной критики». Точнее было бы сказать, что они явились первой попыткой (достаточно еще наивной) умственного освоения театрального искусства (и драматургии как части его) вслед за первым эмоциональным восприятием его [Старикова 1995: 30–31].

Газета «Санкт-Петербургские ведомости» публикует в 1733–1739 годах серию статей, освещающих оперу и театр с теоретической, исторической и критической точки зрения. Эти статьи были опубликованы задолго до начала теоретических дебатов о неоклассических канонах Н. Буало между тремя корифеями русской культуры XVIII века — В. К. Тредиаковским, М. В. Ломоносовым и А. П. Сумароковым, начавшихся уже 1740-х годах. Знаменитая «Эпистола о стихотворстве» Сумарокова, посвященная неоклассической поэзии и драме, была напечатана только в 1748 году.

В 1733 году «Санкт-Петербургские ведомости» публикуют статью неизвестного автора «О позорищных играх, или комедиях и трагедиях», посвященную театральному искусству. В статье рассматриваются греческие и римские истоки европейского театра и взгляд Аристотеля на *мимесис* (подражание), лежащий в основе театрального искусства, а также ведется дискуссия о важности сюжета, актерского мастерства и сценического пространства:

> Понеже в позорищах всегда некоторое достопамятное и со многими случаями соединенное приключение так натурально представляется, что смотрители оное совершенно понимают и все состоящие вещи ясно видеть могут. Сие представление делается живыми персонами, которыя, сколько возможно состоянию ума и тела, представляемых лиц в речах и поступках подражать долженствуют. Сего ради должно их одеяние со временем и состоянием в позорище показываемых лиц во всем согласно быть. Також де и театр так учредить и украсить надлежит, чтоб он великое сходство с тем местом имел, на котором говорящия лица представляются, и для того оной театр, как часто помянутыя лица на другом месте находиться будут, переменять и по тому месту располагать должно. Таким образом показывается театра иногда княжескими палатами, иногда некоторою особливою камерою, иногда площадью, иногда пустынею, иногда темницею и пр. Для приведения сего в действо требуются, как легко рассудить можно, кроме многих различных одежд и украшений театра искусныя и дорогия машины, которыми бы все приключения естественно изобразить можно было [Старикова 1995: 516–517].

Автор разъясняет читателю основные законы драматического искусства, такие как единство времени, места и действия, подчеркивая при этом, что французская неоклассическая эстетика строится все на тех же канонах Аристотеля. Статья касается трагедии, комедии, театра марионеток и даже театра теней.

Важная серия публикаций Якоба Штелина в 1738–1739 годах была посвящена оперному искусству; она вышла под названием «Историческое описание онаго театрального действия, которое называется опера». Эта публикация, вдохновленная сенсационным успехом итальянской оперы в России, описывает оперу как самый возвышенный вид искусства, приносящий зрителю истинное наслаждение посредством воздействия на чувства и эмоции. Штелин приводит психологические объяснения эмоциональной силы оперного искусства, объясняя, что именно сочетание музыки, пения и зрелищности оперных спектаклей оказывает особо сильное воздействие на зрителя. Штелин даже утверждает, что ощущения от оперы сродни религиозной экзальтации, поскольку опера раскрывает божественную природу человечества. Оперные сюжеты должны избегать низких тем, выявляя божественное великолепие мироздания:

> Она [опера] кроме богов и храбрых героев никому на театре быть не позволяет. Все в ней знатно, великолепно и удивительно. В ея содержании ничто находиться не может, как токмо высокая и несравненныя действия, божественныя в человека свойства, благополучное состояние мира и златые веки в ней показываются [Старикова 1995: 533].

По мнению Штелина, только итальянцы способны создать столь гармоничное и изысканное произведение искусства, поскольку эта нация щедро одарена художественным талантом. Вся история оперы в интерпретации Штелина представлена в контексте истории итальянской культуры и религии: она берет начало из католических религиозных песнопений, затем, с середины XV века, постепенно становится неотъемлемой частью светской жизни [Старикова 1995: 534]. Штелин восхваляет итальянцев за высочайшие стандарты в мире искусства и считает, что итальянское искусство стало для Европы величайшим даром.

Персонажи комедии дель арте упоминаются в публикации Штелина несколько раз, однако его вкус сильно отличается от вкуса императрицы: если Анна Иоанновна, как уже упоминалось, предпочитала опере буффонаду и комедию, то Штелин не особенно ценит подобные развлечения и считает, что комические интермедии должны быть полностью отделены от оперных спектаклей, поскольку они нарушают сакральный настрой оперной публики. Частое упоминание масок комедии дель арте дает основания полагать, что читатели были хорошо с ними знакомы. Штелин приводит в пример венецианскую оперу, где комические персонажи были полностью отделены от оперных представлений:

> Забавные персоны, которыя впрочем во всех Италианских театральных действиях необходимо представлены быть долженствовали, как например, Арлекин, Панталон, Доктор, Поличинелл, Скапин, Ковиэлло, Капитано Спаньиоло или Спавентозо, Бригелла, Скарамутцо и прочие буффони, которые еще и поныне наибольшую часть в испорченной Италианской комедии занимают, от оперы были совершенно отлучены, а употреблены одни только важныя, ум и все чувства удивительным образом услаждающия и притом весьма чудесныя представления [Старикова 1995: 541].

В 1730-е годы «Санкт-Петербургские ведомости» постоянно публикуют светскую хронику, информируя читателей о европейской культурной жизни. Статьи посвящены описаниям спектаклей и жизни знаменитых актеров и актрис, в них подчеркивается живой интерес европейских правителей к театральному искусству. Маски комедии дель арте тоже имеют статус знаменитостей. Так, 9 ноября 1736 года газета информирует читателей о несчастном случае, приключившемся с Арлекином на сцене Королевского театра в Лондоне:

> Из Лондона от 7 дня ноября <...> на сих днях представляли на Королевском театре в Ковент Гардии комедию о Докторе Фаусте, где она великая машина, в которой Арлекин да мельник с своею женою и работником был, нечаянно переломилась, от чего Арлекин голову повредил и руку вывих-

нул, мельникова жена ногу разбила, мельник руку переломил, а работник их великую и опасную рану на голове получил [Старикова 1995: 527].

Все вышеуказанные факторы демонстрируют кардинальное изменение отношения в России к театрально-зрелищной культуре и иностранным артистам, которые постепенно приобретают статус знаменитостей и начинают приравниваться к аристократии. «Санкт-Петербургские ведомости» особо подчеркивают, что правители регулярно посещают самые разные представления. Взгляд на оперу как на самую высокую форму исполнительского искусства постепенно укореняется в русской культуре — он продолжит свой расцвет в период правления Елизаветы Петровны, страстной поклонницы оперного искусства.

Глава третья
Русификаторы комедии дель арте. В. К. Тредиаковский и А. П. Сумароков

Эта глава посвящена двум русификаторам комедии дель арте XVIII века: В. К. Тредиаковскому и А. П. Сумарокову — писателям, постоянно соперничавшим друг с другом на литературном поприще. После разбора нескольких осуществленных Тредиаковским переводов итальянских сценариев мы перейдем к одной из первых русских арлекинизированных комедий — «Чудовищи» Сумарокова (известной также под названием «Третейный суд»). Сумароков по праву считается создателем русского театра и первым профессиональным писателем, поэтому использование в его произведениях приемов комедии дель арте заслуживает особого внимания [Levitt 2009: 6]. Комедия Сумарокова «Чудовищи» представляет собой яркий пример русификации итальянской комедии дель арте и служит вехой создания русской национальной комедии.

Переводы В. К. Тредиаковкого

В 1733 году Анна Иоанновна распорядилась, чтобы Тредиаковский перевел сценарии разыгрываемых при дворе итальянских комедий на русский язык, с тем чтобы публика и сама императрица могли лучше понимать диалоги и следить за сценическим действием. Незаслуженно забытые переводы Тредиаковского были опубликованы всего лишь раз, в 1917 году, В. Н. Перетцем и представляют собой ценный материал для изучения истории русских арлекинад, русской комедии, а также нововведений, осуществленных Тредиаковским в развитии комедийного языка. Переводы сценариев дают представление о том, что именно происходило на театральных подмостках во время итальянской декады Анны Иоанновны. Тредиаковский досконально описывает шутки, трюки и сложные хитросплетения сюжетов, при этом являясь своего рода первооткрывателем более изысканного языка комедии, исключая непристойности и грубые шутки. Переводчик тщательно документирует как актерскую игру, так и технические элементы в игре итальянских гастролеров, которые произвели столь неизгладимое впечатление на русских зрителей.

Между 1733 и 1735 годами Тредиаковский перевел на русский язык около 40 итальянских текстов (30 сценариев, одну трагедию и девять музыкальных либретто). Как уже упоминалось в предыдущей главе, Анна Иоанновна изъявила желание перевести тексты итальянских сценариев на русский язык, чтобы лучше понимать трюки и шутки актеров. Когда в 1733 году в Россию приехала вторая итальянская труппа, Тредиаковский числился официальным переводчиком Академии наук и получил высочайшее поручение перевести сценарии на русский язык. По свидетельству самого Тредиаковского, все сценарии он переводил сам, используя при этом французские тексты, а не итальянские оригиналы: «Также я токмо один переводил все перечни итальянских комедий и все бывшия тогда интермедии... которыя все напечатаны», — сообщал Тредиаковский [Всеволодский-Гернгросс 1913: 29]. В одну из интермедий добавлено «увещание», в котором со свойственным ему педантизмом переводчик поясняет:

> Чрез сие объявляется любопытному читателю, что Арии и двоегласные попевки, которыя здесь итальянским языком переведены с французскаго, с которого переводчик взялся переводить. Того ради уповается, что русской Арии тех переводов больше согласен будет французскому слогу, нежели итальянскому. А по итальянски оныя тут прилаже-

ны по желанию того, кто их на французский пишет с итальянского; чего он и впредь так же будет [Всеволодский-Гернгросс 1913: 29].

Тредиаковский-переводчик следует формату итальянских сценариев комедии дель арте: вместо текста пьесы с прямой речью и диалогами в переводах мы видим описание действия на сцене и пересказ диалогов. Тредиаковский детально описывает актерские импровизации и комедийные интермедии (*lazzi*), давая им определение «игрушки, приличные театру». *Lazzi* комедии дель арте всегда составляли важную часть представлений: развлекая зрителей, они позволяли актерам перевести дыхание. Тредиаковский уведомляет читателя, в какой именно момент следует ожидать комические трюки, пантомиму или буффонаду, и методично описывает все элементы интермедий.

С лингвистической точки зрения Тредиаковский использует значительно усовершенствованный, изысканный язык, противопоставляя его существовавшему ранее грубому, а часто и нецензурному языку народных комедий. Несмотря на некоторую «нескладность» переводов, Тредиаковский прокладывает пути для будущих русских комедиографов. Очевидно, что переводчик пытается избегать вульгаризмов и эротических описаний, столь часто встречающихся в представлениях комедии дель арте. Его переводы наглядно иллюстрируют его убежденность в том, что в театре не должны использоваться грубые слова и выражения. В трактате «Рассуждение о комедии вообще» Тредиаковский наставляет:

> Однако подлыя и площадные слова не долженствуют быть позволены на Театре, ежели они не будут подкреплены некоторым родом разума. Присловий и острых народных речей также не должно там терпеть, буде оне не имеют некотораго Шуточного смысла и если они тут неприродны [Старикова 1995: 515].

В большинстве сценариев действие происходит в Италии, с частой сменой декораций и переодеваниями актеров. Сценарии строятся на изобретательных сюжетах, комедии положений,

Рис. 6. Представление комедии дель арте в XVIII веке. Арлекин, Панталон, Пьеротто, Меццеттино, Скарамуш, Доктор и Капитан. Гравюра Иоганна Балтазара Пробста, 1729 год

комедии ошибок, счастливых и несчастных любовных историях и множестве увлекательных приключений. В центре большинства сюжетов — похождения молодых влюбленных господ (*innamorati*) и увлекательные проделки их предприимчивых и непоседливых слуг. На сцене постоянно появляются традиционные персонажи комедии дель арте, такие как Арлекин, Панталоне, Бригелла, Коломбина, Смеральдина и Доктор.

Сравнительный анализ итальянских сценариев, собранных Фламино Скала в начале XVII века, с переводами Тредиаковского позволяет заключить, что русские переводы близки к оригиналам[1]. Каждый перевод начинается с короткого вступления, суммирующего общее содержание спектакля. Затем следует перечень дей-

---

[1] Собрание Фламино Скала было опубликовано в Венеции в 1611 году и включало 50 сценариев: Scala F. Il Teatro delle Fauole rappresetative, overo la ricreazione comica, boscareccia, e tragica: divisa in cinqanata giornate. Venice: Giovanni Battista Pulciani, 1611.

ствующих лиц и, наконец, сценарий как таковой, с детальными описаниями сценического действия. Такого рода описания, с заранее известными счастливыми развязками, непривычны современному зрителю, но публика комедии дель арте интересовалась не столько финалом представления (который чаще всего был предсказуем), сколько импровизационной природой актерской игры и виртуозностью исполнителей. Тредиаковский уделяет особое внимание описанию актерской игры, выступая тем самым не только в роли переводчика, но и театрального критика.

Остановимся на двух сценариях с Арлекином в главной роли — «Переодевки Арлекиновы» и «Четыре Арлекина»: они проливают свет на итальянские арлекинады в России XVIII века. Сюжет комедии «Переодевки Арлекиновы», сыгранной в Петербурге в 1733 году, основан на любовной истории молодого аристократа Сильвио, влюбленного в Диану. Молодой человек мечтает жениться на девушке, но у отца Сильвио, Панталоне, иные виды на будущее сына: он хочет отправить его учиться в Падуанский университет. Действие разворачивается в Венеции и строится на бесконечных хитроумных проделках Арлекина, находчивого и смышленого слуги Сильвио, который обводит вокруг пальца всех господ. В этой комедии ошибок участвуют также такие традиционные персонажи, как Доктор, Смеральдина и Бригелла. Неустанные переодевания и превращения Арлекина демонстрируют как творческие, так и технические возможности итальянских актеров и явно восхищают Тредиаковского, который, однако, не может удержаться от критических комментариев. Арлекин показывает на сцене всевозможные трюки: передразнивает окружающих, изображая разные наречия и диалекты, постоянно перевоплощается и переодевается, и при этом он страстно влюблен в служанку Смеральдину. По устоявшейся традиции любовные отношения слуг гораздо динамичнее, чем отношения молодых господ — *innamorati*. Тредиаковский старательно избегает эротических описаний и выражений, тем не менее по некоторым описаниям возможно представить, что именно происходило на сцене во время любовных сцен между слугами. Так, к примеру, когда Арлекин и Смеральдина находятся в уединении

Рис. 7. Представление комедии дель арте в XVIII веке. «Любовные похождения Панталона и Арлекина». Гравюра Иоганна Балтазара Пробста

и педантичный Доктор неожиданно вторгается в любовную сцену, Тредиаковский пишет: «Арлекин хочет поступать вольненько с невестою своею, Доктор тово не позволяет, что причиняет игрушку надлежащую театру, и чрез то кончится действие второе» [Перетц 1917: 93][2]. Притом что историки комедии дель арте утверждают, что откровенные эротические сцены были неотъемлемой частью представлений, Тредиаковский целомудренно сводит подобные описания до необходимого минимума.

В одной из комических сценок Арлекин просит своего друга Бригеллу написать письмо его (Арлекина) матери, не зная при этом, что Смеральдина ненароком слышит этот разговор. Ревнивая Смеральдина думает, что письмо Арлекина адресовано не матери, а любовнице. Имитируя голос и речь Арлекина, Смераль-

---

[2] Орфография перевода Тредиаковского сценария «Переодевки Арлекиновы», изданного В. Н. Перетцем, полностью сохранена.

дина ловко вставляет слова в текст письма, а Бригелла не замечает подвоха. Тредиаковскому удается успешно перевести комизм этой бурлескной сценки на русский язык:

> Бригелл Арлекину: Матери своей?
> Арлекин: Матери моей. Поклонись батюшке.
> Смеральдина: Который повешен.
> Бригелл: Матери своей?
> Арлекин: Еще-таки! Матери моей. И прошу вас о вашем...
> Смеральдина: Проклятии.
> Бригелл: Матери своей?
> Арлекин: Матери моей. Ваш сын...
> Смеральдина: И всего общества.
> Арлекин: Арлекин батоккио.
> Смеральдина: Шпион публичный во всем городе.
> Смеральдина смеяся уходит. Арлекин говорит Бригеллу, чтоб он прочел письмо. Бригелл стал читать и когда дошол до Смеральдининых речей, тогда Арлекин стал в том сердиться на Бригелла, который извинялся говоря, что он писал все то, что ему сказано было, что чинит смешную игрушку. Напоследок Арлекин распалившись раздирает письмо. Бригелл утишает ево говоря ему, что он напишет другое [Перетц 1917: 89–91].

Комический эффект строится на постоянном повторении одной и той же фразы в разных вариантах «матери твоей, матери своей, матери моей» и на непонимании Арлекином и Бригеллой того, что Смеральдина их попросту дурачит. *Lazzi* в этой сценке строятся на письме — излюбленном театральном приеме — и мастерстве актрисы, играющей роль Смеральдины, которая должна говорить голосом Арлекина, изменив тембр и интонацию. Подобная имитация речи, походки, жестов и поведения была характерна для комедии дель арте. Судя по описаниям, Смеральдина прячется на сцене на виду у зрителей, скрытая от глаз Арлекина и Бригеллы.

Функция Арлекина также типична для комедии дель арте: он является генератором новых идей, а его находчивость не знает границ. Воображением и артистизмом Арлекин превосходит всех остальных персонажей. Например, в одной сценке Арлекин безуспешно пытается убедить Панталоне позволить своему сыну, Сильвио, жениться на Диане. Потеряв терпение, он решает переодеться в Панталоне и действовать от его имени. Облачившись в одежду Панталоне, Арлекин понимает, что смена костюма не обеспечивает полного перевоплощения, и начинает подражать венецианскому диалекту, на котором говорит Панталоне:

> Арлекин возвращается, нарядившись в Панталона; однако очень смущен, для того что он не умеет говорить по панталонскому. Бригелл ево научает, чтоб он прилагал слог ао, ио, и уо, к некоторым речениям, и что того довольно будет для языка венецианского. Арлекин стал теми слогами употреблять ко всякому речению, что чинит игрушку театру свойственную [Перетц 1917: 87–88].

Затем Арлекин вводит Панталоне в заблуждение, представляя себя толмачом, знающим множество иностранных языков:

> Арлекин говорит <...> что он уже не служит Диане, и что он хочет отъехать служить толмачом господам, которые хотят ездить по Европе. Панталон ево хвалит, и спрашивает у него, что знает ли он иностранные языки. Арлекин ему сказывает, что он знает по Чешски, по Французски, и по Гишпански. Панталон ево просит, чтоб он поговорил этими языками. Арлекин подражает рыку бычачьему для чешского языка; поросячьему хрюканью для французского; а для гишпанского ко всякому слову прибавляя ось, а всио вкидывая слово: ВОН; которое было знаком Бригеллу, и Диане, ежели б старик пришол; что причиняет игрушку смешную [Перетц 1917: 88–89].

Подробные переводы Тредиаковского проливают свет на природу юмора комедии дель арте и на зрительскую реакцию на шутки. Переводы сценариев расширяют кругозор зрителей, раздвигая культурные и географические границы и отражая многообразие национальностей, иностранных языков и характеров.

В другом сценарии, под названием «Четыре Арлекина», в обаятельного слугу Арлекина влюблены одновременно три женщины. Сюжет вкратце описывается во вступлении:

> Аурелия, Диана и Смеральдина влюбившись в Арлекина отказывают от любви Сильвио, Одораду и Бригеллу; еще также и выбору отца их. Сие принудило любовников искать помощи в одном волхве, которой дав им образ арлекинской нашел способ, чтобы они обманули своих невест и на них женились [Тредиаковский 1733: 2][3].

Любовные страсти в этом сценарии не ведают социальных границ: служанка Смеральдина и две благородные девицы, Аурелия и Диана, одинаково очарованы Арлекином. Остроумный и энергичный, он является объектом вожделения и возможным кандидатом в мужья для трех женщин, и две благородные девицы готовы пожертвовать своим социальным статусом и связать жизнь со слугой. Что до Арлекина, то он прекрасно осознает свое место в обществе и, будучи влюбленным в служанку Смеральдину, отвергает любовные притязания соперничающих друг с дружкой Дианы и Аурелии. Сценическое действие развивается крайне динамично из-за постоянных импровизационных выходок Арлекина. В одной из сцен Арлекин выражает недоумение по поводу влюбленности в него Дианы и пытается наставить девушку на путь истинный, грозясь пожаловаться ее отцу. Затем, услышав объяснение в любви и от Аурелии, Арлекин изображает страсть к ней, но тут же признается, что любит только Смеральдину. Сюжет «Четырех Арлекинов» включает в себя угрозы Арлекина покончить с собой, комические ложные смерти и воскресения и... страстную любовь к макаронам:

> [Арлекин] притворяется, что будто пробил себя шпагою, и пал на оную крича Я УМЕР. Смеральдина возвращается, дабы видеть, что сделалось с Арлекином; но видя его рас-

---

[3] Цитаты из сделанного Тредиаковским перевода итальянского сценария «Четыре Арлекина» взяты из микрофильма первой публикации 1733 года, находящегося в архиве Гарвардского университета под номером W 23673.8.7.

тянувшегося на земле, стала о нем плакать, и причитать добрыя его качества; потом говорит, что приготовила макарон, и для того она в отчаянии теперь по тому что не знает кому их есть. Арлекин вскочив говорит, что то он станет их кушать, и по многих шутках свойственных Театру оба пошли к ней [Тредиаковский 1733: 5].

Подобная стремительность действия, сверхъестественные явления на сцене, включающие появление волшебника, способного вызывать духов умерших, были совершенно незнакомы русскому зрителю. Благородные господа, Сильвио и Одорадо, отчаявшись влюбить в себя Диану и Аурелию, обращаются за помощью к волшебнику, который советует им превратиться в Арлекинов. С помощью магического заклинания волшебник создает двойников Арлекина, превращая действие в фантастическую фантасмагорию и сбивая с толку самого Арлекина:

Арлекин... увидев свой образ на земле, испужался, и видя себя в живых, не знает каким бы то способом тело ево или ево тень была мертва. Чинит он игрушку смешную с тем духом, и плача о своей смерти пошол вон [Тредиаковский 1733: 8].

Арлекин, предмет эротического вожделения трех женщин, теперь окружен своими двойниками, которые соблазняют девушек под масками Арлекинов. Настоящий Арлекин находится на грани умопомешательства и выделывает разнообразные трюки — *lazzi* со своими двойниками:

Между тем дух во образе арлекиновом обнял Смеральдину, и вошел к Смеральдине. Арлекин после многих игрушек приличных театру стал быть в отчаянии о этом, и вскочил в окно к Смеральдине, дабы видеть что там делается [Тредиаковский 1733: 9].

Можно предположить, что подобная сцена давала итальянским актерам возможность продемонстрировать мастерство пантомимы и акробатики — пройтись по сцене на руках, сесть на шпагат или сделать кульбит через голову. Дюшартр отмечает, что восьмидесятилетний исполнитель комедии дель арте мог в любой момент представления без труда коснуться уха партнера по сцене ногой [Duchartre 1966: 36]. Множество Арлекинов, говорящие духи, комедия ошибок, обманы, гротескные шутки о жизни и смерти неминуемо приводят сценарий к счастливому концу. Три свадьбы завершают злоключения героев и устанавливают любовную гармонию и социальное равенство: «Оные браки утверждаются согласием общим; а комедия кончается», — заключает переводчик Тредиаковский.

Арлекинада «Четыре Арлекина» богата событиями и демонстрирует полет творческого воображения итальянских комедиантов. Переодевания, перевоплощения, смешение сословий, любовные интриги и разговоры на иностранных языках должны были иметь большой успех у придворной публики, страстно увлекавшейся в то время маскарадами, во время которых можно было позабыть или скрыть маской и причудливым париком и костюмом собственную социальную идентичность[4].

Незаслуженно забытые переводы Тредиаковского предоставляют нам ценные материалы для изучения истории сценического искусства в России, поскольку детально воссоздают арлекинады, которые сильно полюбились русским зрителям в XVIII веке и способствовали рождению русской комедии. В отличие от русского комедийного искусства, которому изначально были свойственны элементы социальной сатиры, итальянские сценарии строились на комедии положений, комедии ошибок и мастерстве актеров-виртуозов. Суть сценариев была космополитична и хорошо понятна зрителям любой национальности, от которых требовалось лишь знакомство с театральными условностями.

---

[4] Как будет продемонстрировано в главе 5, изучение переводов Тредиаковского заставляет задуматься о связях между поэтикой Гоголя и итальянскими арлекинадами. Использование гротеска, трагикомические соположения жизни и смерти и присутствие двойников в «Четырех Арлекинах» появятся вновь в драматических и прозаических произведениях Гоголя, а затем и в модернистских арлекинадах.

Издательство Российской академии наук напечатало всего 200 экземпляров итальянских сценариев, из которых только сто были переводами на русский язык Тредиаковского, а 100 — переводами на немецкий для иностранных посланников и путешественников. Тредиаковский рассчитывал получить за переводы 520 рублей, но в 1738 году ему все еще не заплатили обещанной суммы [Всеволодский-Гернгросс 1913: 29]. Было ли подобное пренебрежение обычным явлением в литературной карьере Тредиаковского или попросту объяснялось неуважительным отношением властей к отечественным писателям и артистам? Без сомнения, неуплата обещанных денег переводчику контрастирует со щедрыми гонорарами и подарками итальянским актерам. Так или иначе, в то время как итальянские гастролеры наслаждались гостеприимством и радушным приемом русского двора, переводчик, донесший до придворных смысл происходившего на сцене, не мог сполна получить оплату за свой труд.

Судья-Арлекин в комедии Сумарокова «Чудовищи»

Сатирическая комедия Сумарокова «Чудовищи» (1750) представляет собой яркий пример русификации комедии дель арте. Левитт определяет жанр этой комедии как сатирический бурлеск, напоминающий комические интермедии [Levitt 2009: 11]. Явная взаимосвязь комедии с итальянскими сценариями просматривается в том, как Сумароков использует маски Арлекина и Доктора. Один из главных персонажей комедии, слуга Арликин, продолжает традицию адаптации и русификации элементов комедии дель арте на русской сцене, а маска Доктора используется для высмеивания главного литературного соперника Сумарокова — Тредиаковского.

По сравнению со сценариями, переведенными Тредиаковским, комедия Сумарокова крайне статична: вместо описания любовных эскапад и комических приключений, пьеса сосредоточивается на социальной сатире и так называемой сатире «на лицо» (в данном случае на Тредиаковского). Такой подход отражает взгляды Сумарокова на природу и назначение комедии и одновременно диктуется отсутствием в России профессиональных актеров, способных исполнять динамичные роли с акробатическими трюками и магическими превращениями.

Сумароков считается основателем профессионального русского театра и первым современным драматургом — создателем комедий и трагедий для русской сцены[5]. 12 комедий и девять трагедий, сочиненных Сумароковым, следуют строгим правилам жанра, установленным Буало в его знаменитом трактате «Поэтическое искусство». Сумароков был убежден, что комедия несет просветительскую функцию, борясь с пороками и высмеивая их, и так выразил свои убеждения в поэтической форме:

> Не представляй того, что мне на миг приятно,
> Но чтоб то действие мне долго было внятно.
> Свойство комедии — издевкой править нрав.
> Смешить и пользовать — прямой ее устав [Сумароков 1957: 121].

Французская неоклассическая драматургия и итальянская комедия дель арте оказали существенное влияние на комедии Сумарокова [Кулакова 1969: 42]. Юношей, учась в Сухопутном шляхетском кадетском корпусе, созданном в 1732 году для детей русской аристократии, Сумароков в 1733–1735 годах непосредственно участвовал в спектаклях итальянских трупп на придворной сцене и было хорошо знаком со сценариями и художественными особенностями комедии дель арте [Берков 1977: 13]. По традиции кадеты выступали на сцене вместе с итальянцами или просто участвовали в представлениях как статисты [Старикова 1995: 46].

В соответствии с общепринятой театральной практикой XVIII века комедия Сумарокова «Чудовищи» была разыграна одновременно с его же трагедией «Синав и Трувор, или Аристо-

---

[5] Берков П. Н. Александр Петрович Сумароков. Л.: Искусство, 1949.

на». Судя по названию, комедия должна была изображать на сцене чудовищность современной жизни и высмеивать людские пороки. Несколько отрицательных персонажей обладали скверными нравственными качествами и подлежали насмешкам со стороны драматурга и зрителей [Levitt 2009: 11]. Сатира Сумарокова была направлена против пороков системы правосудия и общей нравственной деградации русского общества. Литературный соперник Сумарокова Тредиаковский также подвергся осмеянию за его нелепые трактаты.

В подражание итальянским сценариям сюжет «Чудовищей» выстроен вокруг истории двух влюбленных, Инфимены и Валера, родственники которых всячески препятствуют их союзу. Дядя Валера хочет женить племянника на богатой невесте, а семья Инфимены обеднела. Родители девушки, Гидима и Бармас, постоянно спорят о будущем дочери. Отец хочет выдать ее замуж за ябедника Хабзея, а мать мечтает о будущем зяте — галломане, по имени Дюлиж, поскольку он выглядит как француз и говорит и поет по-французски. Во время очередной ссоры Гидима дает Бармасу пощечину, и эта пощечина становится основной завязкой сюжета, поскольку оскорбленный муж решает подать в суд на жену, требуя финансовой компенсации и приговора за нанесенное оскорбление. Тема судопроизводства и невежественных судей вносит в комедию особый русский колорит, высмеивая бюрократию и правовую систему. Параллельно с сатирой на российское общество развивается любовная линия слуг, Арликина и Финетты, а также раздражающего всех педанта Критициондиуса — все это вторит итальянским сценариям. И. Рейфман проводит еще одну литературную параллель, указывая на сходство сюжета «Чудовищей» с комедией Мольера «Ученые женщины», в которой родители молодой героини выбирают для дочери угодных им женихов [Reyfman 1990: 84–85].

Действие комедии происходит в Санкт-Петербурге, о чем в одной из сцен сообщает Арликин [Сумароков 1957: 316]. Пьеса начинается спором между Гидимой, которая восхищается достоинствами Дюлижа, и ее недоумевающим мужем Бармасом:

Г и д и м а: Инфимена будет за Дюлижем.
Б а р м а с: Да что тебе в нем нравится?
Г и д и м а: Все.
Б а р м а с: Однако ж что ж бы то такое было?
Г и д и м а: Все, все, я говорю. Волосы подвивает он хорошо, по-французски немножко знает, танцует, одевается по-щегольски, знает много французских песен; да полно еще, не был ли он и в Париже. Что тебе надобно? Вить нам зятя доставать не с небес.
Б а р м а с: А как нас в вотчинной коллегии обвинят, так нам в те поры французские песни не помогут [Сумароков 1957: 311].

Д. Уэлш отмечает, что русская драма XVIII века основана на адаптациях и переводах западных моделей, в ней зачастую используются географически отдаленные от России места действия и иностранные имена для действующих лиц [Welsh 1966: 14]. Вразрез со мнением ученого действие комедии «Чудовищи» разворачивается в России и тесно связано с русской культурой. Тем не менее имена большинства действующих лиц — иностранного происхождения. Список действующих лиц в начале комедии поражает своей эклектичностью: у молодых влюбленных французские имена, заимствованные из комедий Мольера, — Инфимена и Валер; у философа-педанта непроизносимое латинское имя Критициондиус; у служанки французское — Финетта, а у слуги итальянское — Арликин. Наконец, двум судьям даны русские фольклорные имена: Финист и Додон. Подобная «международная группа» действующих лиц иллюстрирует желание драматурга соединить русскую комедию с европейской, отдав при этом дань русскому фольклору и западным комедийным канонам [Берков 1977: 180–181].

Создав пародию на Тредиаковского в лице противного философа и теоретика искусства Критициондиуса, Сумароков следует литературной практике своего времени — использовать драматургию как арену для идеологической борьбы с соперниками. Подобная тенденция пришла в Россию из Европы и носила название «сатиры на лицо»:

В русской комедии подобный прием был столь распространенным, что получил собственное название, и комедии писались на индивидуума («на лицо» или «на личность»), а писатели старались «ввести подлинник» [Welsh 1966: 20][6].

Поразительное сходство между Критициондиусом и итальянской маской Доктора демонстрирует перенос элементов комедии дель арте на русскую сцену[7]. Начиная с середины XVI века Доктор / Dottore в комедии дель арте был известен как ученый глупец, всю жизнь изучающий что-то, но так ничему и не научившийся. Доктор был одновременно философом, астрономом, писателем, каббалистом, дипломатом и врачом. Он состоял в членах известных и неизвестных академий и постоянно использовал в разговоре латинские цитаты и выражения [Duchartre 1966: 196]. Тредиаковский был профессором Российской академии наук, с титулом «профессор латинского и русского красноречия» [Reyfman 1990: 28]. Сумароков высмеивает одержимость Тредиаковского русской грамматикой и его критические и теоретические труды о русском языке и литературе. В одной из сцен Критициондиус критикует трагедию Сумарокова «Хорев», написанную незадолго до «Чудовищей» и действительно подвергшуюся нападкам Тредиаковского:

---

[6] Критициондиус не первая пародия Сумарокова на Тредиаковского: в 1750 году Сумароков публично высмеял Тредиаковского в комедии «Тресотиниус», посвященной литературным дебатам между тремя ведущими русскими писателями того времени: Тредиаковским, Сумароковым и Ломоносовым. Рейфман пишет: «Хорошо известно, что Мольер вывел под личиной Трессотина и Вадиуса двух своих литературных врагов: поэта аббата Шарля Котена и поэта и ученого Жиля Менажа. Сумароков воспроизвел эту пару в образах Тресотиниуса и оратора Бобембиуса, которые изображали его литературных оппонентов — Тредиаковского и Ломоносова» [Reyfman 1990: 85].

[7] Я не единственный исследователь, обративший внимание на поразительное сходство между Критициондиусом и итальянской маской Доктора. И. Рейфман проводит подробный анализ параллелей между итальянской маской и укоренившимся отношением к образу Тредиаковского как ученого дурака русской культуры XVIII века. См. [Reyfman 1990: 86].

> Д ю л и ж: Апропо! Русскую-то трагедию видел ли ты?
> К р и т и ц и о н д и у с: Видел за грехи мои. И как ты, читая комедию плакал, так я, видя эту трагедию, смеялся.
> Д ю л и ж: Так и на тебя это бывает, что ты смеешься, видя, что жалко.
> К р и т и ц и о н д и у с: Да тут никакой жалости не было.
> Д ю л и ж: Да разве Хорев то комедия, а не трагедия? Да полно, что может быть хорошо, что на русском языке писано!
> К р и т и ц и о н д и у с: Это правда, однако немного получше можно бы было написать [Сумароков 1957: 315].

В сценариях комедии дель арте Доктор нередко подвергался побоям со стороны слушателей, уставших от его философствований и раздражающего поведения. Нечто подобное произошло в реальной жизни и с Тредиаковским, который был избит одним из министров Анны Иоанновны, А. П. Волынским:

> Конфликт произошел из-за шутовской свадьбы, организованной для развлечения императрицы Анны Иоанновны в начале 1740 года. Будучи ответственным за развлечение императрицы, Волынский призвал Тредиаковского и поручил ему написать поэму для этого события. Вследствие разногласий, Волынский приказал жестоко побить поэта и сам принял участие в наказании. Что именно спровоцировало гнев министра, не вполне понятно. Это могла быть поэма, якобы написанная Тредиаковским о нем, или общение Тредиаковского с князем Куракиным, врагом Волынского [Reyfman 1990: 27–28].

В пьесе Арликин бьет Критициондиуса за то, что старый педант волочится за молоденькой служанкой Финеттой. Итальянский Доктор тоже постоянно пытается флиртовать с девушками, но в ответ получает лишь отказы и насмешки. В «Чудовищах» шестидесятилетний Критициондиус отвергнут Финеттой: она совершенно не интересуется иностранными языками, на которых говорит старик, или его страстью к написанию философских трактатов на разные темы. Критициондиус предстает перед зрителем как бездарный литературный критик, публикующий бесчисленные претенциозные труды, которые совершенно неинтересно читать. Рейфман убедительно иллюстрирует несоответствие между ценным вкладом Тредиаковского в развитие русской словесности и отсутствием справедливой оценки его трудов современниками:

> Репутация неудавшегося писателя заслонила раннюю славу Тредиаковского, его безусловный успех у современников и его вклад в поэзию, стихосложение, литературную критику, языкознание и развитие русского литературного языка. Более того, современники Тредиаковского и его литературные последователи зачастую приписывали его достижения, такие как введение силлабо-тоники или развитие русского гекзаметра, Ломоносову. В результате Тредиаковский вошел в историю как парагон бездарности, бесплодный педант и автор бессмысленных стихов [Reyfman 1990: 7].

Злонамеренная сатира Сумарокова значительно подорвала репутацию Тредиаковского, подтверждая тем самым мнение Уэлша о том, что русская театральная сатира XVIII века следовала европейской модели, в которой драматург считал себя судьей, имеющим право задавать общественные стандарты через осуждение других [Welsh 1966: 19].

Слуга Арликин обладает многими итальянскими чертами характера, да и поведением напоминает итальянских Арлекинов. Само имя Арликин несет в себе двойственность, поскольку звучит одновременно и как знаменитая итальянская маска (написанная через *и* вместо *е*), и как русская фамилия, оканчивающаяся на -ин. Арликин служит в семье Инфимены и влюблен в служанку Финетту. Он презирает сословные различия, критикует и высмеивает господина и госпожу и не испытывает к ним никакого уважения. С первого появления на сцене Арликин иронически воспринимает все распоряжения Бармаса, в шутку задает вопрос, в своем ли уме его господин. Слуга позволяет себе заносчиво общаться и с галломаном Дюлижем, и с педантом Критициондиусом. Такое поведение Арликина имитирует поведение слуг комедии дель арте, которым ничего не стоило перехитрить господ. Авторские ремарки Сумарокова о поведении Арликина на сцене указывают на подвижность и ловкость, требующиеся от исполнителя этой роли. Арликин бегает по сцене, дерется с соперниками и выполняет различные трюки, вторя итальянскому сценическому собрату. Тем не менее по сравнению со сценариями, переведенными Тредиаковским, комедия «Чудовищи» довольно статична и действие не включает в себя никаких акробатических трюков, сценических битв или сверхъестественных эффектов. К концу пьесы слуга Арликин неожиданно превращается в нерадивого и безответственного русского судью.

Пренебрегая общественными условностями, Арликин высмеивает представителей аристократии и дворянства. Остроумные комментарии Арликина о его окружении, равно как и его речь, демонстрируют наблюдательность и ум. В отличие от своих хозяев, не способных понять, что Валер — достойный жених для их дочери Инфимены, Арликин с самого начала пьесы безошибочно определяет, кто есть кто, и оказывается способен отделить истинные человеческие достоинства от ложных.

К важным арлекинизированным атрибутам пьесы относится и знаменитая Арлекинова трость *battoccio*, символизирующая его сексуальность и одновременно служащая ему оружием. Фривольные шутки и жесты, связанные с тростью, были традиционны для представлений комедии дель арте и неотделимы от иконографии, связанной с маской Арлекина. Создается впечатление, что Сумароков сознательно вплетает этот элемент в шутливый диалог между Арликином и Финеттой, придавая последнему эротический оттенок. Арликин и Финетта смеются над Дюлижем, ставя под сомнение его интеллектуальные и мужские способности:

> А р л и к и н: Финетта, каков он тебе кажется?
> Ф и н е т т а: Таков, как тебе.
> А р л и к и н: Мне кажется, что какова трость его, таков короток у него разум.
> Ф и н е т т а: На что молодому человеку разум? Были б долгие манжеты да трость сажени в полторы [Сумароков 1957: 320].

Взаимоотношения Арликина и Финетты зеркально отражают отношения влюбленных друг в друга слуг комедии дель арте. У Арликина случается приступ ревности, когда он слышит разговор Финетты с Критициондиусом, философские монологи которого на деле лишь маскируют его вожделение при виде прелестной служанки. Арликин бесстрашно атакует соперника и словесно, и физически. В следующей перепалке Арликин появляется на сцене в тот момент, когда Критициондиус пытается поцеловать Финетту, полагая, что уже произвел на нее сильное впечатление своими учеными разговорами:

> Критициондиус: Эдакие твари рождаются для философов, а не для Арликинов.
> Арликин: *вынув и показывая ему шпагу свою.* А эдакие вещи у нас у философов, которые, оставив философию, то же делают, что и мы простолюдины.
> Критициондиус: Тронь только меня, так я на тебя сатир десять сделаю.
> Арликин: Что хочешь делай, только лишь Финетты не занимай.
> Критициондиус: *еще поцеловать ее хочет.* Прекрасная богиня!
> Арликин: (бьет его). Вот тебе моя философия.
> Критициондиус: *бежит вон.* Философа бить!
> Арликин: Вот тебе философия [Сумароков 1957: 319].

Эта сцена воспроизводит традиционное соперничество между остроумным простаком Арлекином и ученым глупцом Доктором, ухаживающими за одной и той же молодой особой. Избиение ученого глупца, надоевшего всем своими тирадами, также отражает влияние сценариев комедии дель арте [Duchartre 1966: 196].

Еще одним важным элементом, заимствованным Сумароковым из комедии дель арте, является шутливое пародирование слугами поэтических излияний и любовных признаний их господ — влюбленных (*innamorati*) — в более прозаичной форме. Эта техника комедии дель арте широко использовалась такими драматургами, как Ж.-Б. Мольер, К. Гольдони и П. де Мариво[8]. Сумароков использует тот же прием в седьмой сцене, где Валер и Инфимена клянутся друг другу в верности, а затем в восьмой сцене Арликин выражает свое отношение к любви, убрав при этом все романтические краски. Арликин смотрит на мир с другой точки зрения и высказывает свой практический взгляд на отношения между полами. Создавая контраст с возвышенной риторикой Валера и Инфимены, слуга мудро полагает, что не стоит давать клятвы на будущее, поскольку оно никому не известно:

Сцена 7
В а л е р: Прости, мой свет, и памятуй что слово, что ты кроме меня ни за кого не выйдешь.
И н ф и м е н а: Пускай в ту минуту смерть меня пожрет, ежели я тебе изменю.

Сцена 8
А р л и к и н: Прости меня, мой свет. Только как ты мне ни мила, однако я не клянусь, что никогда тебе не изменю: о настоящем клясться можно, а будущее нам неведомо; может быть, что я тебе и изменю. Вить ты не одна хороша на свете, а вить пословица-то эта лежит недаром, что, когда товар полюбится, тогда и ум отступится.
Ф и н е т т а: Может быть что такие мысли и у меня; и ты вить не один на свете [Сумароков 1957: 321–322].

Как уже обсуждалось выше, в итальянских спектаклях для русского двора Арлекин был способен перевоплощаться на сцене в других персонажей, мастерски имитируя их речевые характеристики и телодвижения. Для подобной метаморфозы итальянские комедианты использовали множество предметов и приемов: переодевания, маски, парики, подражание, пародию и т. д. В третьем акте «Чудовищей» Сумароков тоже изумляет зрителей неожиданной метаморфозой: слуга Арликин перево-

---

[8] Одним из характерных примеров подобной техники считается пьеса Пьера де Мариво «Остров рабов», в которой слуги меняются ролями с господами. См. Marivaux P. L'ile des eslaves. Paris: Hachett Livre, 1994.

площается в судью, натягивая на голову традиционный судейский парик. При этом герой поставлен перед сложной задачей: надев парик судьи, он должен разрешать юридические конфликты, не имея при этом соответствующего опыта и образования. Арликин нисколько не смущен, ибо у него есть серьезный повод стать судьей: он глубоко разочарован в российском судопроизводстве и в его двух представителях в комедии — Додоне и Финисте. Наблюдая за их действиями и полной некомпетентностью, Арликин понимает, что и он может стать судьей, стоит лишь нацепить на голову парик. Парик здесь выполняет функцию итальянской маски, поскольку обозначает определенную социальную принадлежность и поведенческий код.

Сумароков-комедиограф выражает свое разочарование правовой системой России, перенося роль судьи на шутовскую персону. Арликин Сумарокова — шут с реалистичным взглядом на мир, осознающий, что мздоимство чиновников — это один из основных неписаных законов. Сатира Сумарокова обличает двух незадачливых судей — Додона и Финиста — в вопиющем невежестве. Финист недавно переведен на судебную работу из армии и никогда не изучал юриспруденцию, а Додон провел всю жизнь в зале суда, но не имеет полного представления о законах и правах. Насмешливо наблюдая за судьями, Арликин решает взять ситуацию в свои руки и попросту срывает парик с головы Додона, надевает его на свою и говорит самому себе: «Арликин (один): Вот я и судья теперь. А что я дела не знаю, это судейству моему не остановка. Есть судьи, которые еще и меня меньше знают» [Сумароков 1957: 329]. Несмотря на то, что его действия описаны в комическом ключе, поведение Арликина воплощает в себе бунт против абсурда русской бюрократии. Неожиданная метаморфоза из шута и слуги в судью сатирически описывает законность в русском обществе, где судьей человека делает парик, а не профессиональный опыт и знания.

Все остальные персонажи относятся к этой метаморфозе каждый по-своему. Галломан Дюлиж интересуется, диктует ли подобный парик последнюю европейскую моду, и любуется им: «Что это за пречудный парик на тебе?» Критиондиус рассматривает парик как возможный предмет для философских или поэтических трудов: «Пожалуй, друг мой, дай мне этого парика дни на три. Это вещь диковинная. Я ему сделаю описание: я до всех куриозных вещей охотник» [Сумароков 1957: 329]. Арликин, оказавшись судьей в парике, действует решительно и убедительно: он заявляет, что ни педант Критициондиус, ни галломан Дюлиж не смеют надеяться на расположение к ним Инфимены. Ни философские трактаты, ни знание французского языка не смогут повлиять на любовь Инфимены и Валера. Преданность Арликина молодой госпоже и ее возлюбленному остается незыблемой на протяжении всей пьесы. Находчивый слуга прилагает всевозможные усилия, чтобы способствовать их любовному союзу, атакуя недоброжелателей как словесно, так и физически.

Убедившись, что ход событий теперь у него под строгим контролем, Арликин объявляет публике, что стоило ему стать судьей, как в господском доме восстановился порядок [Сумароков 1957: 331]. Именно судья Арликин ведет комедию к счастливой развязке. Валер теперь владеет важными документами, которые освобождают родителей Инфимены от судебной волокиты, и просит у них руки возлюбленной. Гидима и Бармас наконец-то соглашаются с выбором дочери и мирятся друг с другом. Арликин понимает, что стал судьей лишь на короткое время, чтобы разрешить проблемы в господской семье, и не желает больше играть эту роль:

> А р л и к и н: *бросив с себя парик*. Полно быть судьею. Что нам надобно, то уже сделано, а что надобно другим, до того что нам нужды. На весь свет работать трудно [Сумароков 1957: 332].

Образ русского Арликина, созданный Сумароковым, включает в себя элементы комедии дель арте, но при этом неразрывно связан с русской культурой. Выбор Сумарокова в использовании итальянского Арлекина как критика русской судебной системы, очевидно, продиктован давним знакомством русской публики с этим персонажем. Шутовская персона Арликина в «Чудовищах» — самый разумный персонаж в пьесе. Маска Арлекина позволила драматургу создать оригинальный русско-итальянский гибрид — мудрого шута-судью. Основным отличием комедии от итальянских сценариев является явная склонность к социальной сатире. Эта тенденция будет впоследствии развита в русской комедийной драматургии В. В. Капнистом, Д. И. Фонвизиным и доведена до совершенства Н. В. Гоголем. Комедия Сумарокова высмеивает русскую бюрократию, взяточничество и русскую галломанию, приводящую к забвению собственных национальных традиций. Личная, политическая и социальная сатира в комедии «Чудовищи» прокладывает путь будущим драматургам-комедиографам. Рассматривая основные комедийные тенденции, появившиеся в России во второй половине XVIII века, Уэлш заключает:

> Три сатирические тенденции стремительно развились в России после 1765 года. Из них две воплощали в себе сатиру на французскую сцену: личная сатира или пасквили с нападками на конкретных, узнаваемых людей и более общая сатира, направленная против пороков, ошибок или слабостей, общих для всего человечества, таких как лицемерие, фанатизм, суеверия и аффектация. Третья тенденция, которая вскоре затмила две первых, была воплощена в сатирических нападках на социальные, экономические или политические злоупотребления, которые драматурги считали типично русскими. Эти тенденции не были взаимоисключающими: узнаваемые люди могли быть высмеяны как представители общего порока или глупости, а пороки, общие для всего человечества, могли стать объектом сатиры в узнаваемой русской обстановке [Welsh 1966: 19].

Арлекинизированная комедия «Чудовищи» богата элементами личной и социальной сатиры, но лишена динамизма, захватывающего сюжета и эксцентричности, присущих итальянским сценариям. Нельзя забывать, что комедия Сумарокова была рассчитана не на профессиональных итальянских актеров-виртуозов, выступавших при русском дворе, а на русских актеров-любителей без должного сценического образования и опыта. Лучшие русские комедии еще будут написаны, но «Чудовищи» Сумарокова совершают важный шаг к будущему развитию русской национальной комедии, поскольку, впитав итальянский опыт, Сумароков создал самобытную русскую комедию.

Глава четвертая
Последствия итальянской декады

После кончины в 1740 году императрицы Анны Иоанновны маски комедии дель арте продолжили странствия по дорогам русской культуры XVIII и XIX веков. Проникая в самые разные пласты высокой и массовой культуры, персонажи комедии дель арте постоянно присутствовали на дворцовых маскарадах, на аренах цирков, в ярмарочных балаганах и в литературе. В 1745 году, во время царствования Елизаветы Петровны (1741–1761), еще одна знаменитая труппа комедии дель арте успешно гастролировала в Москве и Петербурге. Несмотря на то что эта труппа, под управлением антрепренера Иоганна Петера Гилфердинга, считалась немецкой, Музер утверждает, что Гилфердинг был итальянского происхождения. Гилфердинга пригласили на работу в Германию и в 1736 году назначили директором театра в Кенигсберге. Предположительно, Гилфердинг был вынужден переехать в Россию из-за частых стычек с прусской полицией [Mooser 1948: 211]. Представления труппы Гилфердинга были рассчитаны на знакомство русской публики с приемами и условностями комедии дель арте и на ее готовность к новым встречам с полюбившимися персонажами [Mooser 1948: 211–212]. Театральные афиши 1740-х годов содержат полный список персонажей комедии дель арте, с Арлекином в качестве ведущего персонажа [Mooser 1948: 215]. Как и прежде, спектакли игрались в импровизационной технике, с опорой на мастерство исполнителей, а не на литературный текст.

В одном из указов 1752 года о дворцовом маскараде, который планировался на 8 февраля, придворным запрещалось наряжаться в костюм Арлекина:

> Ея Императорское Величество изволила указать имянным своего Императорского Величества указом: завтрашнюю субботу, то есть сего февраля 8-го числа при дворе Ея Императорского Величества быть публично маскараду, на который съезжатца по полудни в пятом часу всем придворным и знатным персонам и чюжестранным и всему дворянству с фамилиями, кроме малолетних, против прежняго. Точию притом всему генералитету и тех класов дамским персонам в доминах з баутами против бывшего прошлого 1751-го году декабря 22-го числа маскараду, а протчим всему дворянству обоего пола в маскарадных платьях, в каких кто хочет, только кроме перигримского и арликинского и деревенских платьев. И не употреблять в убранствах хрусталей и мишуры, и протчаго, что прежде было запрещено, не иметь же[1].

В. Д. Кузмина высказывает предположение, что фигура вездесущего Арлекина начала надоедать русским зрителям, поскольку немецкие представления комедии дель арте часто были низкого художественного уровня. Немецкие арлекинады, гастролировавшие в Российской империи, находились в явственном упадке и полагались преимущественно на грубые шутки, с отсутствием захватывающих интриг и занимательных сюжетов, присущих аутентичным итальянским сценариям. Символические сжигания куклы Арлекина на русской сцене символизировали изгнание этого персонажа с русских театральных подмостков [Кузмина 1958: 88–89].

Занятный исторический эпизод описывает гнев Сумарокова при появлении комической персоны — Гаера (русского собрата Арлекина), неожиданно вышедшего на сцену во время представления трагедии «Синав и Трувор». Подобные появления Арлеки-

---

[1] Копия этого неопубликованного архивного документа была любезно предоставлена мне Л. М. Стариковой. Документ называется «Журнальные записки по Церемониальному ведомству». Подобные указы рассылались всем тем, кто мог или должен был участвовать в маскараде.

нов и Гаеров в разгар трагического действия были общепринятым явлением и приветствовались публикой:

> Этот персонаж часто появлялся на сцене не совсем по сюжету, и не только в комедиях, но и в трагедиях. Рассказывают, что однажды А. П. Сумароков зашел в балаган, где шла его трагедия «Синав и Трувор». И когда один из героев, Гостомысл, загремел: «Наполнен наш живот премножеством сует», откуда-то выскочил Гаер и тоже закричал: «Наполнен наш живот щами и пирогами». «Все зрители захохотали, а его превосходительство господин Сочинитель сильно осерчал и в ту же минуту вон из балагана» [Дмитриев 1977: 40][2].

Создается впечатление, что вездесущие Арлекины попросту надоели благородной публике как заезженное клише, и этот персонаж стал вытесняться с дворцовой сцены в недра народной культуры.

К середине XVIII века русская публика была очарована итальянской оперой и оперой-буфф (комической оперы с диалогами), появившейся в России в 1758 году[3]. Опера-буфф привлекла не только придворную, но и более широкую и невзыскательную публику. Оперные спектакли шли под управлением итальянского музыканта Джованни Баттисты Локателли, они, по сути, монополизировали внимание царского двора. Елизавета Петровна часто посещала спектакли Локателли и платила ему щедрые гонорары. Русские аристократы покупали частные ложи стоимостью в 300 рублей, украшая их дорогими коврами и зеркалами. Оперные театры были теперь доступны представителям простонародья, которые имели возможность купить всего за один рубль билет на стоячее место [Штелин 1738: 532–576].

В то время как сфера высокой культуры была заполнена итальянскими музыкантами, певцами, хореографами, танцорами и им-

---

[2] Дмитриев приводит в пример этот исторический эпизод, цитируя «Дамский журнал» (1831. Ч. 31. № 26. С. 185).

[3] Музер считает 1758 год датой появления оперы-буфф в России, но Штелин указывает осень 1757 года. См. [Штелин 1735]. Цит. по: [Старикова 1995: 594].

пресарио, арлекинады постепенно становились частью народной культуры и более не использовались для оперных спектаклей. Штелин пишет, что труппа Гилфердинга не могла состязаться в популярности с оперой-буфф. И все же к 1765 году (в эпоху правления Екатерины II) Арлекины все еще развлекали широкую публику, участвуя в спектаклях труппы Гилфердинга [Штелин 1738: 600].

Примечательно, как часто арлекинизированные образы появляются в русской литературе и культуре XIX века. Так, к примеру, в 1829 году А. С. Пушкин сравнивает императора Александра I с Арлекином в эпитафии «К бюсту завоевателя». Эпитафия была сочинена, когда, находясь в ссылке на Кавказе, поэт увидел бюст императора:

> Напрасно видишь тут ошибку:
> Рука искусства навела
> На мрамор этих уст улыбку,
> А гнев на хладный лоск чела.
> Недаром лик сей двуязычен,
> Таков и был сей властелин,
> К противочувствиям привычен,
> В лице и в жизни арлекин [Пушкин 1981: 164].

В поэтическом воображении Пушкина Арлекин предстает не просто шутом, а загадочным персонажем, с двойственным и противоречивым характером. Возможно, поэт представлял себе традиционную маску Арлекина, закрывающую лишь половину лица: под ней спрятано выражение чувств и эмоций, зрителю открыт лишь улыбающийся рот. Упоминание Пушкиным двойственной природы противоречивых чувств создает впечатление, далекое от восприятие шутовской персоны XVIII века, предвещая появление загадочных Арлекинов Серебряного века.

Отношение Пушкина к Александру I было сложным и противоречивым, поскольку поэт одновременно и восхищался императором, и насмехался над ним. Подобное отношение особенно ярко отражено в поэме «19 октября»:

> Полней, полней! И, сердцем возгоря,
> Опять до дна, до капли выпивайте!
> Но за кого? О, други, угадайте...
> Ура, наш царь! Так выпьем за царя.
> Он человек, им властвует мгновенье,
> Он раб молвы, сомнений и страстей,
> Но так и быть, простим ему гоненье,
> Он взял Париж и создал наш лицей [Пушкин 1981: 56].

Лотман описывает Александра I в том же ключе, указывая на постоянную игру и смену масок на сцене русской истории. Лотман пишет:

> Александр не только не чуждался игры и перевоплощений, но, напротив, любил менять маски, иногда извлекая из своего умения разыгрывать разнообразные роли практические выгоды, а иногда предаваясь чистому артистизму смены обличий, видимо, наслаждаясь тем, что он вводит в заблуждение собеседников, принимающих игру за реальность [Лотман 1998: 632].

Лотман останавливается на театральности в публичном поведении императора и на его таланте к плетению сложных политических интриг. В качестве одного из примеров подобной театральной игры приводится эпизод устранения Александром I с политической арены одного из министров — М. М. Сперанского. Искусно подготовив политическую интригу, полагаясь на донос, Александр плакал, уверяя, что не имеет к случившемуся никакого отношения, и обвиняя во всем коварных придворных [Лотман 1998: 633]. Лотман помещает поведение императора в контекст эпохи, когда театральность считалась приемлемой нормой. Император, по мнению Лотмана, являлся своего рода хореографом или автором трагедий и комедий русской истории на политической сцене. Пушкин оценивает примесь актерства в характере государя в контексте арлекинад, присваивая Александру I титул царя-Арлекина.

Очевидно, что Пушкин, как и многие представители русской аристократии, был хорошо знаком с итальянскими арлекинадами, посещал цирки и балаганы. Ю. А. Дмитриев описывает популярность итальянских пантомим начала XIX века, привлекавших зрителей всех сословий: от крестьянства до дворянства и аристократии. Балаганы продолжали процветать и в середине XIX в. Современник Пушкина, академик А. В. Никитенко, описывает арлекинады 1831 года, продолжающие быть одной из самых популярных форм развлечений: «К Леману не легко пробраться. У дверей его храма удовольствий так тесно, как в церкви в большой праздник до проповеди. Я с трудом пробрался к дверям» [Дмитриев 1977: 112][4].

В 1831 году одна из самых читаемых газет — «Северная пчела» сообщает, что предпочитает арлекинады и балаганы драматическому театру: «Что до нас касается, то мы отдаем преимущество хорошей пантомиме перед веселыми трагедиями и плачевными комедиями» [Дмитриев 1977: 112][5]. В XIX веке пантомимы с Арлекинами в главной роли постоянно разыгрывались на аренах цирков в конце представлений, они анонсировались заранее, чтобы привлечь зрителей. К примеру, в анонсе, опубликованном в 1834 году в «Московских ведомостях», сообщается:

> Астрафий Каспар честь имеет известить почтеннейшую публику, что... будут даны представления... состоящие в танцах на лошадях и на канате, а в заключение каждого представления даны будут новые итальянские пантомимы [Дмитриев 1977: 115][6].

Упомянутые в анонсе итальянские пантомимы все еще использовали импровизационную технику комедии дель арте и оставались популярными долгие годы, традиционно заканчивая представления. В 1847 году «Северная пчела» хвалит ведущих балаганных исполнительниц, предсказывая, что в балаганах «верно будет больше посетителей, чем в концертах» [Дмитриев

---

[4] Дмитриев цитирует: Никитенко А. Записки и дневник. Т. 1. СПб., 1893. С. 288.
[5] Дмитриев цитирует: Северная пчела. 1831. 17 февр. С. 2.
[6] Дмитриев цитирует: Московские ведомости. 1834. 20 апр.

1977: 112][7]. По словам Дмитриева, балаганные и цирковые арлекинады имели ошеломительный успех у русской публики и требовали от актеров того же уровня мастерства, что и в дворцовых представлениях XVIII в.:

> От актеров, особенно от исполнителя роли Арлекина, пантомима требовала акробатической ловкости. Спасаясь от бесконечных погонь, он делал сложные прыжки и другие трюки, балансировал по канату или в бешеном темпе вертелся колесом [Дмитриев 1977: 114].

Русская периодика второй половины XIX в. содержит дополнительную информацию об итальянских масках, странствующих по дорогам русской культуры. В 1872 году «Русский художественный листок» опубликовал статью под названием «Странствующие комедианты», в которой проводится параллель между искусством скоморохов и арлекинадами:

> …наши национальные скоморохи… заменились немецкими комедиантами, которые превратили народные сцены в арлекинады с акробатами и фокусниками. Эти комедианты переезжают из города в город и показывают народу свои возвышенные представления. Они обыкновенно разбивают на площади или рынке огромную палатку и, устроив в ней места для зрителей на подмостках, представляют неслыханные и никогда никем не виданные игры [Сиповский 1900: 606].

Представления арлекинад в российской провинции подталкивали местных русских актеров к тому, чтобы разыгрывать собственные представления, усваивая и русифицируя иностранные модели [Сиповский 1900: 606–607]. В. В. Сиповский пишет о существовании юмористического литературного журнала «Арлекин», где в 1859 году была опубликована поэма, сочиненная от лица Арлекина и рассказывающая о его генеалогии, странствиях по свету и метаморфозах на европейских сценах. Поэма дает русскому читателю представление о перемещениях Арлекина из

---

[7] Дмитриев цитирует: Северная пчела. 1847. 12 марта. С. 227.

аристократической в массовую культуру, о его успехах как в европейских театрах, так и на ярмарочных представлениях. Поэма также обрисовывает ретроспективу судьбы Арлекина в России:

> Мне местом рождения был город Бергам,
> Мое назначенье — по свету скитаться,
> Всегда веселиться, смешить и смеяться!
> И я, итальянской природы дитя,
> На родине милой жить начал, шутя:
> По улицам бегал, на площадь являлся,
> Кувыркался, прыгал, плясал и кривлялся;
> Хоть, правда, я грубо шутил иногда,
> Но шутками людям не делал вреда!
> За это бергамцы меня полюбили, —
> Они ведь не очень взыскательны были!
> В осьмнадцатом веке задумал я вдруг
> Искать просвещенья, искусств и наук —
> Чтоб светлую роскошь увидеть поближе.
> Явился я смело в блестящем Париже.
> Там счастие было мое таково,
> Что даже Пирон, Флориан, Мариво
> Меня наградили вниманием лестным
> И сделали скоро повсюду известным!
> Карлино, Лапорт, Томассен, Доминик
> Умели очистить мой грубый язык, —
> И вот я в театрах на сцену поставлен,
> В высоком сословьи любим и прославлен.
> Но счастье непрочно: настала невзгода, —
> Известно, что в свете господствует мода.
> Ну, стала злодейка меня обижать,
> И мне из Парижа пришлось убежать.
> Я прямо в Россию, в ту самую пору,
> Когда Петербург удивлялся Дюпору.
> Но мода и тут мне злодейкой была —
> В балете приюта никак не дала!
> Что было мне делать? Куда тут деваться?
> Пришлось мне опять в балаганах являться.
> Покорствуя этой злосчастной судьбе,
> «Послушай, голубчик, — сказал я себе, —
> Уж если нельзя быть на сцене артистом,
> Так, знаешь, попробуй и будь журналистом»
> [Сиповский 1900: 607–608].

Отзвуки итальянской декады Анны Иоанновны часто слышны и в русской литературе XIX века. Имя любимого шута Анны Иоанновны — Педрилло — неожиданно появляется в «Записках из Мертвого дома» Ф. М. Достоевского в измененной форме: Кедрил. Находясь в ссылке в Сибири, писатель делится своими впечатлениями от любительского спектакля «Кедрил-обжора», разыгранного арестантами. Достоевский выражает явный интерес к этимологии имени Кедрил, но не упоминает имени знаменитого придворного шута, предполагая, что имя может быть иностранного происхождения:

> Что же касается до «Кедрила-обжоры», то, как ни желалось мне, а ничего не мог знать о нем предварительно, кроме того, что на сцене появляются духи и уносят Кедрила в ад. Но что такое значит Кедрил, и, наконец, почему Кедрил, а не Кирилл? Русское ли это, или иностранное происшествие? — этого я никак не мог добиться [Достоевский 1982: 53].

Шут Педрилло / Пьетро Миро оказал значительное влияние на народную культуру, и его прозвище, часто слегка видоизмененное, появлялось во многих ярмарочных и кукольных представлениях. Имя Педрилло трансформировалось не только в Кедрила, но и в Петруху-Фарноса, и Адамку Педрилло. Н. И. Смирнова отмечает:

> Популярность Педриллы во второй трети XVIII в. была такова, что в русском народном варианте «комедии о Дон-Яне» народ наградил этим именем слугу Дон Жуана (это имя, правда, в дальнейшем подверглось искажению, превратившись из Педрилло в того Кедрилу-обжору, которого увидел в арестантском спектакле Достоевский) [Смирнова 1963: 26].

Творческая интуиция Достоевского безошибочно связывает спектакль о Кедриле с народной культурой. Писатель выражает озабоченность тем, что народный театр недостаточно изучен, и осознает необходимость глубокого осмысления искусства, уходящего корнями в недра народной культуры:

> Затем следовала вторая пьеса, драматическая: «Кедрил-обжора». Название меня очень заинтересовало; но как я ни расспрашивал об этой пьесе, — ничего не мог узнать предварительно. Узнал только, что взята она не из книги, а «по списку»; что пьесу достали у какого-то отставного унтер-офицера, в форштадте, который, верно, сам когда-нибудь участвовал в представлении ее на какой-нибудь солдатской сцене. У нас в отдельных городах и губерниях действительно есть такие театральные пьесы, которые, казалось бы, никому не известны, может быть, нигде никогда не напечатаны, но которые сами собой откуда-то явились и составляют необходимую принадлежность всякого народного театра в известной полосе России. Кстати: я сказал «народного театра». Очень бы и хорошо было, если б кто из наших изыскателей занялся новыми и более тщательными, чем доселе, исследованиями о народном театре, который есть, существует и даже, может быть, не совсем ничтожный. [Достоевский 1982: 152–153].

Достоевский предполагает, что народные спектакли ставились в русской провинции и сохранялись в дворянских поместьях, где крепостные крестьяне разыгрывали их в частных театрах богатых помещиков [Достоевский 1982: 149–150].

Достоевский подробно описывает пьесу о Кедриле: гримасы, остроты, обжорство главного героя, а также сверхъестественные явления — появление на сцене чертей, уносящих вначале барина, а потом и самого Кедрила в ад под восторженный хохот и одобрительные возгласы публики. Описания этого представления напоминают о динамичных итальянских сценариях и шуточных *lazzi*, любимых зрителями. Достоевский отмечает сходство спектакля с легендарным сюжетом о Дон Жуане:

> Кедрил — трус и обжора. Услышав о чертях, он бледнеет и дрожит как лист. Он бы убежал, но трусит барина. Да сверх того ему и есть хочется. Он сластолюбив, глуп, хитер по-своему, трус, надувает барина на каждом шагу и в то же время боится его. Это замечательный тип слуги, в котором как-то неясно и отдаленно сказываются черты Липорелло, и действительно замечательно переданный [Достоевский 1982: 158].

Кедрил, по мнению писателя, принадлежит к сценическому типу энергичных и хитрых слуг. Важно добавить, что обжорство и предприимчивость главного героя вторят сценариям комедии дель арте.

Маски комедии дель арте также нашли отражение в прикладном искусстве и ремеслах. В июне 2003 года в Государственном историческом музее в Москве прошла выставка, посвященная трехсотлетию Санкт-Петербурга, под названием «4 Чувства. Праздник в Петербурге XVIII века» [4 Чувства 2003]. На выставке были представлены экспонаты, иллюстрирующие увлечение образами комедии дель арте в России XVIII и XIX вв. Так, на деревянных санях, изготовленных в 1764 году, в эпоху правления Екатерины II, итальянским архитектором и театральным художником Джузеппе Бригоцци, в роли извозчика восседал деревянный Арлекин [4 Чувства 2003: № 27]. В описании пояснялось, что сани были специально изготовлены к грандиозному маскараду в Москве. Другие арлекинизированные экспонаты включали зеркала, инкрустированные фигурами Панталоне и Пульчинеллы и изготовленные в Италии в середине XIX в. Подобные зеркала вешали в залах для создания особой маскарадной атмосферы: участники маскарада в масках могли взглянуть на свое отражение и лицезреть себя рядом с итальянскими масками [4 Чувства 2003: № 100]. Даже огниво, изготовленное в России в середине XIX века, было украшено двумя фигурками Арлекинов в полумасках, выполняющих определенную функцию — камуфляжа горелки [4 Чувства 2003: № 29].

Проникновение комедии дель арте и ее знаменитых масок во все сферы культурной жизни отражает процесс стирания границ между сценой и жизнью в постпетровскую эпоху. Слияние театра с жизнью особенно ярко проявлялось по ходу церемоний, торжеств и маскарадов, на которых все участники подчинялись правилам сценариев, заранее объявленных царствующей особой. Лотман пишет, что в конце XVIII — начале XIX века люди выстраивали свое поведение, речь и даже судьбу по литературным законам и законам театра:

> Между тем в начале XIX в. грань между искусством и бытовым поведением зрителей была разрушена. Театр вторгся в жизнь, активно перестраивая бытовое поведение людей. Монолог проникает в письмо, дневник и бытовую речь. То, что вчера казалось напыщенным и смешным, поскольку приписано было лишь сфере театрального пространства, становится нормой бытовой речи и бытового поведения [Лотман 1998: 620].

Русская страсть к маскарадам тоже отражала театральность жизни, когда границы между фантазией и реальностью исчезали. Поскольку русские дворцовые маскарады имитировали европейские, маски и костюмы комедии дель арте постоянно присутствовали и в России. Описания маскарадов имеют много общего с итальянскими сценариями, где каждому персонажу полагается играть определенную роль. Маскарады XVIII в. следовали стандартизованному предписанию и расписанию: процессия, представление, банкет, спектакль, бал и, наконец, фейерверк как великолепная развязка — *denouement*. Так же как комедия дель арте, маскарады XVIII века включали в себя разные виды искусства: танец, пение, сценическое действо и зрелищные элементы. Комедия дель арте повлияла не только на сценическое искусство, но и на культуру празднеств и маскарадов, заимствовавших от итальянской комедии, помимо полумасок и ярких костюмов, эксцентричность поведения.

Лотман пишет, что в конце XVIII — начале XIX века жизнь виделась как театральный спектакль, где каждый был волен выбрать себе роль или амплуа и жить согласно сделанному выбору. Лотман подчеркивает привычку русского дворянина «театрально» смотреть на жизнь:

> Именно модель театрального поведения, превращая человека в *действующее лицо*, освобождала его от автоматической власти группового поведения, обычая. Пройдет немного времени — и литературность и театральность поведения жизненных подражателей героям Марлинского или Шиллера сама окажется групповой нормой, препятствующей выявлению личности [Лотман 1998: 636].

Итальянская фраза «Finita la commedia!» («Комедия окончена!»), которая звучала в конце каждого представления, проникла в русскую жизнь и периодически встречается в русской литературе XIX века, подчеркивая трагикомизм событий и ситуаций и акцентируя их театральность. В частности, в романе М. Ю. Лермонтова «Герой нашего времени» (1840) Печорин использует фразу «Finita la commedia!», когда сообщает, что только что убил на дуэли своего соперника Грушницкого:

> Я выстрелил...
> Когда дым рассеялся, Грушницкого на площадке не было.
> Только прах легким столбом еще вился на краю обрыва.
> Все в один голос вскрикнули.
> — Finita la comedia! — сказал я доктору.
> Он не отвечал и с ужасом отвернулся.
> Я пожал плечами и раскланялся с секундантами Грушницкого [Лермонтов 1979: 500][8].

В данном контексте итальянская фраза, как правило следовавшая за счастливым окончанием представления, звучит в трагической тональности, подчеркивая хрупкость бытия.

В пьесе А. П. Чехова «Дядя Ваня» (1897) Астров тоже использует эту театральную фразу, осознав, что его влюбленность в Елену Андреевну ни к чему не приведет, поскольку она покидает усадьбу с мужем, профессором Серебряковым. В описании Войницкого (дяди Вани) профессор Серебряков напоминает претенциозного Доктора, ученого глупца комедии дель арте, который учился в престижных университетах, но так ничему и не научился и рассуждает на темы, в которых ничего толком не смыслит:

> Человек ровно двадцать пять лет читает и пишет об искусстве, ровно ничего не понимая в искусстве. Двадцать пять лет он пережевывает чужие мысли о реализме, натурализме и всяком другом вздоре; двадцать пять лет переливает из

---

[8] Грушницкий, ухаживания которого были отвергнуты княжной Мери, публично оскорбил Печорина, сказав, что видел, как тот выходил из дома княжны среди ночи.

пустого в порожнее. И в то же время какое самомнение! Какие претензии! Он вышел в отставку, и его не знает ни одна живая душа, он совершенно неизвестен; значит двадцать пять лет он занимал чужое место. А посмотри: шагает как полубог! [Чехов 1960: 486].

Чехов дважды использует фразу «Finita la commedia!» в сцене последнего объяснения между Астровым и Еленой Андреевной, несостоявшийся роман которых заканчивается страстным поцелуем перед неизбежным расставанием. Параллели со сценарием комедии дель арте поразительны: молодая красавица — *innamorata* (или Коломбина в модернистском контексте) замужем за скучным ученым глупцом, Доктором — *Dottore*. Астров же — объект любовного вожделения двух женщин: инженю Сони и Елены — и выполняет функцию Арлекина. Астров беспокоится о том, что Войницкий может неожиданно появится в разгар любовного объяснения с букетом цветов, точно несчастный Пьеро, который, застав врасплох целующихся, начнет лить слезы о потерянной любви:

> А с т р о в. ...Вот вы приехали сюда с мужем, и все, которые здесь работали, копошились, создавали что-то, должны были побросать свои дела и все лето заниматься только подагрой вашего мужа и вами. Оба — он и вы — заразили всех нас вашей праздностью. Я увлекся, целый месяц ничего не делал, а в это время люди болели, в лесах моих, лесных порослях, мужики пасли свой скот... Итак, куда бы ни ступили вы и ваш муж, всюду вы вносите разрушение... Я шучу, конечно, но все же... странно, и я убежден, что если бы вы остались, то опустошение произошло бы громадное. И я бы погиб, да и вам бы... несдобровать. Ну, уезжайте. Finita la commedia!
> Е л е н а А н д р е е в н а *(берет со стола карандаш и быстро прячет)*. Этот карандаш я беру себе на память.
> А с т р о в. Как-то странно... Были знакомы и вдруг почему-то... Никогда уже больше не увидимся. Так и всё на свете... Пока здесь никого нет, пока дядя Ваня не вошел с букетом, позвольте мне... поцеловать вас... На прощанье... Да? *(Целует ее в щеку.)* Ну, вот... и прекрасно.

> Елена Андреевна. Желаю вам всего хорошего. *(Оглянувшись.)* Куда ни шло, раз в жизни! *(Обнимает его порывисто, и оба тотчас же быстро отходят друг от друга.)* Надо уезжать.
> Астров. Уезжайте поскорее. Если лошади поданы, то отправляйтесь.
> Елена Андреевна. Сюда идут, кажется.
> Оба прислушиваются.
> Астров. Finita! [Чехов 1960: 528].

В своем монологе Астров суммирует всю сюжетную канву пьесы в форме короткого схематического сценария, а итальянская фраза провозглашает трагикомическую развязку одновременно нескольких сюжетных линий безответной или неосуществленной любви. Соня влюблена в Астрова, который влюблен в Елену Андреевну, в которую, в свою очередь, безнадежно влюблен Войницкий. Елена Андреевна увлечена Астровым, но заживо похоронила себя, выйдя замуж за пожилого эгоцентричного профессора. Современность происходящего отражена в постоянном переплетении комического с трагическим. В отличие от дуэли со смертельным исходом в «Герое нашего времени» выстрел Войницкого никого не убивает, а конфликтные ситуации так и остаются неразрешенными. Елена обречена на безрадостное существование в браке с профессором, Астрова ждет одиночество, а Соня надеется на вечный покой. Драматургия Чехова создает новую театральную модель мыслей и чувств, в которой странствующие итальянские маски носят иные имена и приобретают новое культурное значение.

Глава пятая
Шинель — Полишинель — Пульчинелла. Итальянская генеалогия Акакия Башмачкина

В этой главе предложено новое прочтение повести Н. В. Гоголя «Шинель»: установлена итальянская генеалогия Акакия Башмачкина и высказано предположение, что, создавая образ несчастного петербургского чиновника, писатель использовал архетип итальянского Пульчинеллы[1]. В главе подробно исследуется итальянский подтекст «Шинели» и наглядно демонстрируется, что основные элементы сюжета, повествовательная техника, а также имя и характер главного героя имеют явные параллели со знаменитой итальянской маской Пульчинеллы, с которой Гоголь был хорошо знаком на момент работы над повестью. Поразительное сходство между петербуржцем Башмачкиным и итальянским Пульчинеллой иллюстрируют слова В. В. Набокова о том, что «Рим и Россия особым образом соединились в нереальном гоголевском мире» [Nabokov 1980: 44][2].

Притом что литературоведы уделяют немало внимания значению итальянского контекста и подтекста в повести Гоголя «Рим» и в его статьях об итальянском искусстве и архитектуре, речь

---

[1] Ранний вариант этой главы был опубликован на английском языке как: Shinel-Polichinelle-Pulcinella: The Italian Ancestry of Akaky Bashmachkin // Slavic and Eastern European Journal (SEEJ). 2005. 49. № 4. P. 549–569.

[2] Перевод автора.

редко заходит о том, как впечатления Гоголя об итальянском сценическом искусстве в целом и комедии дель арте в частности повлияли на его творчество и поэтику повести «Шинель»[3]. Подобная тенденция отражает укоренившуюся литературоведческую традицию рассматривать творчество Гоголя либо в украинском, либо в русском культурном контексте. Несмотря на многообразие критических подходов — от формализма Б. М. Эйхенбаума до психоанализа Д. Ранкур-Лаферрьера, — литературоведы склонны рассматривать повесть исключительно в русском художественном контексте. Мой анализ итальянских мотивов в «Шинели» предлагает новое прочтение, но не противоречит предшествующим, лишь подтверждая, что повесть представляет собой «калейдоскоп», открывающий «одновременность возможных смыслов» [Graffy 2000: 118; Fanger 1979: 162]. Многие критики анализировали блестящее чувство комического в произведениях Гоголя, присутствие гротескных образов, описание характеров, напоминающее архетипы-маски, трагикомическую основу его творчества и словесную виртуозность, основанную на украинизмах, диалектизмах и каламбурах. Тем не менее родство между поэтикой Гоголя и комедией дель арте, которой присущи все вышеуказанные художественные характеристики, никогда прежде подробно не изучалось. Без сомнения, ранние театральные

---

[3] Многие исследователи анализировали различные аспекты творчества Гоголя, которые в той или иной степени родственны эстетике комедии дель арте. Так, например, в статье «Гоголь и традиции итальянской сатиры» Е. Ю. Сапрыкина рассматривает влияние сатирической итальянской литературы на творчество писателя [Манн 1988]. Ю. Н. Тынянов в работе «Достоевский и Гоголь (к теории пародии)» подмечает использование Гоголем масок для описания характеров [Тынянов 1921: 10–15]. Анализируя характер главного героя, В. В. Набоков описывает лицо Акакия как маску [Nabokov 1944: 141]. М. М. Бахтин отмечает взаимосвязь между повестью «Нос», маской Пульчинеллы и характером Петрушки [Бахтин 1990: 529]. Г. Шапиро видит корни поэтики Гоголя вне реалистической традиции русской литературы XIX века, исследуя при этом влияние на Гоголя культуры барокко, но не рассматривая комедии дель арте [Shapiro 1993]. Д. Граффи предлагает исчерпывающий обзор критических статей и различных интерпретаций повести «Шинель» [Graffy 2000].

опыты Гоголя способствовали его особой восприимчивости к эстетике и художественным принципам комедии дель арте, которые он впоследствии транспонировал в литературное творчество.

Гоголь был несомненно знаком с масками комедии дель арте с детства, поскольку его отец, В. А. Гоголь-Яновский, был драматургом-любителем и режиссером. Итальянские труппы прибыли в Польшу за два столетия до их появления в России и вдохновили многих подражателей, внедрявших технику комедии дель арте в польскую театральную традицию. То, что странствующие актеры постоянно перемещались с места на место, позволяет предположить, что культурный ландшафт Полтавской губернии, откуда родом были Гоголь-Яновские и где прошло детство и юношеские годы писателя, оказался под воздействием комедий дель арте гораздо раньше остальных частей Российской империи. Приемы комедии дель арте глубоко укоренились в украинском театре и в ярмарочных представлениях [Heck 1988: 166–169]. Влияние комедии дель арте наблюдалось и в польских религиозных учебных заведениях, где получали образование польские предки Гоголя, Яновские [Kadulska 1991: 73–89].

Важно отметить и возможное влияние на юношеское воображение Гоголя иностранных кукольников, использовавших маски комедии дель арте, поскольку итальянские и европейские кукольники регулярно гастролировали в украинских и русских городах, куда приезжали из соседней Польши. Как правило, иностранные артисты прибывали на гастроли в летние месяцы и часто продавали перед отъездом свои декорации и кукол местным актерам, оставляя одного или нескольких членов труппы для изучения особенностей местного рынка развлечений [Старикова 1996: 139]. Поэтому в украинских и русских кукольных театрах традиционные европейские куклы использовались наравне с куклами местного производства, а театры марионеток были одной из излюбленных форм развлечения самых различных социальных слоев.

Гоголь был с юных лет очарован итальянской историей и культурой, и его ранние неловко-восторженные поэтические строки были посвящены именно Италии:

> Италия — роскошная страна!
> По ней душа и стонет и тоскует.
> Она вся рай, вся радости полна,
> И в ней любовь роскошная веснует.
>
> Бежит, шумит задумчиво волна
> И берега чудесные целует;
> В ней небеса прекрасные блестят;
> Лимон горит и веет аромат [Гоголь 1952, 9: 9].

В 1836 году Гоголь оказался наконец-то в «роскошной стране» своей мечты и провозгласил, что именно здесь, в Италии, он обрел родину своей души. В октябре 1837 года в письме В. А. Жуковскому Гоголь пишет:

> Если бы вы знали, с какой радостью я бросил Швейцарию и полетел в мою душеньку, мою красавицу Италию. Она моя! Никто в мире ее не отнимет у меня! Я родился здесь. Россия, Петербург, снега, подлецы, департамент, кафедра, театр — все это мне снилось. А проснулся опять на родине и пожалел только, что поэтическая часть этого сна: вы да три-четыре оставивших вечную радость воспоминания — в душе моей не перешли в действительность [Гоголь 1952, 11: 111].

В письме своей доброй знакомой Марии Балабиной в апреле 1838 года Гоголь признается, что его душа принадлежала Италии еще до рождения: «…не свою родину, а родину души своей я увидел, где душа моя жила еще прежде меня, прежде, чем я родился на свет» [Гоголь 1952, 11: 141]. В сентябре 1839 года в письме П. А. Плетневу Гоголь вновь выражает свою любовь к Риму и страстное желание поскорее вернуться в Италию:

> Бросьте все! И едем в Рим. О, если б вы знали, какой там приют для того, чье сердце испытало утраты. Как наполняются там незаместимые пространства пустоты в нашей жизни! Как близко там к небу. Боже, Боже, Боже! о мой Рим. Прекрасный мой, чудесный Рим. Несчастлив тот, кто на два месяца расстался с тобой, и счастлив тот, для которого эти

два месяца прошли, и он на возвратном пути к тебе. Клянусь, как ни чудно ехать в Рим, но возвращаться в него тысячу раз прекраснее [Гоголь 1952, 11: 255].

С 1836 по 1848 год Гоголь провел более десятилетия в Италии, и окончательный вариант повести «Шинель» был дописан в Риме весной 1841 года [Гоголь 1952, 3: 683]. Предположительно, Гоголь начал работу над повестью в 1839 году в Мариенбаде, дав ей первоначальное название «Повесть о чиновнике, крадущем шинели». Работа была продолжена в Вене, затем в Петербурге и завершена в Италии. По мнению друга Гоголя литературного критика П. В. Анненкова, в основу сюжета «Шинели» был положен канцелярский анекдот, услышанный Гоголем на вечере в 1834 году, о бедном чиновнике, долгое время копившем деньги на дорогое охотничье ружье и случайно потерявшем его во время охоты на лодке в Финском заливе. Положив драгоценное ружье в лодку, незадачливый чиновник не заметил, как оно выпало и потонуло в густом тростнике. Придя домой, чиновник слег в горячке, но товарищи собрали ему денег на новое ружье, вернув несчастного к жизни [Вересаев 1990: 143]. Анненков вспоминает, что в отличие от большинства слушателей, посмеявшихся над этой историей, Гоголь воспринял ее очень серьезно, а потом взял за основу будущей повести. В свою очередь, критик С. Карлинский выражает сомнение в теории Анненкова, считая, что литературным источником сюжета «Шинели» является рассказ Н. Ф. Павлова «Демон», опубликованный в 1839 году[4]. Итак, Гоголь размышлял о «Шинели» еще в 1834 году и начал диктовку первого варианта повести М. П. Погодину в июле-августе 1839 года [Гоголь 1952, 3: 685].

---

[4] Обсуждая взаимосвязь между рассказом Павлова «Демон» и «Шинелью» Гоголя, Карлинский пишет: «Две эти истории объединяет не только целый ряд текстовых параллелей... но и основной любовный треугольник между бедным и скромным клерком, надменным и напыщенным высокопоставленным чиновником, начальником клерка и его [клерка] молодой, хорошенькой женой. В гоголевском варианте жена заменена на предмет женского рода, что характерно для писателя в целом и стало оригинальным штрихом, внесенным в ситуацию, заимствованную из рассказа Павлова» [Karlinsky 1976: 138–139].

Рис. 8. Уличное представление кукольного театра в Неаполе XIX века с марионеткой Пульчинеллы. Из частной коллекции Джиакомо Орелья

В период, когда задумывалась «Шинель», Гоголь (к тому времени свободно владевший итальянским языком) находился под постоянным воздействием как высокого, так и народного итальянского театрального искусства, часто посещая оперу, наблюдая уличные представления и карнавальные празднества. В Италии Гоголь живо интересовался драматургией К. Гольдони и развязками его комедий, сюжеты и театральные приемы которых были во многих случаях заимствованы из комедии дель арте. По всей вероятности, Гоголь был знаком с драматургией Гольдони еще в молодости, задолго до поездок в Италию, поскольку оперные либретто и русифицированные комедии Гольдони с XVIII века играли важную роль в процессе европеизации русского театрального искусства [Бушуева 1993: 5]. Как правило, в начале XIX века пьесы Гольдони ставились на русской сцене в русифицированной форме [Бушуева 1993: 10–11]. Комические персонажи в масках получали типично русские имена: Бригелла и Арлекино превращались в Потапа и Фалаллея, Труфальдино — в Провора (от прилагательного «проворный»), а старик Панталоне получал имя Пантелеймон [Бушуева 1993: 12–15]. Маски и полумаски были полностью упразднены и заменены на капоры от солнца, а итальянские серенады — на русские любовные песни и романсы. Вместо любви к макаронам русский Труффальдино / Провор говорил о своей страсти к маринованным грибам [Бушуева 1993: 14]. В отличие от русской драматургии XVIII века в пьесах Гольдони полностью отсутствовала социальная сатира и нравственные или дидактические назидания. В русифицированных версиях слугам уделялось лишь второстепенное значение, а в центре сценического действия оказывались любовные похождения благородных господ. Русские актеры просили переводчиков переделывать иностранные пьесы под вкусы русской публики [Бушуева 1993: 15].

Публицист и издатель Погодин вспоминает, что друзья Гоголя (как, очевидно, и сам Гоголь) воспринимали его комедийный дар как нечто сродни творчеству Гольдони. Так, в 1838 году, празднуя день рождения Гоголя в Италии, друзья подарили ему рисунок театральной маски и сочинили стихотворение, в котором провозгласили его русским Гольдони:

> Что ж дремлешь ты? Смотри, перед тобой
> Лежит и ждет сценическая маска.
> Ее покинул славный твой собрат,
> Еще теперь игривым, вольным смехом
> Волнующий Италию: возьми
> Ее, вглядись в шутливую улыбку
> И в честный вид: ее носил Гольдони,
> Она идет к тебе [Вересаев 1990: 225].

Живя в Италии, Гоголь не мог не знать о феноменальной популярности в Риме и Неаполе знаменитого персонажа комедии дель арте — неаполитанского Пульчинеллы. Вездесущность Пульчинеллы в итальянской народной культуре этого периода наглядно иллюстрируется иконографией, периодикой, воспоминаниями современников, а также описана в монографии А. Брагальи о генеалогии этого персонажа. Пульчинеллу можно было встретить повсюду, в виде и марионетки, и актера-исполнителя, поскольку эту старинную маску постоянно адаптировали к историческим и социальным реалиям[5]. Несомненно, Гоголь часто сталкивался с этим персонажем в Италии, поскольку представители всех социальных слоев — от аристократа до простолюдина — облачались в костюм Пульчинеллы во время карнавальных празднеств, образовывая процессии с множеством Пульчинелл, а римские и неаполитанские кукольные театры давали ежедневные представления с марионеткой-Пульчинеллой в главной роли. В 1834 году поэт-сатирик Д. Белли, творчество которого Гоголь высоко ценил, в одном из своих сонетов насмешливо описывает итальянских мужчин как армию агрессивных Пульчинелл. Мужчины в сонете описываются как *purcinelli* (разговорное от Пульчинеллы) — агрессоры и задиры, начинающие войны и правящие миром [Belli 1984: 71].

Гоголь упоминает Пульчинеллу в письме М. П. Балабиной от апреля 1837 года, восхищаясь при этом чувством комического у итальянцев:

> Это напоминает мне экспромт по случаю запрещения папою карнавала в прошлом году. Вы знаете, что нынешнего папу, по причине его большого носа, зовут пулчинеллой; вот экспромт:
> Oh questa so ch'e bella!
> Proibishe il carnavale pulcinella! [Гоголь 1952, 11: 142][6].

Поскольку носом Гоголь и сам напоминал Пульчинеллу, этот итальянский персонаж занимал особое место в творческом воображении писателя. В этом же письме Гоголь пишет о склонно-

---

[5] Среди исследований, посвященных генеалогии Пульчинеллы и эволюции этой маски как в Италии, так и за ее пределами, следует отметить [Bragaglia 1953; Oreglia 1968; Croce 1899].

[6] Вот как прекрасно! Пульчинелла запрещает карнавал! (*итал.*)

сти итальянцев к веселью и сатире и высказывает живой интерес к комическим поэмам-бурлескам:

> Во многих из них блещет такой юмор, такой оригинальный юмор, что дивишься, почему никто не говорит о них. Впрочем, нужно сказать и то, что одни итальянские типографии могут печатать их. Во многих из них есть несколько нескромных выражений, которые не всякому можно позволить читать [Гоголь 1952, 11: 142].

В июне и июле 1838 года Гоголь посетил Неаполь и, вероятнее всего, видел там знаменитые неаполитанские представления в стиле комедии дель арте *pulcinelatte* с Пульчинеллой в главной роли. Притом что комедия дель арте в ее аутентичной форме уже не была широко распространена по всей Италии, в неаполитанском театре Сан-Карлино такие представления давались два раза в день, привлекая и иностранных путешественников, и местных жителей из самых разных сословий [Bragaglia 1953: 234–264; Richards 1989: 279]. Театр Сан-Карлино был столь же популярен, как и опера Сан-Карло. В письме В. Н. Репниной Гоголь высказывает свое нетерпение поскорее попасть в знаменитую неаполитанскую оперу:

> Прежде всего, позвольте узнать, где вы выбрали вашу квартиру: возле королевского дворца или Castel Nuove? И с которой стороны у вас море, с правой или левой? Велик ли театр Сен-Карло, в котором без сомнения вы были не один раз? [Гоголь 1952, 11: 155, 398].

Театром Сан-Карлино (то есть «маленький Сан-Карло») руководил в те годы бывший танцор театра Сан-Карло Сальваторе Петито, который был блестящим исполнителем роли Пульчинеллы. Сан-Карлино был тесно связан с оперой Сан-Карло, не только привлекая тех же зрителей, но и работая с теми же авторами, которые совмещали написание оперных либретто с созданием схематических сценариев в стиле комедии дель арте для представлений *pulcinellate* в Сан-Карлино. Такого рода сотрудни-

Рис. 9. Уличное представление в Неаполе XIX века с актером в роли Пульчинеллы. Из частной коллекции Джиакомо Орелья

чество наглядно иллюстрировало тесные связи между элитной и массовой культурой развлечений в Неаполе XIX века, где сценическое искусство привлекало зрителей самых разных социальных слоев — от аристократа до простолюдина.

Как уже упоминалось, представления *pulcinellate* давались два раза в день, утром и вечером, и были посвящены приключениям Пульчинеллы, живого или мертвого, с которым происходили странные и неожиданные происшествия [Sand 1915: 115]. Л. Ричардс пишет про неаполитанские *pulcinellate* XIX века:

> Вкратце, характеристики неаполитанской комедии, которые были перенесены в девятнадцатый век, включали в себя стандартную практику сценической импровизации и диалога, а также способность адаптировать и трансформировать многие типичные «маски», делая их более общими, абстрактными образами, отстраненными от социальной специфики, — скорее, эти образы отражали в себе постоянно изменяющееся неаполитанское общество. Возможно, столь продолжительный интерес к ним объясняется именно их укорененностью в непосредственных неаполитанских реалиях [Richards 1989: 284].

Весной 1841 года, работая в Риме над окончательной редакцией «Шинели», Гоголь внес в повесть три существенных изменения: он добавил фантастический эпилог с мстительным призраком Акакия, дал повести окончательное название и присвоил главному герою фамилию Башмачкин [Гоголь 1952, 3: 675–688; Graffy 2000: 3]. Все эти изменения в той или иной степени указывают на связь сюжета повести с маской Пульчинеллы. Эти поздние изменения, равно как и многие другие элементы повествования, содержат текстуальные аллюзии к эволюции маски Пульчинеллы в XIX веке: из традиционно комического персонажа, непредсказуемого в своих поступках, он постепенно превратился в символ простого обывателя-неаполитанца, который, подобно Акакию Башмачкину, способен взбунтоваться против равнодушных властей, добиваясь справедливости, а иногда, вдруг восстав из мертвых, внезапно появляется на сцене в виде говорящего призрака.

Пожалуй, самое поразительное сюжетное сходство между неаполитанским Пульчинеллой и петербургским чиновником заключается в двоякой природе Акакия Акакиевича. Добавление фантастического эпилога, написанного в Риме, придает характеру героя двойственность, поскольку повествование состоит из двух частей: вначале рассказчик знакомит нас с робким и беззащитным чиновником, затем мы видим внезапное превращение умершего Акакия в агрессивного и мстительного призрака — задиру и вора, который запугивает весь квартал. Эти две противоположные характеристики присущи и Пульчинелле, который всегда отличался способностью к неожиданным метаморфозам. Согласно одной версии, смесь храбрости и трусости присуща Пульчинелле оттого, что он родился от двух отцов — Макка и Буккона, генеалогия которых уходит корнями в Античность. П.-Л. Дюшартр отмечает, что Пульчинелла

> всегда тяготел к противоположным полюсам из-за своей двойственной наследственности. Макк был ловким, остроумным, дерзким, ироничным и немного жестоким; Буккон — самодостаточным, заискивающим, глуповатым и робким [Duchartre 1966: 208].

Существует предположение, что в XVIII веке в неаполитанских комедиях существовало два Пульчинеллы с противоположными нравами и они отражали два разных типа неаполитанского характера. Так, Л. Риккобони, историк итальянского театра, чьи работы, возможно, были знакомы Гоголю, подчеркивает раздвоенную сущность Пульчинеллы: «В неаполитанских комедиях вместо Скапена и Арлекина было два Пульчинеллы: один хитрый, а другой глупый» [Sand 1915: 114]. Д. Орелья тоже отмечает противоречивый характер Пульчинеллы: «туповато-умный или умный, притворяющийся идиотом или интеллектуалом, лишенный предрассудков и суеверный, трусливый и смелый, большой драчун, которого часто бьют [Oreglia 1968: 93].

В характере Акакия Акакиевича много общего с Пульчинеллой, в особенности противоречивость характера и раздвоение личности. Его превращение из безобидного чиновника в агрессивного призрака говорит о том, что характер его столь же многогранен, как у Пульчинеллы, поскольку незадолго до смерти Башмачкин неожиданно проявляет свой норов, проклиная тех, кто не пожелал помочь ему найти украденную шинель:

> Так что наконец Акакий Акакиевич раз в жизни захотел показать характер и сказал наотрез, что ему нужно лично видеть самого частного, что они не смеют его не допустить, что он пришел из департамента за казенным делом, а что вот как он на них пожалуется, так вот тогда они увидят [Гоголь 1952, 3: 162–163].

Поняв, что не стоит ожидать никакой помощи от полицейского пристава, Акакий решает остаться дома, не выходить на работу и в знак протеста посылает проклятия сильным мира сего:

> ...наконец, даже сквернохульничал, произнося самые страшные слова, так что старушка хозяйка даже крестилась, отроду не слыхав от него ничего подобного, тем более, что слова эти следовали непосредственно за словом «ваше превосходительство» [Гоголь 1952, 3: 168].

В фантастическом эпилоге «Шинели» Акакий Башмачкин после смерти, уже в ином измерении, становится совершенно бесстрашным. Именно в загробной жизни робкий чиновник восстает против общественной несправедливости, с которой он столкнулся в поисках украденной шинели:

> Но кто бы мог вообразить, что здесь еще не все об Акакии Акакиевиче, что суждено ему на несколько дней прожить шумно после своей смерти, как бы в награду за непримеченную никем жизнь. Но так случилось, и бедная история наша неожиданно принимает фантастическое окончание. По Петербургу пронеслись вдруг слухи, что у Калинкина моста и далеко подальше стал показываться по ночам мертвец в виде чиновника, ищущего какой-то утащенной шинели, и под видом стащенной шинели сдирающий со всех плеч, не разбирая чина и звания, всякие шинели... [Гоголь 1952, 3: 169].

Этот неузнаваемый, жаждущий мщения Акакий напоминает задиру Пульчинеллу, который вершит возмездие, разуверившись в социальной справедливости и потеряв доверие к представителям закона. Именно о таком Пульчинелле пишет в 1852 году французская писательница Жорж Санд, отмечая, что в неаполитанских фарсах действуют два полностью противоположных Пульчинеллы, один из которых — мстительный задира:

> Пульчинелла олицетворяет собой преуспевшего бунтаря; он отвратителен и ужасен, суров и мстителен; ни Бог, ни дьявол не заставят его дрогнуть, когда он размахивает своей страшной дубинкой. С помощью этого оружия, которое он невозбранно обрушивает на плечи своего хозяина или на головы чиновников, он бесповоротно вершит личное правосудие, мстя за ущербность и несправедливость правосудия официального [Sand 1915: 112].

Подобное раздвоение личности Пульчинеллы нередко вводило в заблуждение итальянских зрителей, которым трудно было понять, какой же из Пульчинелл настоящий. Определенное недоумение испытывают и читатели «Шинели», поскольку агрессивные действия призрака Акакия Акакиевича не имеют ничего общего с его робостью и скромностью при жизни.

Этимологические связи между словами и каламбуры играют важную роль в повествовании. Так, в ранней редакции Гоголь пишет:

> В департаменте податей и сборов или, как любят иногда называть его чиновники любящие поострить, подлостей и вздоров... да не подумают впрочем читатели, чтобы это название основано было в самом деле на какой-нибудь истине, ничуть, здесь всё дело только в этимологическом подобии слов. Вследствие этого департамент горных и соляных дел называется депар.<таментом> горьких и солёных дел и тому подобное [Гоголь 1952, 3: 450–451].

Эйхенбаум подчеркивает основополагающее значение словесных каламбуров в гоголевском повествовании: «Значительную роль в повествовании играют каламбуры разных видов. Они построены либо на звуковом сходстве, либо на этимологической игре словами, либо на скрытом абсурде» [Эйхенбаум 1918: 7]. Эйхенбаум уделяет особое внимание гоголевским именам и фамилиям, равно как и концепции звукового жеста, часто используемого писателем. Тем не менее Эйхенбаум акцентирует свое внимание исключительно на русско-украинских каламбурах, не предполагая наличия в тексте русско-итальянских каламбуров. Текст «Шинели» содержит множество скрытых русско-итальянских каламбуров, этимология которых до сих пор не изучена.

Начнем с поразительного звукового сходства между названием повести «Шинель» и именем французского олицетворения Пульчинеллы — Полишинеля (Polichinelle). В толковом словаре С. И. Ожегова шинель определяется как «форменное пальто со складкой на спине и хлястиком. В России во 2-ой половине XIX века: мужское пальто свободного покроя с меховым воротником и пелериной» [Ожегов 1998: 896]. В толковом словаре под редакцией Д. Н. Ушакова николаевская шинель определяется как «форменное гражданское пальто» с «широким до талии воротником в виде пелерины» [Ушаков 1940, 4: 1342]. Свободная накидка в виде пелерины или плаща была традиционным костюмом Пульчинеллы. Неслучайно в своем исследовании этимологии слова «шинель» П. Я. Черных высказывает предположение, что это слово имеет прямую связь с костюмом итальянского Пульчинеллы [Черных 1959: 156–162]:

> Одним словом, шинель могло получиться непосредственно из полишинель, как названия особого покроя воротника или короткого плаща, одного из атрибутов одежды Полишинеля — комической фигуры неаполитанской комедии dell'arte и особенно шутовской одежды его потомков в других европейских странах, в частности в России [Черных 1959: 160].

Черных приводит еще один интересный пример, когда костюм маски комедии дель арте стал предметом одежды — речь идет о панталонах:

> Примерно такую же историю на русской почве имело и другое (известное с конца Петровской эпохи) имя не менее популярного персонажа итальянской комедии dell'arte венецианца Pantaleone. Я имею в виду слово *панталоны*. В XVIII в. это слово, по-видимому, могло употребляться и в единственном числе, причем как название особого покроя (маскарадной?) одежды [Черных 1959: 160].

Далее Черных приводит несколько примеров, когда русские названия предметов одежды происходили от имен или фамилий реальных людей или театральных персонажей:

> Мы знаем немало случаев, когда название одежды по происхождению является личным или вообще собственным именем. Сюда относятся не только такие, сравнительно близкие к нам по времени образования, как *френч* (по имени генерала French'a — главнокомандующего английскими войсками в начале Первой мировой войны) или несколько более отдаленное *галифе* (в конечном счете восходящее к имени французского кавалерийского генерала Gallifet — палача Парижской коммуны 1871 г.) и т. п., но и такие, как *фигаро* — род женской одежды (по имени героя комедии Бомарше) [Черных 1959: 160].

Рис. 10. Николаевская шинель. Рисунок Барбары Мильман из частной коллекции Даниеля Ранкур-Ляферрьера

Интерес Гоголя к моде и одежде, равно как и его азартное коллекционирование этимологически занятных слов и абсурдных выражений, подробно задокументированы как в его личных записках, так и в воспоминаниях друзей и знакомых. Анненков, к примеру, вспоминает о Гоголе как об умелом портном, который сам перешивал и перекраивал предметы своего гардероба. Во время диктовки «Мертвых душ» Анненков имел возможность наблюдать гоголевскую внимательность к этимологии русских слов, а также к словам иностранного происхождения [Вересаев 1990: 292].

По словам Бахтина, гоголевский язык возвращает словам их затерянные или забытые значения, устанавливая тем самым новые смысловые связи:

> Затерянные в прошлом, забытые значения начинают сообщаться друг с другом, выходить из своей скорлупы, искать применения и приложения к другим. Смысловые связи, существовавшие только в контексте определенных высказываний, в пределах определенных речевых сфер, неотрывно связанные с ситуациями, их породившими, получают в этих условиях возможность возродиться, приобщиться к обновленной жизни [Бахтин 1990: 532–533].

Рис. 11. Пульчинелла / Полишинель. Фрагмент иллюстрации, хранящейся в музее театра Комеди Франсез

В России было широко известно именно французское имя Пульчинеллы — Полишинель. В середине 1830-х годов, когда Гоголь жил в Петербурге, газета «Северная пчела» регулярно публиковала подробные обзоры популярных представлений-арлекинад в балаганах на Адмиралтейской площади, устраиваемых иностранными исполнителями с использованием элементов комедии дель арте. Так, к примеру, автор одной из февральских заметок 1835 года сетует на то, что в балагане Лемана вместо излюбленных персонажей комедии дель арте представлена живая картина К. И. Брюллова «Последний день Помпеи», с заревом и грохотом извержения Везувия и дрожащими живыми фигурами (дрожащими, по словам автора статьи, не от ужаса от извержения Везувия, а от зимнего мороза за стенами балагана): «Многие восхищаются этою картиною, но я, виноват, жалел о прежних представлениях Лемана, вспоминал о его забавном Пьеро, о легком Арлекине, о миленькой Коломбине. Где они?»[7]

В апреле 1836 года анонимный репортер «Северной пчелы» упоминает танцующего шута Полишинеля, развлекающего публику в балагане Легата и Вагнера на святках:

---

[7] «Северная пчела». Автор неизвестен. Зрелища. 1835. 7 февр.

> Представление начинается танцами. Вот старая знакомка сальтарелла... Вот трудный танец полишинеля на ходулях... танец не романтический, тут и парик и ходули — все принадлежности классицизма. А вот наконец и пантомима, такая, как большая часть публики ее любит, забавная, разнообразная, и, что всего лучше, не слишком длинная[8].

Гоголь описывает народные гуляния на Адмиралтейской площади в статье «Петербургские записки 1836 года», изображая социально разнородную толпу, ожидающую представлений в балаганах, которые соперничали в популярности с императорскими театрами [Гоголь 1952, 8: 187–190].

Ненадежность и болтливость Полишинеля породили французское выражение *le secret de Polichinelle*, которое затем превратилось в русское «секрет Полишинеля», то есть секрет, который уже известен всем [Ожегов 1998: 554]. В романе Достоевского «Преступление и наказание» Полишинель упоминается для обозначения манипулятора, непорядочного человека: Раскольников клеймит следователя Порфирия Петровича, называя его «полишинель проклятый»: «Лжешь ты всё! — завопил Раскольников, уже не удерживаясь, — лжешь, полишинель проклятый! — и бросился на ретировавшегося к дверям, но нисколько не струсившего Порфирия» [Достоевский 1982б, 5: 339]. Все приведенные выше примеры наглядно демонстрируют, что имя и характер Полишинеля были хорошо известны русским писателям, читателям и зрителям.

Более того, даже имя главного героя «Шинели» наводит на мысль о родстве с Пульчинеллой. Имя и отчество героя — Акакий Акакиевич — фонетически связаны с местом рождения Пульчинеллы, местечком Acerra. Объясняя выбор имени героя, повествователь признает странность его звучания:

> Может быть, читателю оно покажется несколько странным и выисканным, но можно уверить, что его никак не искали, а что самой собой случились такие обстоятельства, что никак нельзя было дать другого имени [Гоголь 1952, 3: 142].

---

[8] «Северная пчела». Автор неизвестен. Зрелища. 1836. 2 апр.

Литературоведы предлагают множество интерпретаций имени героя, начиная от предположения, что Гоголь выбрал это имя ввиду комического звукосочетания и близости со словом «обкакать», до более элегантной теории о связи имени и судьбы героя с агиографической легендой о греческом святом Акакиусе[9]. Я предлагаю иную гипотезу: Гоголь использовал фонетическое сходство со словом Acerra — местом рождения Пульчинеллы, — создав таким образом гибридное сочетание — Акакий из Акерры — русский чиновник итальянского происхождения[10]. Несмотря на то что современное стандартное произношение слова Acerra звучит как «Ачерра», и на латыни, и на местных диалектах слово произносится через «к»: «Акерра»[11]. Такого рода словесный каламбур типичен для гоголевской поэтики и характерен для Гоголя, который знал латынь со школьной скамьи, а к периоду работы над «Шинелью» уже свободно владел итальянским.

Страстно увлекаясь изучением итальянской народной культуры, Гоголь не мог не знать, что именно Ачерра считается местом рождения знаменитого Пульчинеллы и что этому персонажу свойственны переходы от робости к мстительной агрессии. Гоголь мог слышать и популярный стишок, написанный на смеси неаполитанского и римского диалектов, в котором Пульчинелла

---

[9] Первая интерпретация принадлежит Карлинскому (см. [Karlinsky 1976: 137]), вторая — Граффи (см. [Graffy 2000: 69]): он упоминает легенду о святом Акакиусе, который «жил 9 лет на службе у некоего злобного старика, терпя оскорбления и не жалуясь, а после смерти явился к старику и заставил его покаяться».

[10] Существует теория, что имя Пульчинелла принадлежит первому исполнителю роли этого персонажа, остроумному крестьянину из Ачерры по имени Пуччо д'Аниелло. Дюшартр приводит легенду о том, как странствующая труппа комедии дель арте выступала перед крестьянами в местечке Ачерра, недалеко от Неаполя, и там актеры познакомились с д'Аниелло, крестьянином-острословом с огромным носом, который был приглашен в труппу. Пуччо д'Аниелло быстро достиг большого успеха у публики, выходя на сцену в белой льняной рубахе — традиционной одежде ачеррских крестьян. Имя актера вскоре было сокращено, превратившись в Пульчинеллу (см. [Duchartre 1966: 217]).

[11] Я выражаю благодарность Роберту Матисену и Памеле Блейш за консультации о возможных фонетических вариантах в произношении слова Acerra.

напоминает публике о своей родине, Ачерре, одновременно бахвалясь своей популярностью и заверяя, что способен защитить себя, наказав обидчиков:

Io songo de l'Acerra	Я из Акерры
ma quanno po me sferra	Не злите меня
ma quanno pom'affera	Не обижайте меня
mo ssaie che serraserra	Имейте в виду
cchiu pevo de na Guerra	Что быстрее, чем на войне
pote assommare nterra?	Я могу увеличить свою силу
[Bragaglia 1953: 453].	на земле.

Что касается фамилии Башмачкин, то и здесь есть скрытая взаимосвязь с Пульчинеллой, поскольку французским словом «полишинель» назывался комический танец французских башмачников «le dance comique de sabotier» [Черных 1959: 161]. Как мы помним, повествователь «Шинели» признается в полном неведении о том, откуда именно произошла фамилия героя:

> Фамилия чиновника была Башмачкин. Уже по самому имени видно, что она когда-то произошла от башмака, но когда, в какое время и каким образом произошла она от башмака, ничего этого неизвестно [Гоголь 1952, 3: 142].

Одежда Акакия Акакиевича тоже заслуживает внимания: он постоянно носит бесформенную старую шинель, которую его коллеги, смеясь, называют *капотом,* и панталоны — таковы основные предметы его гардероба. Традиционное одеяние Пульчинеллы тоже состояло из хламидообразной белой льняной блузы, напоминающей капот, и свободных панталон [Duchartre 1966: 220]. Исторически традиционные части костюма Пульчинеллы оставались неизменными, но каждая эпоха добавляла свои детали, осовременивая костюм или подчеркивая тот или иной социальный статус. Например, на фотографиях знаменитого Пульчинеллы конца XIX века — Антонио Петито можно увидеть военную форму, надетую поверх традиционной блузы, а также фрак или длинное пальто.

Импровизационный характер повествования и разговорчивость рассказчика, охарактеризованная Эйхенбаумом как *сказ*, во многом напоминают уникальную способность итальянских комедиантов к искрометной импровизации: они каждый раз создают новый художественный мир, не зная точно, к чему приведет их творческая фантазия. Читатели «Шинели» испытывают нечто подобное, следуя за рассказчиком, который с трудом вспоминает обстоятельства и последовательность событий, признаваясь при этом, что давно уже не был в Петербурге и не может с точностью назвать место жительства героя. Подобные комментарии дают понять, что история петербургского чиновника создается по памяти из прекрасного далека:

> Где именно жил пригласивший чиновник, к сожалению, не можем сказать: память начинает нам сильно изменять, и все, что ни есть в Петербурге, все улицы и дома слились и смешались так в голове, что весьма трудно достать оттуда что-нибудь в порядочном виде [Гоголь 1952, 3: 158].

Итальянский контекст может пролить свет и на таинственную фразу, по непонятной причине игнорируемую исследователями уже много лет, — имеется в виду фраза о том, что портной Петрович вынул новехонькую шинель из носового платка: «Он вынул шинель из носового платка, в котором ее принес; платок был только от прачки, он уже потом свернул его и положил в карман для употребления» [Гоголь 1952, 3: 156]. Какого же размера наш Акакий Акакиевич, если его шинель поместилась в носовой платок? Русский оригинал не уточняет размера носового платка, а вот английские переводы добавляют уточнения, используя такие эпитеты, как *huge* — «огромный» или *gigantic* — «гигантский», тем самым искажая смысл вышеуказанных сюрреалистических строк. Итальянский контекст проясняет микроскопический размер шинели, поскольку итальянские кукольники часто пользовались в уличных представлениях карманными марионетками персонажей комедии дель арте. Иногда эти марионетки Пульчинелл жестко критиковали власть имущих и церковников, а в случае появления стражей порядка быстро исчезали в карманах [Clavilier, Duchefdelaville 1999: 17].

В Италии Гоголь был окружен множеством Пульчинелл: на одном углу это мог быть актер в костюме Пульчинеллы, на другом — кукольник с миниатюрной фигуркой того же персонажа. Именно это разнообразие форм и размеров вездесущего персонажа использует повествователь в сцене первой встречи Акакия с объектом его мечты — новой шинелью.

Анализируя природу и бытование гротеска в «Шинели», Эйхенбаум пишет: «...комический сказ внезапно прерывается сентиментально-драматическим отступлением, с характерными приемами чувствительного стиля. Этим приемом достигнуто возведение "Шинели" из простого анекдота в гротеск» [Эйхенбаум 1918: 14]. Подобный мелодраматический переход от комического к сентиментальному, а затем к трагическому ярко представлен в эпизоде, когда коллеги Акакия дразнят его, а он умоляет их оставить его в покое; при этом неизвестный читателю молодой человек наблюдает за происходящим:

> Молодые чиновники подсмеивались и острили над ним, во сколько хватало канцелярского остроумия, рассказывали тут же пред ним разные составленные про него истории; про хозяйку, семидесятилетнюю старуху, говорили, что она бьет его, спрашивали, когда будет их свадьба, сыпали на голову ему бумажки, называя это снегом. Но ни одного слова не отвечал на это Акакий, как будто бы никого и не было перед ним; это не имело даже влияния на занятия его: среди всех этих докук он не делал ни одной ошибки в письме. Только если уж слишком была невыносима шутка: когда толкали его под руку, мешая заниматься своим делом, — он произносил: «Оставьте меня, зачем вы меня обижаете?» И что-то странное заключалось в словах и в голосе, с каким они были произнесены. В нем слышалось что-то такое преклоняющее на жалость, что один молодой человек, недавно определившийся, который, по примеру других, позволил было себе посмеяться над ним, вдруг остановился, как будто пронзенный, и с тех пор как будто все переменилось перед ним и показалось в другом виде [Гоголь 1952, 3: 143–144].

В этом отрывке также очевидны параллели с элементами комедии дель арте: поначалу звучат эротические или скабрезные шутки о том, что Акакий состоит в интимных отношениях со своей семидесятилетней хозяйкой, которая его бьет, затем следуют комические шлепки, щипание и бросание на голову несчастного чиновника бумажек. Такого рода эротические сюжеты и физические потасовки были излюбленными приемами итальянских комиков в их знаменитых *lazzi* — комических скетчах. Затем следует неожиданный ответ Акакия, молящего о пощаде и не желающего участвовать в потасовке, и его слова вносят мелодраматизм в происходящее. Все это вызывает у невольного участника событий — безымянного молодого человека — религиозно-философское прозрение и чувство искреннего сострадания:

> И долго потом, среди самых веселых минут, представлялся ему низенький чиновник с лысинкой на лбу, с своими проникающими словами: «Оставьте меня, зачем вы меня обижаете?» — и в этих проникающих словах звенели другие слова: «Я брат твой». И закрыл себя рукою бедный молодой человек, и много раз содрогался он потом на веку своем, видя: как много в человеке бесчеловечья, как много скрыто свирепой грубости в утонченной, образованной светскости, и боже! даже в том человеке, которого свет признает благородным и честным... [Гоголь 1952, 3: 144].

Наиболее известные актеры — маски комедии дель арте часто задавали зрителям философские вопросы, смешивая их с шутками и буффонадой. Комические актеры были обязаны поддерживать вековую традицию, связывая представления с реалиями, существовавшими вне стен театра. Подобная традиция процветала и в неаполитанском театре Сан-Карлино, где представления *pulchinelatte* отражали тяготы повседневной жизни простых неаполитанцев. Неаполитанская периодика 1838 года отмечала, что Пульчинелла был голосом неаполитанского народа, поскольку выражал мысли и чувства простолюдина [Bragaglia 1953: 242].

Таким образом, к тому моменту, когда Гоголь посетил Неаполь, Пульчинелла постепенно трансформировался из традиционного гротескного персонажа в современного неаполитанца. Этот персонаж появлялся на сцене во множестве обличий: от бедняка до члена правительства, от клерка до аристократа. Исполнители роли Пульчинеллы, такие как Салваторе Петито и позже его сын Антонио Петито, умело добавляли налет сентиментальной меланхолии к традиционной комической экспрессивности этого персонажа. Реалистические события часто перемешивались на сцене с фантастическими и сверхъестественными явлениями [Bragaglia 1953: 186]. По словам анонимного очевидца XIX века, «в Неаполе не было ни одного человека, в котором не нашлось бы сходства с Пульчинеллой» [Sand 1915: 115]. Точно так же, как Пульчинелла выражал надежду и чаяния простого неаполитанца, Акакий Башмачкин олицетворял собой мириады петербургских чиновников.

Внешний облик Пульчинеллы и других персонажей комедии дель арте носил гротескный характер благодаря контрастному сочетанию неподвижно-мертвой маски или полумаски, которая могла быть черной, коричневой или белой и закрывала верхнюю часть лица, и подвижного, активно артикулирующего рта, а также живого и гибкого тела, способного в любой момент выкинуть акробатический трюк. Музыкальность итальянского языка с обилием гласных звуков давала актерам в масках возможность полноценно использовать свои рты в качестве выразителей эмоций: они заменяли едва заметные глаза и полное отсутствие мимики.

Финальное появление призрака Акакия представляет собой транспозицию вышеуказанных принципов актерской техники комедии дель арте в литературный текст. Повествователь сосредоточивает внимание читателя на разинутом в крике рте, который является единственной подвижной частью мертвенно-белого лица. Обильное использование гласных звуков и восклицательные знаки привносят дополнительный эффект живого рта на лице мертвеца:

> Лицо чиновника было бледно, как снег, и глядело совершенным мертвецом. Но ужас значительного лица превзошел все границы, когда он увидел, что рот мертвеца покривился, и пахнувши на него страшно могилою, произнес такие речи: «А! так вот ты наконец! наконец я тебя того, поймал за воротник! твоей шинели мне и нужно! не похлопотал об моей, да еще и распек, — отдавай же теперь свою!» [Гоголь 1952, 3: 172].

В ранних набросках «Шинели» среди персонажей был невежественный доктор, приходивший с визитом к умирающему Акакию, — возможная аллюзия на Dottore, персонажа комедии дель арте, который всю жизнь что-то изучал, но так ничему и не научился. Доктор предсказывает близкую смерть Акакия, используя театральную терминологию: «Департаментский доктор пришел больше для того только, чтобы видеть ход болезни и объявить, что в два дни больной будет совершенно готов откланяться» [Гоголь 1952, 3: 455]. Подобная фраза не типична для русского врача XIX века, ставящего смертельный диагноз пациенту. Более распространены были такие выражения, как «приказать долго жить», «испустить дух», «отдать концы», «преставиться», «отправиться на тот свет» и т. д. Объявление доктора о скором финальном поклоне Акакия Башмачкина вторит знаменитой фразе, звучащей в конце представлений комедии дель арте: «Finita la commedia!» — которая произносилась перед выходом актеров на поклон и вошла в русский обиход[12]. Однако в процессе работы над окончательным вариантом повести Гоголь изменил последнюю фразу доктора на более трагикомичную: «...объявил ему чрез полтора суток непременный капут...» [Гоголь 1952: 3, 168].

Анненков вспоминает, как однажды в Италии Гоголь сказал:

> ...если бы я был художник, я бы изобразил особенного рода пейзаж. Какие деревья и ландшафты теперь пишут! Все ясно, разобрано, прочтено мастером, а зритель по складам за ним идет. Я бы сцепил дерево с деревом, перепутал ветви, выбросил свет, где никто не ожидает его, вот так пейзажи надо писать! — И он [Гоголь] сопровождал слова свои энергическими, непередаваемыми жестами [Вересаев 1990: 299].

Гоголь реализовал эту мечту в повести «Шинель», искусно переплетя генеалогические ветви родословной неаполитанского Пульчинеллы с петербургским чиновником Акакием Башмачкиным и создав литературный шедевр, который по сей день продолжает восхищать и озадачивать читателей и критиков.

---

[12] Как упоминалось в предыдущей главе, итальянская фраза «Finita la commedia!» часто употреблялась в XIX веке в трагикомическом контексте.

Глава шестая
Возрождение комедии дель арте в эпоху модернизма

Небывалый взрыв интереса к итальянской комедии дель арте с эпицентром на театральной сцене пришелся на эпоху русского модернизма. Комедия вновь стала неиссякаемым источником вдохновения, из нее черпали художественные приемы для разрушения старых реалистических традиций и внедрения яркого новаторства. Пылкое пристрастие к комедии дель арте охватило все сферы русского искусства: театр, изобразительное искусство, музыку и литературу. Постепенно жизнеутверждающий смех итальянской комедии превращался в трансцендентальную иронию или смех сквозь слезы. Жизнелюбие и любовные похождения со счастливым концом, которые были характерны для итальянских сценариев, заместились модернистскими арлекинадами с неразрешимыми любовными треугольниками и размышлениями о тщетности бытия. Вместо радости жизни русские модернисты были фаталистически увлечены гротескными образами веселой смерти.

Влияние комедии дель арте на русский модернизм было серьезно и досконально исследовано как русскими, так и западными специалистами, и задача данной главы — лишь коснуться некоторых ярких примеров возрождения комедии дель арте на русской сцене[1]. В большинстве англоязычных исследований на эту тему

---

[1] Англоязычные исследования комедии дель арте в России в эпоху модернизма включают: [Green and Swan 1986; Clayton 1991; Kelly 1990; Wachtel 1998; Soboleva 2008].

русские арлекинады эпохи модернизма трактуются как художественный феномен, на рубеже веков пришедший в Россию с Запада и вдохновленный западноевропейскими интерпретациями и иконографией комедии дель арте. Так, Соболева пишет: «До рубежа веков тема арлекинады, столь характерная для модернизма, едва ли присутствовала в русской культуре» [Soboleva 2008: 23]. Грин и Сван тоже утверждают, что русское увлечение комедией дель арте в эпоху модернизма было исключительно западного происхождения:

> Все, что происходило во Франции в 1880-х и 1890-х годах, эхом откликалось в России. (Германия была менее важна для увлеченных комедией русских.) Можно без особого преувеличения утверждать, что все, что происходило в Париже, звучало эхом в Санкт-Петербурге, поскольку социальный фокус комедийного направления был достаточно узок [Green and Swan 1986: 35].

Похожей точки зрения придерживается и Клейтон:

> Несмотря на то что итальянские артисты, включая Антонио Сакки, венецианского коллегу Гоцци, посещали Россию еще в XVIII в., модернисты, возрождая комедию, полагались в основном на западные источники, поскольку национальная традиция существовала преимущественно в спектаклях о Петрушке. Так получилось, что источники и тексты о комедии, используемые русскими, были относительно малочисленны [Clayton 1991: 19].

Вразрез с этим преобладающим мнением, в этой главе предложен обзор развития уже существовавшей старинной традиции русских арлекинад. Я рассматриваю использование русскими модернистами элементов комедии дель арте как продолжение глубоко укоренившейся традиции, а не как изолированный культурный феномен. Русская академическая и критическая мысль рубежа веков была направлена на изучение собственной арлекинизированной традиции, уходящей корнями в допетровскую старину. Интерес к комедии масок в эпоху модернизма стал второй мощной волной увлечения комедией дель и русским арлекинизированным искусством как в творческих, так и в академических кругах.

Возросший интерес к арлекинизированному прошлому России

На рубеже веков Западная Европа была увлечена стилизованными образами комедии дель арте, которые стремительно проникали и в русскую культуру через творчество французских символистов и такие произведения, как поэтический сборник П. Верлена «Галантные празднества», графика английского художника О. Бердслея и опера «Паяцы» Р. Леонкавалло, премьера которой состоялась в Милане в 1892 году, а уже в 1893-м она была поставлена в Большом театре. Знаменитая фраза из арии Канио: «Ridi, Pagliaccio, sul tuo amore infranto!», звучащая в русском переводе как «Смейся, паяц, над разбитой любовью!», стала крылатой для русского модернизма, смеявшегося сквозь слезы над разбитыми надеждами и иллюзиями.

Несомненно, европейское увлечение комедией дель арте оказало значительное влияние на русский модернизм, но в течение последнего десятилетия XIX и в начале XX века русская академическая и художественная мысль все чаще обращается к прошлому, изучая стародавние связи с комедией дель арте. Правление Анны Иоанновны, а также народная культура привлекают особое внимание исследователей. В 1895 году Перетц публикует в «Ежегоднике императорских театров» исторический очерк «Кукольный театр на Руси», одно из самых значительных исследований, посвященных кукольному театру. Он рассматривает генеалогию русского Петрушки — любимого персонажа театра марионеток, связывая его одновременно и с русским скоморошеством, и с европейскими шутовскими персонами, и с итальянским Пульчинеллой:

> Петрушка образовался из слияния элементов русского народного шутовства с чертами немецкого Гансвурста-Пикельгеринга. Его прототипом был тот же Полишинель —

итальянский Пулчинелла, который является родоначальником всех европейских шутовских и «дурацких персон», как именовали их у нас в XVIII веке [Перетц 1895: 85].

Проводя сравнения между функцией Петрушки в русском народном театре и его европейскими предками, Перец заключает, что, по сравнению с итальянским Пульчинеллой, английским Панчем или французским Полишинелем, русский народный любимец не дорос до роли выразителя общественного мнения и «опростонародился»:

> Сравнительно с богатым репертуаром западно-европейского кукольного театра, наш «Петрушка» слишком беден, убог; он — замирающий отзвук той волны, которая, зародившись в далекой Италии, прошла всю Европу и докатилась до нас, чтобы, переродившись, замереть после кратковременного существования [Перец 1895: 93].

Затем, в 1900 году, В. В. Сиповский опубликовал в историческом журнале «Русская старина» статью «Итальянский театр в С.-Петербурге при Анне Иоанновне (1733–1735)». Как ни странно, при обсуждении тридцати девяти итальянских сценариев, переведенных на русский язык, Сиповский не упоминает имени Тредиаковского как переводчика и называет итальянские сценарии «либретто»:

> Благодаря найденным нами либретто можно доказать, что впервые под своим именем Арлекин появился перед русской публикой в начале тридцатых годов XVIII века. Либретто эти, очевидно, были составлены по-итальянски, переведены на французский язык, а с французского на русский [Сиповский 1900: 593–611].

Сиповский пересказывает сюжеты итальянских сценариев, которые были представлены при дворе, подчеркивая главную роль Арлекина во многих из них и разъясняя русскому читателю основные характеристики этого персонажа. По мнению автора, актер, исполнявший роль Арлекина, должен был обладать комическим талантом и мастерством акробата [Сиповский 1900: 603–604].

Публикация Сиповского содержит важную информацию об итальянском театре и Арлекинах, странствовавших по дорогам русской культуры. Более того, эта статья устанавливает прочные связи между русской стариной и модернистским увлечением комедией дель арте, подчеркивая взаимосвязь итальянских масок с первой волной увлечения комедией в эпоху Анны Иоанновны.

Несколько позже, в 1913 году, Всеволодский-Гернгросс также опубликовал в «Ежегоднике императорских театров» исследование «Театр в России при императрице Анне Иоанновне», в котором описываются актеры, приезжавшие в Россию в составе итальянских трупп, и в частности Пьетро Миро — шут Педрилло. Ученый признает, что не имеет полной информации об итальянской труппе 1733–1735 годов, однако эта информация станет доступной позже благодаря одному из первых и важнейших исследований на эту тему, опубликованному швейцарским музыковедом Музером в 1943 году, а позднее и архивным материалам, опубликованным Стариковой[2]. Всеволодский-Гернгросс упоминает русские переводы итальянских сценариев, представляющие собой, по его словам, библиографическую редкость и дающие ценный материал для изучения как русского, так и европейского театра. Ученый с уверенностью утверждает, что сценарии переведены на русский язык именно Тредиаковским, и напоминает читателю, что любимая русскими модернистами Коломбина появлялась на русской сцене уже в 1735 году.

В 1914 году Зигфрид Ашкенази опубликовал статью «Безсмертный Петрушка», в которой еще раз, подобно Перетцу, исследовал родословную Петрушки, установив его связь с Пульчинеллой и Полишинелем [Ашкенази 1914: 1–18]. Петрушка видится автору как зловещая и циничная карикатура на человечество, и сущность спектаклей с Петрушкой, в которых представлена трагедия человеческого бытия и звучит сопровождающий ее «дурацкий смех», он определяет термином «дьявольский водевиль» [Ашкенази 1914: 17].

---

[2] Публикации Музера основаны преимущественно на европейских архивных материалах, а Стариковой — на русских.

Одним из важнейших трудов, посвященных арлекинизированному искусству рубежа веков, можно по праву считать трактат К. М. Миклашевского о комедии дель арте «Комедия дель арте. Театр итальянских комедиантов XVI, XVII, XVIII столетий», получивший заслуженное признание как в России, так и за рубежом. Книга Миклашевского была опубликована в России в 1914 и 1917 годах, а в 1927-м — в Париже во французском переводе и по сей день по праву считается одним из лучших источников информации по комедии дель арте [Миклашевский 1914]. Между 1914 и 1916 годами в журнале Мейерхольда «Любовь к трем апельсинам» также публиковались статьи о теории и практике комедии дель арте[3]. В 1917 году в Петрограде Перетц выпустил сборник итальянских сценариев под названием «Итальянские комедии и интермедии, представленные при дворе императрицы Анны Иоанновны в 1733–1735 гг.» [Перетц 1917]. Театровед и режиссер В. Н. Соловьев, близкий соратник Мейерхольда, репетировал и ставил импровизационные спектакли по сценариям «второй итальянской труппы», которые перевел Тредиаковский [Ferazzi 2008: 190–191]. Книга «Образы Италии» П. П. Муратова дважды издавалась в России в 1911–1912 годах, а затем в 1924-м и пользовалась большим успехом у читателей: в ней описаны путешествия автора по Италии и его размышления об итальянской культуре и итальянском характере [Муратов 1999]. Все эти публикации указывают на то, что на рубеже веков существовал живой интерес к итальянской культуре и к итальянскому театру, а также к вековым русско-итальянским культурным связям.

Возрождение комедии дель арте на русской модернистской сцене

Многие ведущие деятели русского театра эпохи модернизма были очарованы комедией дель арте, они изучали как ее исторические, так и теоретические аспекты и возрождали ее технику на

---

[3] Журнал «Любовь к трем апельсинам» доступен в электронной версии. См. URL: http://ruslitwwi.ru/source/periodicals/lubov-apelsin/.

театральных подмостках. Как это ни парадоксально звучит, старинная комедия вносила новизну в русское искусство. Трудно переоценить влияние арлекинад на творчество В. Э. Мейерхольда, Н. Н. Евреинова, А. Я. Таирова и Е. Б. Вахтангова, каждый из которых одновременно изучал и воспроизводил их импровизационную технику, стараясь воспитать русских актеров-универсалов по итальянскому подобию. Репетиционный процесс включал изучение элементов импровизации, танец, вокал, акробатику, работу над пластической выразительностью и работу с масками. Эксперименты по воссозданию или имитации комедии нашли отражение в легендарных постановках как русского, так и западного репертуара.

Важно подчеркнуть, что арлекинизированные постановки эпохи модернизма осуществлялись практически одновременно с зарождением и развитием фотографического реализма на сцене Московского художественного театра, основанного в 1897 году К. С. Станиславским и В. И. Немировичем-Данченко. Два великих новатора русской сцены — Мейерхольд и Вахтангов — были учениками-апостолами Станиславского, которые впоследствии восстали против учителя. Восхищаясь режиссерскими работами Станиславского, они отвергали «ненужную правду» на сцене. Заключительная фраза статьи В. Я. Брюсова 1902 года: «От ненужной правды современных сцен я зову к сознательной условности античного театра» — выражала общую модернистскую тенденцию — видеть в комедии дель арте идеальный условный театр [Брюсов 1902: 3]. Комедия давала возможность вернуться к народному, площадному театру, отвергая психологическую правдивость и натурализм МХТ.

Станиславский стремился к правдивому отображению на сцене жизни человеческого духа, избегая лжи, театральности и декламации; он мечтал дать зрителям возможность испытать истинно высокие чувства и переживания. Он видел в театре мощную силу, способную трансформировать обыденность, и требовал от актеров предельной правдивости через активизацию их собственной эмоциональной памяти. Стиль игры итальянских комедиантов радикально отличался от системы Станиславского, являясь ярким примером искусства *представления*, в противовес искусству *переживания*, которое пропагандировал Станиславский [Magarshack 1980; Станиславский 2000; Whyman 2008]. Для комедии дель арте была характерна яркая театральность с неизбежными актерскими штампами, поскольку, как уже упоминалось, итальянские актеры исполняли одну и ту же роль всю свою жизнь, сживаясь с маской своего персонажа.

Театральная карьера Мейерхольда расцвела на сцене Художественного театра, но вскоре он встал на путь смелых экспериментов, вдохновившись традициями старинного театра. Мейерхольд живо интересовался древнегреческим, индийским, японским, китайским и итальянским театром, изучая концепцию масок в различных театральных традициях. Служа в императорских театрах, Мейерхольд экспериментировал «на стороне» с импровизационной техникой комедии дель арте и под псевдонимом Доктор Дапертутто ставил шоу в кабаре. Изучение театральной практики прошлых поколений способствует воспитанию исполнителей новой формации, считал режиссер:

> Мейерхольд утверждал, что приемы старинных театров нужны не ради возрождения старых форм, а в качестве источника для создания нового на основе подлинно театральных традиций прошлого. Точно так же и современная театральная техника должна вобрать в себя все основательно забытые богатства техники старого театра, а новый актер овладеть всеми навыками и знаниями, которыми владели актеры былых эпох [Овэс 2000: 181].

Комедия дель арте оказала основополагающее влияние на творчество режиссера:

> Дух и практика комедии дель арте пронизывают весь режиссерский подход Мейерхольда к постановке пьес разного уровня на протяжении всей его карьеры. В этом были и философия жизни, и способ ее отображения, и источник технических приемов. Мейерхольд утверждал, что комедия дель арте совпадает с его постепенно обретавшим цельность пониманием театрального искусства [Moody 1978: 859].

Искусство комедии дель арте было диаметрально противоположно системе Станиславского, поскольку исполнители полагались не на эмоциональную память, а на отточенное актерское мастерство, и их задачей было создание ярко театрального представления, а не достижение психологической правдивости. Что может быть более чуждым эстетике Станиславского, чем группа актеров, чьи лица, а следовательно, и тонкие нюансы психологии скрыты от зрителя полумасками? Тем не менее Мейерхольд был страстно увлечен именно старинными масками, он ощущал, что шутовство и буффонада скрывают под собой трагический взгляд на жизнь. Именно в этом гротескном подходе режиссеру виделось идеальное отражение современного мира. По словам К. Маккуиллен: «Мейерхольд сосредоточился на трансцендентальности времени и места персонажей комедии дель арте, их универсальности и открытости бесконечным творческим заимствованиям и переосмыслениям» [McQuillen 2013: 173].

Основными элементами, которые Мейерхольд позаимствовал у комедии дель арте, стали импровизационная техника и актерское мастерство, построенное на физической выразительности в отсутствие литературного текста [Moody 1978: 863–865]. Созданный Мейерхольдом метод биомеханики, который он разработал для обучения актеров пластике, пантомиме, жонглированию, фехтованию и танцам, был, несомненно, вдохновлен комедией дель арте.

В 1906 году эксперименты Мейерхольда с комедией дель арте увенчались легендарной постановкой «Балаганчика» А. А. Блока. Спектакль стал синтезом поэзии Блока, сценографии Н. Н. Сапунова и музыки М. А. Кузмина. Премьера «Балаганчика» стала творческим прорывом для русских символистов, считавших, что именно театральное искусство способно донести до публики их идеи. Блок определил жанр «Балаганчика» как лирическую драму, в которой он стремился создать атмосферу трансцендентальной иронии [Блок 1981: 3, 424]. Для Блока комедия дель арте служила идеальным источником новых форм поэтического самовыражения. В «Балаганчике» Блок использует маски комедии дель арте с тем, чтобы иронично переосмыслить свое юношеское увлечение символизмом и мистицизмом и в то же время обратиться к личной драме — любовному треугольнику, в центре которого находилась его жена и муза Любовь Менделеева, близкий друг Андрей Белый (Б. Н. Бугаев) и сам поэт.

Вдохновленные обоюдным интересом к комедии дель арте, Блок и Мейерхольд воссоздали на сцене дух старинного балагана, роль Пьеро в котором исполнял сам Мейерхольд. Сюжет «Балаганчика» сосредоточен на излюбленной триаде масок Серебряного века — Коломбине — Пьеро — Арлекине. Меланхоличный Пьеро влюблен в Коломбину, которая с легкостью предает его, предпочитая Арлекина. Присутствие на сцене мистиков, актеров в масках и маскарадных костюмах, а также трех влюбленных пар — представителей разных эпох — придает «Балаганчику» трансцендентальную универсальность, лишенную исторических и географических границ. Сценическое оформление Сапунова строилось на концепции театра в театре, превращая происходящее на сцене в метафору сцены жизни. По словам Клейтона:

> «Балаганчик» был не просто пьесой, а скорее пьесой о пьесе. Как и многие формы модернистского искусства, театр обращался к самосозерцанию, то есть рассматривал собственные условности и критиковал собственные претензии на изображение реальности [Clayton 1991: 80–81].

Любовный треугольник Коломбина — Пьеро — Арлекин был неоднократно переосмыслен в воображении европейских и русских художников. Изначально, как уже говорилось, все три персонажа были в комедии дель арте слугами, однако в модернистской интерпретации постепенно превратились в более изысканных стилизованных персонажей. Одетый по традиции в длинные белые одежды, Пьеро эпохи модернизма стал меланхоличным неудачником, поэтом и пророком, безнадежно влюбленным в пленительную Коломбину. Его вечный соперник Арлекин постепенно превратился из находчивого и остроумного слуги в неотразимого, порой загадочного любовника и посланника зла. В отличие от Пьеро, чье белое лицо традиционно посыпалось мукой, черты Арлекина скрывались под черной полумаской. В «Балаганчике» Пьеро и Арлекин — одновременно и друзья, и соперники:

> И всю ночь по улицам снежным
> Мы брели — Арлекин и Пьеро...
> Он прижался ко мне так нежно,
> Щекотало мне нос перо!
> Он шептал мне: «Брат мой, мы вместе,
> Неразлучны на много дней...
> Погрустим с тобой о невесте,
> О картонной невесте твоей!» [Блок 1981: 14].

В холодной и статичной Коломбине Блока трудно распознать соблазнительную, полную жизни и остроумия служанку из итальянских сценариев. Коломбина «Балаганчика» оживает только благодаря воображению художника-творца. В отличие от разговорчивой, острой на язык итальянской Коломбины, она произносит всего лишь одну фразу: «Я не оставлю тебя» — обращенную к Пьеро, и сразу же уходит от него с Арлекином [Блок 1981: 12]. Традиционный красочный костюм Коломбины заменен белыми одеждами:

> — Прибыла!
> — Как бела ее одежда!
> — Пустота в глазах ее!
> — Черты бледны, как мрамор!
> — За плечами коса!
> — Это смерть! [Блок 1981: 12].

Если мистиками Коломбина воспринимается как вечная женственность или смерть, то Пьеро видит в ней свою невесту, а Арлекин — любовницу. Коломбина создана из мрамора или картона, это безжизненное существо с пустыми мертвыми глазами, несущее разрушение в мир. Коломбина Блока — поэтическая и философская иллюзия, она не существует сама по себе, но постоянно воссоздается в воображении художников, философов и влюбленных в нее романтиков.

Несмотря на то что для Блока как поэта-драматурга постановка «Балаганчика» оказалась успешной, зрительская реакция и рецензии на спектакль были неоднозначными — от негодования до восторженной хвалы и, по мнению Клейтона:

> ...носили явно политизированный характер, притом что были спровоцированы пьесой, которая, по сути, была безобидной лирической драмой, выражающей отчаяние и меланхолию поэта, не заключала в себе никакой политической позиции и не имела никакого отношения к полемике в обществе [Clayton 1991: 77].

Критическая реакция проистекала из убеждения, что после революции 1905 года (разразившейся всего за год до премьеры «Балаганчика») русская сцена должна стать ареной для политических дебатов. В предисловии к лирическим драмам Блок уведомляет читателя и зрителя:

> ...я считаю необходимым оговорить, что три маленькие драмы, предлагаемые вниманию читателя, суть драмы лирические, то есть такие, в которых переживания отдельной души, сомнения, страсти, неудачи, падения, — только представлены в драматической форме. Никаких идейных, моральных или иных выводов я здесь не делаю [Блок 1981: 383–384].

В «Балаганчике» Блок, поэт-драматург, балансирует на грани между трагедией и фарсом, насмехаясь над поэтическими и философскими воззрениями символистов и пародируя собственную поэзию. Как это ни странно звучит, арлекинада Блока часто вторит русификации итальянских масок Сумароковым в пьесе «Чудовищи», написанной еще в XVIII веке. Как упоминалось ранее, Сумароков создал пародию на Тредиаковского, русифицировав в образе Критициондиуса, маску Доктора и использовав метод сатиры «на лицо». Нечто похожее происходит и в «Балаганчике», поскольку в образе Арлекина Блок создает поэтическую пародию на своего соперника Белого, а в образе обманутого

Пьеро — на себя. Этот прием был с легкостью декодирован современниками, узнавшими реальных лиц под итальянскими масками. Социальная сатира Сумарокова была направлена на русское судопроизводство и невежественных судей — шут Арликин у него по случайности превращается в судью. Сатира Блока была трагикомического свойства и выражала неудовлетворенность поэта собственными творческими и духовными поисками. По определению Грина и Свана, «спектакль одновременно был и образцом символизма, и искрометной сатирой на символизм» [Green and Swan 1986: 87].

Пьеро — Мейерхольд произносил меланхоличный финальный монолог, напрямую обращаясь к публике и одновременно находясь в отдалении от остальных действующих лиц, поскольку поэтическая душа художника обречена на одиночество:

> И вот, стою я, бледен лицом,
> Но вам надо мной смеяться грешно.
> Что делать! Она упала ничком...
> Мне грустно. А вам смешно? [Блок 1981: 20].

Подобное обращение к публике следовало традиции комедии дель арте, когда в конце представления стирались границы между сценой и жизнью и возникал театр в театре.

Н. Н. Евреинов, режиссер, теоретик и историк театра, тоже считал, что старинная комедия дель арте способна привести театр к будущему. Эстетические принципы Евреинова во многом перекликались с идеями Мейерхольда, но два этих режиссера были соперниками и не любили друг друга [Person 1992: 321]. Именно Евреинов сменил Мейерхольда на посту художественного руководителя Санкт-Петербургского театра имени Веры Комиссаржевской. Критики Мейерхольда часто сетовали на то, что его режиссура превращает актеров в послушных марионеток, исполняющих указания режиссера-диктатора. Подобное отношение и явилось причиной конфликта Мейерхольда с Комиссаржевской, которая была недовольна постоянным жестким контролем со стороны режиссера [Carnicke 1989: 18]. Подобно

Мейерхольду, Евреинов решительно отрицал натурализм на сцене, проповедуя театральность как единственную приемлемую форму существования как в театре, так и в жизни. Евреинов тоже усматривал в комедии дель арте идеальную форму старинного театра и ассоциировал себя с маской Арлекина. Ш. М. Карнике пишет:

> Увлечение Евреинова Арлекином вышло за рамки критического отношения и привело его к самоидентификации с персонажем. По словам Александра Дейча, «однажды Евреинов сказал мне, что его любимым героем был Арлекин и что все свою жизнь он хотел быть Арлекином» [Carnicke 1989: 95–96].

Евреинов видел в гротескном образе Арлекина «сверхшута», потешающегося над бессмысленностью жизни [Carnicke 1989: 96]. С точки зрения Евреинова, Арлекин символизировал самую сущность сценического искусства, поскольку завораживал зрителей своими выходками, клоунадой и находчивостью. Евреинов написал несколько стилизованных арлекинад, таких как «Сила чар» (1899), «Веселая смерть» (1908), «Коломбина сегодняшнего дня» (1915) и «Самое главное» (1921).

Арлекинада «Веселая смерть», показанная на сцене в 1909 году, отражает в себе философскую концепцию Евреинова касательно театрализации жизни. Пьеса получила международное признание и ставилась в США, Франции и Италии, где постановщиком стал один из продолжателей традиции комедии дель арте, писатель, драматург и режиссер Луиджи Пиранделло. Пиранделло увидел в Евреинове родственную душу: итальянец был рад найти русского, который разделял его убежденность в том, что современный театр прежде всего должны волновать вопросы реальности и иллюзии, личности и маски, жизни и сцены [Collins 1973: xiii]. Клейтон видит много общего между Евреиновым и Пиранделло, отмечая, что оба были одновременно и практиками, и теоретиками сцены, а периоды их творческой деятельности совпадали [Clayton 1991: 169].

С ранней юности Евреинов увлекался театральными представлениями и однажды убежал из дома с бродячим цирком. Как и у многих художников его поколения, его мировоззрение с раннего детства находилось под сильным влиянием арлекинизированного искусства благодаря кукольным театрам и ярмарочным гуляниям. Евреинов был известен современникам как человек, склонный к сознательной театрализации существования [Green and Swan 1986: 93]. Согласно Евреинову, в мире, полном лицемерия, единственной правдивой формой существования является театральная иллюзия. Поскольку каждый человек — актер от природы, он, чтобы стать счастливым, должен высвободить свой сценический инстинкт. Театр, по мнению Евреинова, должен стать религией, а актер — целителем и священнослужителем. Великое чудо театра состоит в том, что посредством простой смены одежды можно добиться духовного преображения.

Если в «Балаганчике» надежды и разочарования поэта выражает меланхоличный Пьеро, то в «Веселой смерти» эту миссию выполняет Арлекин. С момента подъема занавеса старый Арлекин медленно умирает на сцене, а Пьеро находится у его постели: «При поднятии занавеса Арлекин спит на кровати лицом кверху, руки по швам, у него седые волосы, в остальном Арлекин, как Арлекин» [Евреинов 1908: 1]. Седовласый статичный Арлекин — это новое воплощение старинной маски, в котором седые волосы указывают на многовековые странствия этого персонажа по сценам мира. В пьесе действует все та же излюбленная троица масок — Коломбина — Арлекин — Пьеро, с той лишь разницей, что Пьеро, муж Коломбины, осознает, что она изменяет ему с Арлекином. Чтобы отомстить сопернику, Пьеро переводит стрелки часов Арлекина, надеясь тем самым укоротить его жизнь. Помимо троицы масок, в арлекинаде появляются Доктор (которому ни разу еще не удалось вылечить своих пациентов) и Смерть. В отличие от Коломбины из «Балаганчика», Коломбина «Веселой смерти» представлена как молодая, полная жизненных сил женщина, но в образах Смерти из двух пьес много общего. В нескольких сценах Смерть предстает как двойник очаровательной Коломбины. И Арлекин, и Пьеро с нетерпением ждут прихода Коломбины, за которой следует

Смерть. Арлекин планирует ужин на троих, поначалу говоря, что он ожидает прихода Смерти на ужин, но позднее признается, что ожидал Коломбину. Авторские ремарки уточняют, что одеяния Смерти похожи на костюм Коломбины: «…входит Смерть — ярко-белый скелет в прозрачном дымчатом платье фасона Коломбины; на черепе такая же треуголка. Величественно простирает руки по направлению к Арлекину» [Евреинов 1908: 11].

Эротический танец в исполнении Арлекина и Коломбины повторяется в конце пьесы, только на сей раз Арлекин танцует со Смертью. Как и в «Балаганчике», Коломбина и Смерть — двойники, одна из них олицетворяет жизнь и любовь, другая — неизбежное окончание земного существования. Обе пьесы содержат гротескные образы веселой смерти, служащие насмешкой над абсурдностью бытия.

Пьеро сообщает публике: однажды гадалка предсказала Арлекину, что тот умрет в день, когда проспит больше, чем выпьет. Поскольку Арлекин спит весь день, ему суждено умереть. Пьеро признает, что каждый Пьеро — это неудавшийся Арлекин, который не научился наслаждаться жизнью и боялся нарушать социальные нормы. Пьеро Евреинова — обыватель и трус, а Арлекин — бесстрашный творец, сгорающий от страсти к жизни и празднующий свою смерть как веселое представление. В «Веселой смерти» традиционная белизна Пьеро символизирует его холодность и неспособность испытать истинную страсть. Жизнь представляется Арлекину театральным спектаклем с неизбежной смертью в финале, но даже смерть должна доставлять удовольствие. Он сравнивает два способа бытия: постоянный страх жизни и жадное наслаждение каждым мгновеньем. Арлекин предлагает театрализацию жизни как спасение от болезней и грусти. Он готовится встретить приближение смерти громким смехом: «Мои силы и здоровье радостно растрачены вместе с моими деньгами. Никогда я не был скупым и потому был вечно весел и беспечен. Я Арлекин, и умру Арлекином. Не плачь, Коломбина!» [Евреинов 1908: 11].

Фразой «Я Арлекин, и умру Арлекином» Евреинов часто описывал самого себя [Golub 1984: 35]. В преддверии смерти

Арлекин и Коломбина целуются, танцуя свой любовный танец, при этом Пьеро становится вуайеристом, а Смерть начинает танцевать вместе с ними. Арлекин обращается к Смерти:

> Но к чему эти трагические жесты? Вы в доме Арлекина, где умеют смеяться над всем трагическим, не исключая и ваших жестов. <…> Но традиционный танец?! Ваш танец доброго старого времени, когда люди не разучились еще умирать, как теперь, и сама Смерть была для них развлечением [Евреинов 1908: 12].

Заканчивая арлекинаду, Пьеро заявляет, что, поскольку все персонажи на самом деле актеры, они не несут никакой ответственности за то, что было сказано или сыграно; Арлекин жив, его смерть была просто спектаклем. Подобная концовка во многом напоминает «Балаганчик», в котором именно Пьеро обращается к публике в конце спектакля, заявляя, что жизнь — это фарс. Пьеро Евреинова сравнивает конец грешной, но веселой жизни Арлекина со смертью Франсуа Рабле:

> Когда гениальный Рабле умирал, вокруг его ложа собрались монахи и всячески убеждали его раскаяться в грехах. Рабле лишь улыбался в ответ, а когда наступила минута конца, он сказал задорным голосом: опустите занавес, фарс сыгран. Сказал и скончался. Почему бессовестному автору понадобилось вложить в уста одного из действующих лиц чужие слова; я не знаю, — мое дело подневольное; но будучи добросовестным артистом; я останусь им до конца и потому беспрекословно повинуюсь воле автора, я задорно кричу: Опустите занавес! — фарс сыгран! [Евреинов 1908: 12].

В «Веселой смерти» просматриваются прочные интертекстуальные связи не только с «Балаганчиком», но и со сценариями, переведенными Тредиаковским. Как историк и теоретик театра, Евреинов, несомненно, был хорошо осведомлен о русской арлекинизированной культуре. Как говорилось в главе 3, переведенный Тредиаковским сценарий «Четыре Арлекина» тоже включает в себя встречу Арлекина с собственной смертью. В отличие от модернистского собрата, Арлекин XVIII века борется со смертью с комической изобретательностью, в которой нет трагических или гротескных мотивов. Седовласый Арлекин из «Веселой смерти» представляется нам посланником из прошлого, который объявляет, что исчерпал свою изобретательность за столетия странствий. Если Арлекин XVIII века вступает в схватку со смертью с тем, чтобы праздновать жизнь, модернистский Арлекин празднует смерть, прощаясь с жизнью. В этом драматическом контрасте мы видим еще одну метаморфозу русского арлекинизированного искусства.

Между 1907 и 1914 годом Евреинов и барон Николай Дризен работали над проектом «Старинный театр», целью которого было воссоздание древних театральных культур для современных зрителей [Carnicke 1989: 16–17]. В течение первого сезона (1907–1908) в «Старинном театре» игрались средневековые лирические драмы, мистерии и легенды. Второй сезон (1911–1912) был посвящен испанскому театру, представленному пьесами Кальдерона, Тирсо де Молины и Лопе де Вега. Третий сезон (1914–1915) предполагалось посвятить комедии дель арте, но осуществить это не удалось из-за начала Первой мировой войны и конфликта между Евреиновым и Дризеном.

Отношения между Мейерхольдом и Евреиновым были враждебными как в личном, так и в профессиональном плане, доходило до взаимных обвинений в плагиате. Евреинов претендовал на монополию на все эксперименты с комедией дель арте, обвиняя Мейерхольда в заимствовании его идей о воссоздании старинного театра. Безусловно, идея «Старинного театра», так же как и журнала «Любовь к трем апельсинам», состояла в возрождении старинных театральных традиций. Практические эксперименты Евреинова и Мейерхольда с комедией дель арте происходили почти одновременно. Т. Пирсон проводит любопытное сравнение:

> Их роднило патологическое презрение к сценическому натурализму — особенно к школе Станиславского — и непререкаемая вера в восстановление связей между сценой

и зрителем благодаря обращению к стилям и условностям ранних театральных эпох. Оба ратовали за безусловно центральную роль метатеатральных стратегий выражения в современной театральной практике: театральности в случае Евреинова и стилизации в случае Мейерхольда [Pearson 1992: 321].

Создатель и художественный руководитель Московского камерного театра А. Я. Таиров тоже увлекался комедией дель арте. Пристально следя за театральными экспериментами своих современников, сам Таиров использовал два подхода к комедии дель арте — стилизацию и реконструкцию [Щепеткова 2000: 216–224]. Таиров стремился к синтезу в сценическом искусстве и воспитывал универсальных исполнителей, способных играть современные арлекинады. Актеры труппы Камерного театра занимались пластикой, фехтованием, клоунадой, жонглированием и сценической речью [Щепеткова 2000: 218–219].

Так же как Мейерхольд и Евреинов, Таиров видел в комедии дель арте идеальную театральную условность, включающую в себя синтез разных искусств. С масками и приемами комедии дель арте Таиров познакомился еще в юности, посещая балаганные представления. Позже он участвовал в постановке «Балаганчика» Блока, исполнив роль голубой маски [Щепеткова 2000: 216–217]. Постановки Таирова в стиле комедии дель арте включали «Покрывало Пьеретты» А. Шницлера (1913), «Король-Арлекин» Р. Лотара (1918) и знаменитую «Принцессу Брамбиллу» Э.-Т.-А. Гофмана (1920). «Принцесса Брамбилла» принесла Таирову большой успех и была на удивление эклектичным зрелищем. Декорации и костюмы для спектакля были выполнены Г. Б. Якуловым и отражали увлечение кубизмом, музыка А. Фортера создавала оперно-балетную канву спектакля, а маски комедии дель арте исполняли пантомимы, перемешанные с цирковыми трюками. Клейтон считает, что Таиров не ставил своей целью создание правильной интерпретации Гофмана. Режиссер стремился слить элементы арлекинады, трагедии, оперетты, пантомимы и цирка с душой современного актера [Clayton 1991: 107].

Эксперименты Таирова с комедией дель арте продолжались до 1930-х годов, но постепенно общая атмосфера его постановок превратилась из веселой театральности в зловещий гротеск, в котором человек раздавлен государственной тоталитарной машиной. В середине 1930-х Таиров всячески пытался вписаться в неизбежные в те времена для театрального искусства рамки социалистического реализма. Тем не менее именно арлекинизированные спектакли составили славу Камерного театра, поскольку Таиров видел в комедии идеальный театр, а в образе Арлекина — квинтэссенцию актерского мастерства. Камерный театр был закрыт в 1949 году, и вскоре после этого режиссера не стало. В своих воспоминаниях актер Камерного театра А. А. Румнев сравнил лицо усопшего учителя в гробу с маской Арлекина:

> Да, это был Арлекин, но не тот, который смешил и забавлял публику остроумными шутками и виртуозными фокусами. Это был Арлекин трагический, испытавший горечь непризнания и предательство друзей и все же уверенный в праве своего искусства [Щепеткова 2000: 224].

Воспоминания Румнева свидетельствуют о том, что даже в эпоху сталинизма, когда комедия дель арте уже исчезла с советской сцены, ее образы все еще были тесно связаны с теми, кто проповедовал ее эстетические принципы.

«Мир искусства» и «Ballets Russes»

Комедия дель арте оказала значительное влияние на объединение «Мир искусства», основанное в 1898 году А. Н. Бенуа, Л. С. Бакстом, К. А. Сомовым и С. П. Дягилевым (основавшим также в 1899 году одноименный журнал). Творческое кредо мирискусников во многом отражало принципы комедии дель арте, поскольку одной из главных художественных задач объявлялось единение разных искусств. Бенуа рассматривал «Мир искусства» как сообщество представителей различных творческих профессий, активно обсуждавших свои новые цели и идеи. Лозунг «Мира искусства» — «Искусство ради искусства» декларировал свободу творчества от религиозных, политических или общественных функций. Объединение стремилось к спасению человечества средствами чистого искусства, его члены верили в духовно-освободительную природу творчества [Gray 1986: 37].

Подобно театральным экспериментам с комедией дель арте на сцене МХТ, зачастую выражавшими неприятие реализма, творчество членов «Мира искусства» противостояло реалистической традиции в русской живописи, проповедуемой передвижниками. В произведениях мирискусников преобладала концепция синтеза искусств и слияния литературных сюжетов с историческими, а также со сценографией. Члены объединения считали себя гражданами мира, и подобная самоподача была не случайной, поскольку многие мирискусники были иностранного происхождения и мечтали об объединении русской культуры с европейской [Gray 1986: 37–38]. Свою миссию «Мир искусства» видел в создании новой русской европеизированной интеллигенции, которая разделяла бы идею универсального искусства [Gray 1986: 43].

Образы комедии дель арте постоянно возникают в творчестве мирискусников, в особенности в работах Бенуа, который был пылким сторонником возрождения комедии дель арте в русском искусстве. Бенуа обращается как к русским, так и к европейским арлекинизированным образам, вспоминая в своих мемуарах, что одним из самых сильных впечатлений детства для него были посещения балаганов. Бенуа впервые увидел троицу Арлекин — Коломбина — Пьеро в возрасте четырех лет и в детстве мечтал превратиться не в стилизованного европеизированного, а в ярмарочного Арлекина. Бенуа признается, что детские впечатления от русских арлекинад не утратили свежести на протяжении всей его жизни [Kennedy 1998: 35–36].

Сценография Бенуа также отражает его увлечение комедией — он тесно сотрудничал с Евреиновым в проекте «Старинный театр» и поддерживал идею возрождения комедии на русской сцене. В 1911 году Бенуа создал декорации «Петрушки» для антрепризы Дягилева «Русские сезоны». В 1913-м он работал со Станиславским над сценографией к комедии Гольдони «Хозяйка гостиницы». Как ни странно, Бенуа не был поклонником экспериментов Мейерхольда с комедией дель арте, считая, что Станиславский понимает природу комедии гораздо лучше. Бенуа стремился воссоздать на русской сцене жизнеутверждающий дух комедии дель арте и горячо поддерживал идею Станиславского поставить на сцене МХТ пьесу Гольдони «Хозяйка гостиницы». Изучив технику комедии дель арте, Станиславский включил в постановку маски и пантомимы, Бенуа же был убежден, что актеры МХТ способны воссоздать комедию дель арте достовернее, чем любая другая театральная труппа. В письме Станиславскому Бенуа объясняет, почему именно МХТ должен поставить спектакль в стиле комедии дель арте:

> ...считаю прямо необходимым испробовать наши силы в этом роде. Во-первых, чем черт не шутит? А вдруг выйдет? Не попробовав (и еще раз, и еще раз), нельзя говорить. С другой стороны, соблазняет то, что это действительно самая живая форма сценического искусства, а Художественный театр всегда стремился к жизненности — это его «Сквозное действие». И за это я его люблю. <...> Нужна не подделка под старинную итальянскую commedia dell'arte, а нечто наше, новое, свежее и современное [МХТ 1998: 80–81].

В своем стремлении создать аутентичный спектакль в стиле комедии дель арте, а не лживую имитацию Бенуа противопоставляет реалистическое направление МХТ остальным режиссерским экспериментам, которые он считал искусственными. Предложенная Бенуа сценография «Хозяйки гостиницы» была одновременно и поэтичной, и полной жизни, а игра актеров, перевоплотившихся в итальянцев XVIII века, — зажигательной и искренней. Актеры блестяще исполняли роли персонажей Гольдони, вместо того чтобы изображать стилизованную комедию дель арте [МХТ 1998: 82].

Комедия дель арте привлекала мирискуссников своими экстравагантными красочными костюмами и пластической выразительностью[4]. Одним из самых значимых итогов творческого сотрудничества с группой «Мир искусства» стало создание Дягилевым балетной труппы «Ballets Russes» («Русские балеты»). По иронии судьбы, труппа Дягилева никогда не выступала в России, постоянно гастролируя в Европе и в Америке. Многие критики сходятся во мнении, что именно «Ballets Russes» были самым значительным достижением в области стилизации комедии дель арте в эпоху модернизма. Грин и Сван пишут: «ЕВАНГЕЛИЕ комедии дель арте балет проповедовал более эффективно, чем любой другой вид искусства, а труппа "Ballets Russes" Сергея Дягилева — более эффективно, чем другие балетные труппы» [Green and Swan 1986: 54]. Именно Дягилеву, гениальному импресарио, обладавшему неисчерпаемой энергией, удалось добиться мирового признания — цели, к которой стремились мирискусники. Его масштабная программа распространения русского искусства за рубежом включала в себя многочисленные художественные выставки и балетные постановки. Первым балетом, поставленным в стиле комедии дель арте, был «Карнавал» Роберта Шумана на либретто Бакста, в хореографии М. М. Фокина, с В. Ф. Нижинским и Т. П. Карсавиной в главных ролях.

«Ballets Russes» стали революционным этапом в истории русского балета, подняв своего рода хореографический бунт против школы классического танца М. И. Петипа, главенствовавшей на русской балетной сцене. «Ballets Russes» противопоставили отсутствию чувств и эмоций в классическом балете страстные и чувственные движения, а заглавной роли балерины — новую функцию танцора-мужчины. Традиционные концепции классического балета были разрушены вторжением в танец карнавальной и цирковой стихии. Что касается музыкального сопровождения, классическая музыка была заменена шокирующими своей

---

[4] Многие картины представителей объединения «Мир искусства» были вдохновлены комедией дель арте. Среди них такие известные работы, как «Итальянская комедия. Нескромный Полишинель» (1906) и «Итальянская комедия» (1916) Бенуа; «Маскарад» (1910) и «Пантомима» (1914) Судейкина; «Пьеро и дама» (1910) и «Арлекин и дама» (1912), «Язычок Коломбины» (1915) Сомова, «Портрет В. Э. Мейерхольда» (1917) А. Я. Головина и многие другие.

новизной сочинениями И. Ф. Стравинского. Сотрудничая с «Ballets Russes», Стравинский отдал дань и русскому Петрушке, и итальянскому Пульчинелле, посвятив им знаковые произведения. В балете «Петрушка», премьера которого состоялась в парижском театре дю Шатле в 1911 году, Стравинский, используя русские народные мелодии, излагает историю этой популярной марионетки, бессмертного и бесстрашного ярмарочного героя. Бенуа и Стравинский были соавторами либретто, а хореография Фокина создавала на сцене яркую атмосферу ярмарочно-балаганных гуляний [White 1979: 194].

«Пульчинелла» Стравинского — балет с вокальными партиями — стал еще одной постановкой «Ballets Russes» в стиле комедии дель арте. Дягилев представлял себе этот балет как стилизацию произведений знаменитого неаполитанского композитора XVIII века Д. Б. Перголези и обратил внимание Стравинского на отрывки из произведений Перголези. Краткое содержание сюжета описывает приключения Пульчинеллы, заимствованные из старинных сценариев. Постановка стала синтезом стилизованной музыки Перголези, сценографии и костюмов Пабло Пикассо и хореографии Л. Ф. Мясина. Премьера состоялась 15 мая 1920 года в парижском оперном театре «Палэ Гарнье» [White 1979: 282–289]. Стравинский вспоминает:

> Мне нравилось принимать участие в затее, которая закончилась подлинным успехом. «Пульчинелла» — одно из тех редких произведений, где все находится в гармонии и все элементы — предметы, музыка, танец и декорации — образуют связное однородное целое. Что касается хореографии, то за исключением нескольких эпизодов, которые невозможно было изменить, она является одним из лучших творений Мясина, потому как он полностью усвоил дух неаполитанского театра. Да и его собственное исполнение главной роли было превыше всяких похвал. Что касается Пикассо, он творил чудеса, и мне трудно сказать, что было более феерическим — цвет, дизайн или удивительная изобретательность этого замечательного человека [Stravinsky 1998: 85].

В подавляющем большинстве модернистских интерпретаций комедии дель арте жизнь представлена как фарсовая игра со смертью, они отмечены модернистским гротеском, то есть ироническим или саркастическим смехом над человеческим существованием. Вместо веселого карнавального смеха звучал смех все более зловещий. По словам Бахтина, и романтический, и модернистский гротеск характеризуются субъективным взглядом на мир и отчуждением индивидуума от толпы. Смех утрачивает свой радостный карнавальный характер [Бахтин 1990: 44–50]. Подобная тенденция налицо в экспериментах Мейерхольда и Евреинова с комедией дель арте, где веселым маскам придается метафизическое значение, а традиционные счастливые развязки итальянских сценариев заменены на гротескную концепцию веселой смерти. Эта тенденция наиболее ярко выражена в работах Мейерхольда и Евреинова и в особенности в «Балаганчике» Блока. Русские модернисты заимствовали у комедии дель арте гротеск, придав маскам метафизический смысл, совмещая в каждой маске трагическое с комическим.

Как было продемонстрировано в этой главе, творчество русских модернистов было неразрывно связано с комедией дель арте, которая стала частью бунта против существующих реалистических канонов и обеспечила богатый материал для экспериментов и новаторства в самых разных видах искусств. Образы и мотивы старинной комедии дель арте бросали вызов укоренившимся реалистическим догмам, прокладывая новые, неизведанные пути.

Глава седьмая
«Принцесса Турандот» Е. Б. Вахтангова

В 1922 году в Москве во время Гражданской войны, в муках умирая от рака желудка, Е. Б. Вахтангов поставил со студийцами Третьей студии Московского художественного театра жизнеутверждающую феерию — сказку К. Гоцци «Принцесса Турандот». Эта легендарная постановка стала венцом модернистского увлечения комедией дель арте и воплотила в себе уход от суровых послереволюционных реалий и личной драмы в мир творческой фантазии. В «Принцессе Турандот» Вахтангов критически переосмыслил необходимость достижения на сцене психологической правдивости, проповедуемой его учителем Станиславским. Режиссер отдал дань уважения экспериментаторскому духу Мейерхольда и отвесил прощальный поклон старинной комедии дель арте. Вахтангову, в отличие от других режиссеров-модернистов, использовавших маски комедии дель арте для иронических или саркастических насмешек над человеческим существованием, удалось возродить ее свободный импровизационный дух, вернувшись к народным корням и к радостному, очищающему смеху. По словам А. Фава:

> Сакральная природа смеха дает зрителю нечто большее, чем спасение от опасности, облегчение страданий. Сакральность смеха делает смех бессмертным. Тот, кто смеется, — бессмертен. Безусловно это лишь краткое бессмертие, не превышающее длительностью смеха как такового, но уверенность смеха, и вместе с этим и бессмертность, будут повторяться.

> Длинному и мучительному катарсису трагедии комедия противопоставляет неизбежную, короткую, мощную серию катарсисов, которые громко выражают все присутствующие [Fava 2007: 5].

Вместо культовой троицы Пьеро — Коломбина — Арлекин и неразрешимых любовных треугольников Вахтангов представил зрителю четыре комические маски: Труффальдино, Панталоне, Бригеллу и Тарталью, которые очаровали зрителей детской наивностью и неподдельной искренностью. Вместо веселой смерти спектакль завершался счастливой свадьбой двух *innamorati* — принцессы Турандот и принца Калафа. Маска Труффальдино была разновидностью Арлекина, поскольку эти два персонажа часто взаимозаменяемы в итальянских сценариях. Одежда Труффальдино в «Принцессе Турандот» была легко узнаваемой стилизованной версией красочного костюма Арлекина, состоящего из многоцветных ромбов. Роль Труффальдино, самого молодого из четырех масок в пьесе, резко отличалась от предыдущих модернистских интерпретаций комедии дель арте: на сей раз он был отнюдь не эротическим символом, а евнухом в гареме Турандот, окруженным красавицами рабынями, которым он был совершенно не интересен.

Эксперименты Вахтангова с комедией дель арте до постановки «Принцессы Турандот»

Интерес Вахтангова к комедии дель арте претерпел значительную эволюцию, поскольку поначалу режиссер присматривался к экспериментам своих коллег, подражая их попыткам имитировать комедию, но в итоге выбрал собственный путь. Отец Вахтангова, Багратион, богатый владелец владикавказской табачной фабрики, был в ярости от увлечения сына театром и угрожал лишить его наследства в случае неповиновения. До начала театральной карьеры Вахтангов учился на юридическом факультете Московского университета и принимал участие в любительских спектаклях. Он внимательно изучал московский культурный ландшафт, в равной степени интересуясь реалистическим стилем Московского художественного театра, спектаклями кабаре и реконструкцией старинных театральных форм. «Старинный театр» Евреинова и Дризена гастролировал в Москве в марте-апреле 1908 года, и Вахтангов не пропустил ни одного спектакля, посещая театр каждый день [Вахтангов 2011: 1, 110].

В 1909 году Вахтангов поступил на драматические курсы А. И. Адашева при МХТ и, невзирая на угрозы отца, решил посвятить свою жизнь театру. Станиславский лично руководил школой Адашева, а актерское мастерство преподавали ведущие актеры Художественного театра, такие как Л. М. Леонидов, В. И. Качалов и В. В. Лужский [Смирнов-Несвицкий 1987: 42].

Знакомство Вахтангова с модернистскими интерпретациями комедии дель арте происходило через увиденные им спектакли и способствовало зарождению его собственного интереса к арлекинизированному искусству. Осенью 1911 года Вахтангов посмотрел две постановки Мейерхольда в стиле комедии дель арте — «Шарф Коломбины» Шницлера и «Арлекин — ходатай свадеб» Соловьева [Смирнов-Несвицкий 1987: 103]. Летом 1912 года, будучи студентом Школы Адашева, Вахтангов пишет две собственные драматические виньетки, «Арлекинада» и «Пьеронада», для исполнения в импровизационном стиле, подхватив модернистское увлечение комедией дель арте с традиционной троицей Пьеро — Коломбина — Арлекин. Вахтангов использует широко известный сюжет, в котором обольстительная Коломбина изменяет меланхоличному Пьеро с неотразимым Арлекином. Вахтангов включает в виньетки танцы, пантомиму, пение, детально описывает движение актеров на сцене[1]. Эти ранние арлекинизированные опыты предвосхищают будущий режиссерский стиль Вахтангова, в котором гармонично сочетаются музыка, танец, пантомима и интерес к концепции масок. По общему стилю виньетки напоминают итальянские сценарии с вкраплением песен и диалогов.

---

[1] Арлекинады Вахтангова были впервые опубликованы в 2011 году в двухтомнике: Евгений Вахтангов. Документы и свидетельства / Ред.-сост. В. В. Иванов [Вахтангов 2011].

Вахтангов добавляет куплет Пьеро, поющего меланхоличную песню в поиске своей возлюбленной Коломбины:

> Средь улыбок и слез,
> Среди будней и вальса,
> Между терний и роз
> Я ищу тебя… Сжалься [Вахтангов 2011: 1, 321].

Диалог между Арлекином и Коломбиной окрашен в эротические тона: Арлекин — опытный соблазнитель, а Коломбина — изящная кокетка:

> А р л е к и н:
> Я счастлив, увидевши вас,
> Я жду неизведанной ласки,
> Откройте хоть краешек глаз,
> Откройте хоть краешек маски.
>
> К о л о м б и н а:
> Как вы смелы,
> Торопливы,
> Будьте, милый,
> Терпеливы [Вахтангов 2011: 1, 326].

По сложившейся модернистской традиции женственная Коломбина одновременно притягательна и коварна — в этом повторяется сюжетная канва «Балаганчика» Блока и «Веселой смерти» Евреинова. Вахтангов так описывает природу Коломбины:

> Коломбина — женщина. И как все — в минуты грусти ей мил Пьеро (грусть). Но стоит страсти (Арлекин) шепнуть ей слово, она идет к Арлекину (страсть). В Коломбине — и душа, и сердце. Борются в ней эти два начала. Борьба кончается смертью Коломбины. (Тело умирает. Скорбь живет.) [Вахтангов 2011: 1, 322].

В своих ранних экспериментах Вахтангов также использует живописную палитру мирискусников, увлекавшихся стилизациями под комедию дель арте. В. В. Иванов отмечает:

> В «Арлекинаде» Вахтангов делает первые шаги в сторону комедии дель арте и следует скорее литературному и живописному образу, сложившемуся на рубеже XIX и XX вв. и ретроспективистски окрашенному, нежели реальной традиции итальянской народной комедии [Вахтангов 2011: 1, 326].

В декабре 1914 года Вахтангов написал еще одну арлекинаду, в которой итальянские маски сочетались с элементами дореволюционной исторической реальности. К этому времени он уже руководит драматической студией и работает с молодыми актерами над разными сценическими приемами, пытаясь воссоздать импровизационный театр. Время действия арлекинады Вахтангова — канун Рождества. Арлекин, Пьеро и Коломбина (на самом деле — бедные русские актеры) решают принести радость тем, кто страдает и живет в нищете[2]. Вахтангов пишет схематический сценарий, оставляя свободу для актерской импровизации:

> 2-й акт. Сон. Актеры приходят к бедным, страждущим, творят, вносят радость.
>
> 1. Стилизуют пьесу. Главное — в драме актеров. В них мировое, вечное. Арлекин, Коломбина, Пьеро. Рождественская ночь, приносят радость — только фон.
> 2. То же — стиль, вечное, арлекинада. Но, зерно — в Рождественскую ночь приносят, находят радость.
> 3. Все должно быть ближе к жизни. Актеры, провинциальные, русские. Нет никакого балагана, бедная комната. Один — пожилой. Седой, но горят глаза. В нем жизнь. Другой молодой. Опустился, пьет. Неудачник, нет воли, есть только ропот.
> Актриса — молодая, но в ней умирание, падение. Какая-то пустая, без облика. Бледная, с дряблым лицом. В ту ночь она приносит ветку от елки, смутно хочет праздника, но создать его не умеет [Вахтангов 2011: 2, 63].

---

[2] В комментариях к этой арлекинаде Иванов замечает, что похожий сюжет ляжет в основу пьесы Евреинова «Самое главное» (1921) [Вахтангов 2011: 2, 62].

В 1915 году Вахтангов досконально изучает основные принципы актерской техники импровизационной комедии и способы их использования в современном театре по публикациям в журнале Мейерхольда «Любовь к трем апельсинам» [Вахтангов 2011: 2, 79][3]. Вахтангов составляет свое собственное руководство по комедии дель арте, вырезая привлекшие его внимание статьи и вклеивая в отдельный блокнот. Некоторые элементы комедии, такие как актер с «радостной душой», «четкость и самоценность жеста», «искусство импровизации» и «чувство не боязни зрительного зала», позже станут важными компонентами работы Вахтангова с актерами [Вахтангов 2011: 2, 78]. Вахтангов внимательно изучает статью Соловьева «К истории сценической техники commedia dell arte», подчеркивая фразы, отражающие его творческие замыслы и мечты, такие как:

> Может быть, наступит вновь то счастливое время, когда актеры захотят вновь стать поэтами, и создадут они свой театр, где будут на сценических подмостках отражать все события современности, пользуясь средствами только своего собственного вымысла [Вахтангов 2011: 2, 79].

К этому отрывку Вахтангов добавляет свой комментарий, что для создания такого нового театра «актер обязан изучать искусство импровизации» [Вахтангов 2011: 2, 80]. Создается впечатление, что Вахтангов разделяет мнение Соловьева о том, что современные театральные теории о «переживании» и «перевоплощении» не учитывают первостепенную важность сценической техники и театральных условностей. После прочтения идеи Соловьева о том, что современный театр должен использовать как современные театральные принципы, так и старинные, Вахтангов записывает: «А как изучать искусство импровизации через итальянскую импровизационную комедию?» [Вахтангов 2011: 2, 80]. Режиссер озадачен тем, как можно изучать и воссоздавать исполнительскую традицию прошлого, если никогда не видел ее на

---

[3] Эта записная книжка находится в музее Московского художественного театра и содержит комментарии и вопросы Вахтангова.

сцене. Многочисленные восклицательные знаки на полях журнала «Любовь к трем апельсинам» свидетельствуют о том, как важна была комедия дель арте для современного Вахтангову театра и какое сильное влияние она оказала на творчество режиссера. Отступление от канонов сценического реализма, проповедуемого Станиславским, проявляется и в восклицательных знаках, поставленных Вахтанговым на полях статьи Ю. И. Айхенвальда: «Да, да! Не повторяйте жизни на театре, и Вы увидите, господа актеры, как мало-помалу станет искусством Ваш театр» [Вахтангов 2011: 2, 84–85][4].

Вахтангов овладевал сценическим ремеслом комедии дель арте, изучая литературные тексты, создавая импровизационные этюды и полагаясь как на реалистическую правдивость, так и на яркую театральность. В 1920 году он сказал своему студенту Борису Вершилову: «Я сейчас создаю новую систему... систему "представления". Систему "переживания" я сдал на первый курс Ксении Ивановне [Котлубай]. Теперь меня интересуют рты» [Вахтангов 2011: 2, 337]. Очевидно, этот новый интерес был также вызван увлечением комедией дель арте, где выразительные рты актеров были единственной открытой частью лица, в остальном скрытого под маской или полумаской.

Постановка «Принцессы Турандот»

Трагикомическая сказка К. Гоцци впервые была представлена труппой Антонио Сакки в январе 1761 году в венецианском театре Сан-Самюэле. Гоцци назвал пьесу «театральной фантазией», написав в предисловии: «Я использовал персонажей комедии дель арте совсем немного, лишь для того чтобы продолжать их поддерживать» [Gozzi 1989: 125]. В отличие от Гоцци, Вахтангов во время работы над пьесой во многом полагался на комедию дель арте.

---

[4] Из статьи «Глоссы Доктора Дапертутто к "Отрицанию театра"» Ю. Айхенвальда.

Капризная и коварная принцесса Турандот наотрез отказывается выходить замуж и задает потенциальным женихам неразрешимые загадки, посылая их затем на казнь. Отважный красавец принц Калаф влюбляется в принцессу и, преодолев трудности, отгадывает загадки Турандот и женится на ней. Традиционные маски комедии дель арте — Панталоне, Тарталья, Бригелла и Труффальдино — постоянно присутствуют на сцене, развлекая публику и напоминая о старинной импровизационной комедии.

Знаток итальянской культуры М. А. Осоргин, которого Вахтангов попросил перевести пьесу, считал Вахтангова соавтором текста. Изначально Осоргин был не очень высокого мнения о пьесе Гоцци, называя ее тяжелой из-за длинных монологов, «слабой» сказкой «аристократической фантазии Гоцци». Легкая и изящная постановка «Турандот» была, по мнению Осоргина, результатом режиссерского подхода Вахтангова и своего рода импровизацией на тему Гоцци, где канва пьесы послужила лишь толчком для полета творчества [Осоргин 1923: 63–64]. Во время репетиций Вахтангов переосмыслял текст, его студийцы играли актеров итальянской бродячей труппы, а сам режиссер задавал молодым актерам вопросы от лица самого Гоцци:

> Осенние репетиции «Турандот». Вахтангов ведет их особым способом — как бы в присутствии зрителя. Для этого актеров разделяют на два лагеря, одни репетируют, другие подыгрывают в качестве зрителей. Сам Вахтангов восседает под балдахином, бьет в гонг, вступает в разговор с исполнителями от лица синьора Гоцци. А исполнители — это актеры бродячей труппы [Смирнов-Несвицкий 1987: 186].

Режиссерская задача Вахтангова состояла в воссоздании основных элементов комедии дель арте — импровизационной техники, пантомимы, масок, музыки, танца и пения. Эта задача давала колоссальный простор режиссерской фантазии и предоставляла актерам широкое поле для экспериментов. Вахтангов призывал актеров полностью отстраниться от школы переживания и играть в стиле школы представления, воплощая на сцене яркую театральность. Вахтангов задумал спектакль как псевдо-

Рис. 12. Парад актеров в начале спектакля

Рис. 13. Переодевание актеров на сцене

импровизацию, в которой актеры (в действительности знающие свои роли наизусть) должны произносить их так, как будто они рождаются прямо на сцене. Важнейшим элементом постановки было ощущение небывалой легкости актерской игры.

Конструктивистские декорации И. И. Невинского с наклонной (не горизонтальной) сценой, веревки и легкая цветная материя создавали впечатление подвижной конструкции, в значительной степени способствующей динамизму действия на сцене. Импровизационная техника комедии дель арте повлияла не только на манеру исполнения, но и на костюмы и грим, поскольку переодевания и перевоплощения происходили на глазах у зрителей. Актеры подбирали детали костюмов и делали вид, что гримируются прямо на сцене. Все это создавало впечатление текущего творческого процесса, по ходу которого актеры открывали зрителю секреты своего мастерства. Музыкальная партитура спектакля была написана молодым композитором Н. И. Сизовым вместе со студийцем А. Д. Козловским, который также отвечал за работу оркестра. Оркестр состоял из молодых актеров Третьей студии МХТ, которые либо умели играть музыку, либо просто обладали хорошим слухом и играли на самодельных музыкальных инструментах, таких как гребни для волос, завернутые в папиросную бумагу.

Поскольку большинство исполнителей были учениками Вахтангова с небольшим театральным опытом или вовсе без него, студийцы усердно учились двигаться по сцене в идеальном ритме, с легкостью и изяществом, и овладевали, подобно итальянцам, искусством пантомимы. Особое внимание уделялось урокам речи, пения и танца. Вахтангов пригласил ведущих специалистов в области вокала и сценической речи — пение преподавал М. Е. Пятницкий (1864–1927), а речь князь С. М. Волконский (1890–1937), который разработал уникальный метод обучения жестам и сценической речи. Костюмы были разработаны модельером Н. П. Ламановой (1861–1941) простым, но изобретательным способом: все мужчины носили на сцене смокинги, а все женщины — вечерние платья, добавляя детали туалета, необходимые для каждой роли, на глазах у публики. Процесс репетиций был постепенным постижением принципов комедии дель арте, и Вахтангов был полон решимости превратить своих учеников в универсальных исполнителей, легко работающих в разных жанрах. Ритмические групповые движения нужно было отрепетировать и довести до синхронного совершенства, но в то же время Вахтангов требовал от студийцев спонтанности — в целом сложнейшая задача для неопытных актеров. Одним из важнейших элементов комедии дель арте было бесстрашное поведение актеров-импровизаторов перед публикой, прямо на авансцене.

Экспериментируя с комедией дель арте, Вахтангов просил актеров не просто играть свои роли, а надевать личину итальянских бродячих актеров — создание «театра в театре». Эта двойная задача — играть итальянского комедианта, исполняющего свою роль, — способствовала яркой театральности и в то же время создавала в спектакле ироническое настроение. Клейтон пишет:

> Подход Вахтангова стал новой попыткой решить те проблемы, которые всплыли по ходу многочисленных предпринимавшихся в предыдущие десять — пятнадцать лет попыток воссоздать «стилизованное» представление о театральном стиле прошлого. Цель состояла в том, чтобы «процитировать» старый стиль (в данном случае комедию дель арте) и одновременно сделать так, чтобы публика воспринимала спектакль не просто как музыкальное упражнение, великолепное зрелище… или ироничную имитацию [Clayton 1991: 121].

На ранней стадии репетиционного процесса Вахтангов предложил четырем итальянским маскам поприветствовать публику в зрительном зале. Из разговоров между масками зрители узнавали, что эти персонажи странствуют по миру уже несколько веков, дабы напоминать людям о том, что такое настоящий театр и настоящая комедия. Пройдя через века, они прибыли из Италии в заснеженную Москву и оказались в районе Арбата в особняке Третьей студии МХТ. Осознав, что они находятся в театре, маски сразу же решают начать импровизированный спектакль вместе со здешними актерами и предлагают использовать «Принцессу Турандот» в качестве сценария для сиюминутной импровизации [Гоцци 1923: 21].

Рис. 14. Маски. Тарталья — Б. В. Щукин, Бригелла — О. Ф. Глазунов, Панталоне — И. М. Кудрявцев, Труффальдино — Р. Н. Симонов

Впрочем, уже на одной из генеральных репетиций перед премьерой начало пьесы была заменено прологом, а затем парадом исполнителей. Маски Труффальдино, Панталоне, Тартальи и Бригеллы были одеты в стилизованные костюмы комедии дель арте, лица исполнителей вместо традиционных полумасок скрывали нарисованные маски. Именно маски представляли актеров и актрис и импровизировали диалоги в течение всего спектакля, постоянно взаимодействуя со зрителями. Актеры, исполняющие роли четырех масок, должны были придумывать собственные шутки, основанные на повседневности вне стен театра, и свободно владеть приемами импровизации. Через несколько десятилетий после смерти Вахтангова, во время гастролей Театра имени Евгения Вахтангова за рубежом маски шутили на иностранном языке, устанавливая близкий контакт со зрителями.

Во время репетиционного процесса Вахтангов требовал, чтобы исполнители масок изучали различные диалекты и речевые характеристики. Вдохновляя студийцев на работу над диалектами, он говорил о том, что этот навык всегда был особенностью итальянских масок, каждая из которых принадлежала к определенной провинции и говорила на местных диалектах. В результате Борис Щукин (Тарталья) заикался, что создавало специфическую форму взаимодействия этой маски с другими исполнителями, Рубен Симонов (Труффальдино) тараторил скороговоркой, а Иван Кудрявцев (Панталоне) использовал вульгаризмы и неправильно ставил в словах ударения. Актерам в масках было предложено репетировать импровизированные шутки, наблюдая за жизнью вокруг [Горчаков 1957: 136–139]. Постепенно эстетика, методика и терминология комедии дель арте становились для актеров естественными. Вахтангов назначил четыре маски «хранителями спектакля», ответственными за развлечение зрителей, поддержание ритмической структуры представления и сохранение спектакля в случае непредвиденных проблем.

Студийцы вспоминают, что во время работы над «Принцессой Турандот» у них часто создавалось впечатление, что Вахтангов приехал прямо из Италии XVIII века, при этом сам Вахтангов осознавал, что необходимо найти консультанта, который видел представления в стиле комедии дель арте собственными глазами и помог бы актерам лучше понять мироощущение итальянских комедиантов. Консультант был найден — им оказался итальянский музыкант и дирижер оркестра Московского цирка маэстро Эспозито. Воспоминания Эспозито и его живые описания представлений комедии дель арте, которые ему довелось увидеть на своем веку, его искренний детский смех и темперамент дали студийцам представление о нужном настроении и о природе юмора, необходимых для спектакля. Приведенный ниже отрывок из воспоминаний Р. Симонова, первого исполнителя роли Труффальдино, предоставляет собой ценный материал о еще одной транспозиции комедии дель арте на русскую сцену. Симонов вспоминает:

> Очень важным событием, сыгравшим большую роль в освоении нами, участниками спектакля, природы юмора и темперамента итальянского театра масок, была встреча с музыкантом и дирижером московского циркового оркестра — Эспозито, итальянцем по национальности. Евгений Багратионович стремился найти человека, который бы непосредственно сам видел театры, игравшие на площадях Италии, сам видел спектакли, построенные по принципу «commedia dell'arte» (комедия масок). Таким очевидцем оказался очаровательный маэстро Эспозито. Он явился к нам в театр на беседу в старинном сюртуке, парадный и торжественный. Это был старик с остроконечной седой

бородой, черными молодыми живыми глазами, весело смотревшими из-под густых бровей. Плохо говоря по-русски, очень плохо, он первое время стеснялся и не знал, с чего начать. Кто-то, желая прийти ему на помощь, спросил, видел ли он спектакли комедии масок, как они протекали, как вели себя маски в этих спектаклях? И вдруг Эспозито переменился на наших глазах, застенчивость и торжественность были отброшены. Он начал хохотать, вспоминая, что делали на сцене Тарталья, Панталоне, Труффальдино. «Здесь, в этом месте, — говорил он, — Тарталья... ха-ха-ха! — раздавался заливистый смех обаятельнейшего старика, — а Труффальдино ему отвечал...» Тут Эспозито совершенно отдавался во власть нахлынувших на него воспоминаний и смеялся до слез, за которыми уже решительно нельзя было разобрать ни единого слова, а слышны были всхлипы и стоны захлебнувшегося от смеха человека. Через несколько минут старик итальянец покорил всех нас своей непринужденностью, простотой, огромной внутренней чистотой, безудержным молодым темпераментом, и мы вместе с ним смеялись над его плохо понятными рассказами, зараженные его веселостью и жизнерадостностью. Через час он ушел, провожаемый горячими, дружными аплодисментами. Евгений Багратионович обратился к нам: «Вот так и надо играть масок, как вел себя здесь, на наших глазах Эспозито. Таким должно быть их самочувствие на сцене, — предельно искренним, непосредственным» [Симонов 1959: 121].

Подобная интерпретация персонажей комедии дель арте кардинально отличалась от модернистской, поскольку Вахтангов стремился воссоздать светлый юмор и жизнеутверждающую радость, а не атмосферу веселой смерти. Аплодисменты актеров Третьей студии МХТ итальянскому музыканту, едва говорившему по-русски, и их желание приблизиться к аутентичной комедии дель арте перекликались с аплодисментами Анны Иоанновны и ее двора труппе Ристори, когда слова были второстепенны. Живые воспоминания маэстро Эспозито и воспроизведение элементов комедии дель арте способствовали сближению и взаимопониманию двух культур, разжигая новую искру арлекинизированного творческого вдохновения и продолжая вековые традиции.

Рис. 15. Принцесса Турандот — Ц. Л. Мансурова
Рис. 16. Принц Калаф — Ю. А. Завадский
Рис. 17. Труффальдино — Р. Н. Симонов

В самом начале «Принцессы Турандот» четыре маски объявляли в унисон: «Представление сказки Карло Гоцци "Принцесса Турандот" начинается!» Эта фраза вторила традиционному началу спектаклей в стиле комедии дель арте и одновременно давала публике понять, что, в противовес МХТ, спектакль основан на принципах школы представления, а не переживания. Затем, во время пролога, актеры пели песенку, схематически описывая сюжет сказки. Симонов вспоминает:

> «Вот мы готовы!» — сообщает Труффальдино. Оркестр играет вступление к песенке, которую поют все участники спектакля:
>
> > Вот мы начинаем
> > Нашей песенкой простой,
> > Через пять минут Китаем
> > Станет наш помост крутой.
> > Все мы в этой сказке
> > Ваши слуги и друзья,
> > Среди нас четыре маски —
> > Это я, я, я и я!
>
> Раскланиваются маски, произнося текст последний строфы в ритме песенки. Трудный ритмический пассаж, отрывистые «я, я, я» нужно было уложить в быстрый темп музыки. Дальше песенка развивается в более плавном темпе запева:

> Занавес раскроем
> И под вихрями тряпья
> Вам покажем,
> Как героя —
> Полюбили я и я!
> ....

> С каждым тактом ускоряя темп, заканчивают актеры свою песенку. Ритмично извиваясь змеей-вереницей, легко и весело убегают они за кулисы. Последними бегут четыре маски. Они без конца колесят по сцене, все время нарочно сбиваясь с пути; никак не попадая, куда нужно, натыкаясь друг на друга. Легкий Труффальдино ведет эту четверку, за ним бежит седой почтенный Панталоне, далее припрыгивает Бригелла и завершает всю группу семенящий мелкими шажками, боящийся отстать от товарищей толстяк Тарталья, которого по инерции заносит в сторону на поворотах [Симонов 1959: 129–130].

В самом финале спектакля, вторя знаменитой итальянской фразе «Finita la commedia!» четыре маски провозглашали: «Представление сказки Карло Гоцци "Принцесса Турандот" окончено!»

> Под звуки хорошо известной уже зрителям музыки, звучавшей теперь не так бравурно и весело, как раньше, а с лирической грустью, строилась финальная мизансцена: разгримировавшиеся актеры, взявшись за руки, одним движением головы прощались со зрителями и медленно уходили за занавес. Происходило прощание зрителей и актеров, успевших сдружиться за три часа спектакля [Симонов 1959: 127].

На протяжении всего репетиционного процесса Вахтангов мучительно умирал от рака желудка. Молодые актеры жили в постреволюционной Москве в голоде и нищете, но им удалось создать спектакль, который был гимном жизни, любви и искусству, удалось превозмочь исторические невзгоды. «Принцесса Турандот» стала последним поклоном гениального режиссера идеальному условному театру — комедии дель арте, праздничные краски которой спасали и зрителей, и исполнителей от реалий за пределами театра. Проведя последнюю генеральную репетицию,

Рис. 18. Актеры прощаются со зрителем

Вахтангов не смог присутствовать на премьере, так как состояние его здоровья резко ухудшилось. Его учитель, Станиславский, был настолько потрясен постановкой, что после первого акта поехал к умирающему ученику, чтобы выразить ему свое восхищение. Актерам пришлось ждать возвращения Станиславского, чтобы продолжать спектакль. Успех был сенсационным, и Б. Е. Гусман, один из первых критиков «Принцессы Турандот», присвоил Вахтангову титул «Сакки нового театра»:

> Герои спектакля? Да все. Прежде всего, это сам постановщик Евгений Багратионович Вахтангов, этот Сакки нового театра, этот бунтарь в стенах МХТ, взявший лучшие его достижения, замешавший их на крепком вине старинного итальянского театра, сдобривший все это острым перцем современности и зажегший энтузиазмом театра талантливых и восприимчивых студийцев (да не только их!) [Гусман 2016: 452].

Очевидно, сравнение с Сакки было вызвано тем, что, как уже упоминалось, премьера «Турандот» была сыграна в 1762 году в Венеции труппой Антонио Сакки. В свою очередь, Евреинов увидел в постановках Вахтангова творческий бунт художника, «стряхнувшего под кровом М.Х.Т. реалистические цепи Станиславского, отдав драгоценную дань театральности» [Евреинов 2005: 267]. По мнению Клейтона:

«Турандот» отнюдь не стала зарей новой эпохи в советском театре, она ознаменовала конец эпохи. Необходимо отметить, что постановка оставалась в репертуаре в течение многих лет, как своего рода живое ископаемое, притом что театральный мир вокруг менялся, однако это была последняя значительная постановка в стиле комедии дель арте, по крайней мере, на долгие годы вперед [Clayton 1991: 122].

Наследие Вахтангова. Фантастический реализм

Вахтангов мечтал о народном театре, который затронул бы души людей, измученных тяготами революции и Гражданской войны. Его концепция народного тетра не была пролетарской по сути — Вахтангов не прославлял большевистскую идеологию, а был увлечен народными истоками комедии дель арте и ее популярностью среди разных слоев итальянского общества. Поставив «Принцессу Турандот», Вахтангов заново открыл трансцедентальную природу комедии дель арте и ее вечных масок. Эта постановка была для Вахтангова победой над приближающейся смертью.

10 и 11 апреля 1922 года, всего за полтора месяца до смерти, Вахтангов определил свой творческий метод как фантастический реализм. В стенографированном разговоре с учениками — К. И. Котлубай и Б. Е. Захава — Вахтангов проводит четкое различие между своим режиссерским стилем и работами Станиславского и Мейерхольда:

> Мейерхольд под театральностью разумеет такое зрелище, в котором зритель ни на секунду не забывает, что он находится в театре, ни на секунду не перестает ощущать актера как мастера, играющего свою роль. Константин Сергеевич [Станиславский] требовал, чтобы зритель забыл, что он в театре, чтобы он почувствовал себя в той атмосфере и в той среде, в которой живут персонажи пьесы. Он радовался, что зритель ездит в Художественный театр на «Трех сестер» не как в театр, а как в гости к семье Прохоровых. Это он считал высшим достижением театра [Вахтангов 2011: 2, 578].

Вахтангов утверждает, что, пытаясь устранить всякую театральную пошлость и воссоздавая на сцене атмосферу реальной жизни, Станиславский не принимал во внимание тот факт, что театр — это условность, где актеры не живут реальной жизнью, а играют свои роли. В результате «слово "театральность" стало в Художественном театре ругательным» [Вахтангов 2011: 2, 578]. Продолжая сравнение театральных стилей, Вахтангов говорит:

> Константин Сергеевич, увлекаясь настоящей правдой, принес на сцену натуралистическую правду. Он искал театральную правду в жизненной правде. Мейерхольд же пришел через условный театр, который он сейчас отрицает, к настоящему театру. Но, увлекаясь театральной правдой, Мейерхольд убрал правду чувств, а правда чувств должна быть и в театре Мейерхольда, и в театре Станиславского [Вахтангов 2011: 2, 578–579].

Свой творческий метод Вахтангов определяет как «фантастический реализм» и считает его новым направлением в театре. При этом, подчеркивая преемственность поколений русских художников, он упоминает творчество Гоголя: «А вот мир Гоголя — это мир фантастического реализма» [Вахтангов 1984: 436].

Обсуждая с учениками секрет успеха «Турандот», Вахтангов заключает:

> Почему «Турандот» принимается? Потому что угадана гармония. Третья студия играет 22 января 1922 г. итальянскую сказку Гоцци. Средства современны и театральны. Содержание и форма гармоничны, как аккорд. Это фантастический реализм, это новое направление в театре [Вахтангов 2011: 2, 583].

Для того чтобы лучше понять значение этого термина, важно уточнить, что одновременно с «Турандот» Вахтангов ставил в еврейской студии «Габима» пьесу «Дибук» Шлойме-Занвла Раппопорта, писавшего под псевдонимом С. А. Ан-ский, в переводе на иврит. В основу сюжета «Дибука» легли хасидские легенды о загробной жизни и переселении душ. Премьера «Дибука» состоялась 31 января 1922 года, а премьера «Турандот» — 28 февраля того же года. Эти два спектакля, созданные почти одновременно, отражали в себе искания художника, объединившего в своих прощальных творениях Восток и Запад — каббалу и еврейский мистицизм со сказкой о китайской красавице-принцессе в стиле итальянской комедии дель арте. В «Дибуке» пугающие маски создавали на сцене атмосферу кошмара. В «Турандот» все заканчивалось счастливой свадьбой, а итальянские маски веселили зрителей своими озорными шутками. Оба спектакля были синтезом разных видов искусств, где пантомима были неотделима от музыкального оформления, а актерская игра — от костюмов и декораций. Зрители обоих спектаклей признавались, что испытывали ощущение чуда — постановки Вахтангова уносили их в иные измерения. «Дибук» был экстатичен и трансцедентален, «Турандот» празднична и театральна. Именно в *трансцедентальной театральности* кроется ключ к пониманию вахтанговского метода фантастического реализма. Его творения создавали на сцене особый микрокосм, уходя за пределы физического мира.

Эти спектакли ярко отражают эклектизм и космополитизм русского модернизма — поиск новых символов духовности и одновременный поиск новых театральных форм. Говоря о методе фантастического реализма, Вахтангов имел в виду именно эти постановки, принесшие ему славу и признание. Трагической судьбе было угодно, чтобы слава и смерть постучались в дверь режиссера одновременно — 29 мая 1922 года Вахтангова не стало. Студия «Габима» покинула Советскую Россию, и «Дибук» стал одним из самых известных спектаклей Израильского национального театра. Третья студия МХТ была преобразована в Театр имени Евгения Вахтангова в самом сердце Москвы, на Арбате. Метод «Турандот» с импровизацией, иронией, юмором и яркой театральностью стал краеугольным камнем вахтанговского направления в театральном искусстве. О трансцендентальности в контексте советского искусства было необходимо забыть и постараться по-новому интерпретировать термин «фантастический реализм»[5].

Специальный сборник «Принцесса Турандот» Гоцци был опубликован в 1923 году, меньше чем через год после смерти Вахтангова [Гоцци 1923][6]. Сборник, ныне являющийся библиографической редкостью, содержит подробную историю создания «Принцессы Турандот», а также несколько очерков, написанных близкими друзьями и коллегами режиссера. Это издание опубликовано задолго до того, как социалистический реализм стал единственным приемлемым художественным методом во всех областях культуры, материалы сборника не были подвергнуты строгой идеологической цензуре. Атмосфера скорби по преждевременно ушедшему режиссеру во многом повлияла на воспоминания. Тем не менее подлинные реакции зрителей — очевидцев первых спектаклей «Турандот» воссоздают особенности этого феерического спектакля, способствуя пониманию метода фантастического реализма. Более того, материалы сборника представляют собой разительный контраст с более поздними советскими театроведческими статьями о Вахтангове. А. Малаев-Бабель справедливо утверждает, что статья критика П. А. Маркова, напечатанная в 1923 году, разительно отличается от более поздних критических интерпретаций: «Сегодняшнее прочтение статьи Маркова показывает, насколько глубоко некоторые современники Вахтангова понимали его намерения и как безнадежно наследие Вахтангова было забыто и искажено в последующие годы» [Malaev-Babel 2013: 1].

В статье 1922 года Марков ставит «Турандот» в контекст нового русского (еще не советского) театра 1920–1921 годов. Марков

---

[5] В разделе о наследии Вахтангова используются материалы из моей книги [Симонова-Партан 2012: 142–154].

[6] Сборник включает перевод Осоргина пьесы Гоцци «Принцесса Турандот», эскизы костюмов и декораций, фотографии первых спектаклей и ноты музыкального оформления. Среди статей, опубликованных в сборнике: «Турандот Вахтангова» Бромлей, «Принцесса Турадот и современный театр» Маркова, «Принцесса Турандот» Степуна и «Гоцци и Вахтангов» Осоргина.

считает «Турандот» синтезом предыдущих экспериментов Станиславского, Мейерхольда и Таирова и пишет, что Вахтангов ломал театральные формы своих предшественников, видоизменяя их по своей режиссерской прихоти, создавая в спектакле прозрачную гармонию, несмотря на эклектичность. Марков пишет об основополагающей роли актера-лицедея в спектакле:

> Актер был утвержден как творческое начало спектакля; он играл одновременно и образ, и свое отношение к нему. Свобода творческого субъективизма и утверждение личного освещения образа — согласно своим чувствованиям и духовным ощущениям — стала правом актера. Образ не поглощал и не подчинял своею тяжестью лица актера; актер — мастер и лицедей — обнаруживал свою простую — большую или малую, значительную или незначительную, — но свою личную, ему одному присущую, его одного отличающего сущность, конструктивизм сцены и эффекты театра наполнялись обнаружением правды человека; в человеческом лице актера должны были найти оправдание ложь театральных представлений и обман сцены [Марков 1922: 525–531].

В своих метафизических размышлениях о спектакле Надежда Бромлей, актриса, режиссер и активный член антропософского общества, трактует «Турандот» как трансцедентальное послание и победу искусства над смертью, видя в спектакле улыбку вечности:

> «Турандот» должна жить вечно, возрождаясь неугасимо, она в числе немногих царственных существ искусства должна вести к пониманию вечной улыбки жизни, к пониманию того, что в конечных счетах мировых уравнений последнее неизвестное — улыбка [Бромлей 1923: 35].

Бромлей, одна из первых зрительниц, иллюстрирует художественный метод фантастического реализма, описывая «Турандот», парящую в воздухе, преодолевающую гравитацию... как свет, музыка и сама мысль:

Кто до Вахтангова преображал ритм и тяжесть телесного до степени легкости музыки и мысли? Потому что он умел колдовски излучать актерские души, и кто знает, где был бы предел преодолению тяжести земной, если бы не короткость его срока. Было сказано о Вахтангове: он заставляет их подниматься на воздух, и они верят ему так, что могли бы по слову его повиснуть в воздухе. И что может быть легче, как представить себе «Турандот» висящей в воздухе и движущейся в воздухе подобно живому зареву фата-морганы. Только близость огромного солнца, раскаленного животворения создает чудо. Магия Вахтангова создала круг людей, соединенных объятием огненной и легкой веры, озаренных легким чудом «Турандот», — пусть это чудо никогда не будет и расколдовано.

Вот маленькое пророчество о преображении мира, потому что судьба искусства должна в течение времен превзойти судьбы всех иных внушений духа в расколдовании трагедии одиночества и слепоты человека [Бромлей 1923: 38].

Ясно видно серьезное несоответствие между тем, как творчество Вахтангова воспринималось его современниками и первыми зрителями, и тем, как оно было представлено советской театроведческой наукой под слоями идеологического грима. Бесстрашный режиссер-модернист оказался под маской реалиста и последователя своего учителя — Станиславского. Защищая имя учителя от обвинений в модернизме, мистицизме, формализме, ученики Вахтангова модифицировали концепцию фантастического реализма в реализм, зиждущийся на фантазии, а не фантастичности, сближая его с системой Станиславского, с его акцентом на творческую фантазию[7]. Трансцендентальность «Дибука» была сознательно забыта, театральность «Турандот» казалась более приемлемой в рамках советского театрального искусства. По словам В. В. Иванова:

---

[7] В англоязычных исследованиях о русском модернистском театре фантастический реализм (fantastic realism) часто переводится на английский язык как фантазийный (imaginative). См. [Warrall 1989: 78; Whyman 2008: 167].

> На протяжении многих лет Вахтангов был развернут к России «Принцессой Турандот», в разных редакциях продолжающей жить по сей день. Тогда как в историю мирового театра Вахтангов вошел прежде всего, как создатель «Гадибука». Лики эти столь несхожи, что порой кажется, что речь идет о разных режиссерах. Тем важнее «собрать» художника, заключить столь разные манифестации человеческого духа в рамки единой художественной личности [Иванов 1999: 113].

После смерти Вахтангова два его ученика-апостола, Рубен Симонов и Борис Захава, которые по разным причинам едва общались друг с другом, приложили немало усилий для увековечивания имени учителя [Симонов 1959; Захава 1969]. В 1939 году Симонов стал главным режиссером Театра имени Евгения Вахтангова, а Захава возглавил театральное училище при театре (ныне — театральный институт имени Бориса Щукина). Переосмысляя режиссерское кредо учителя, во спасение его имени, творческого наследия и Театра имени Вахтангова два ученика-апостола всячески сближали наследие учителя с системой Станиславского, избегая ассоциаций с опасными «измами», не соответствующими главенствующему методу социалистического реализма. Так фантастический реализм стал постепенно превращаться в фантазийный, а Вахтангов — в прогрессивного художника, сочувствующего революции, несмотря на то что ни одной постановки на революционную тему Вахтангов не осуществил и мечтал о постановки Библии как народного спектакля. Захава стал крупным теоретиком, а также мемуаристом, вписавшим творческую биографию Вахтангова в «политически корректные рамки». Восстание против фотографического реализма Станиславского было сознательно замаскировано или забыто. Подобный подход объясняется цензурой и культурной политикой в СССР, с одной стороны, и искренним желанием уберечь имя учителя от забвения, которое постигло неугодных художников, — с другой. Тексты работ учеников Вахтангова, написанные, во спасение его имени, эзоповым языком, необходимо читать между строк, тщательно отделяя необходимую для цензуры идеологическую риторику от главных идей. Одним из таких примеров является утверждение Симонова о том, что его учитель не был модернистом:

> Некоторые театроведы, пишущие о Вахтангове, пытаются <...> связать послереволюционное творчество Вахтангова с модернизмом, с декадентскими веяниями. Другие же приписывают ему увлечение экспрессионизмом. Между тем, присутствуя на всех репетициях Вахтангова (почти все студийцы старались не пропускать ни одной репетиции Евгения Багратионовича), я никогда в течение трех лет не слыхал от него ни одного похвального слова ни модернизму, ни экспрессионизму [Симонов 1959: 14].

Симонов сетует на то, что некоторые критики пытаются «…"поссорить" Вахтангова с его великим учителем Станиславским, а заодно и выдворить Вахтангова за пределы реалистического искусства» [Симонов 1959: 9]. Без сомнения, пережитые ужасы сталинского террора и жесткая цензура сильно повлияли на некоторые воспоминания Симонова об учителе, памяти которого он оставался верен до последних дней[8]. Симонов был назначен главным режиссером Театра имени Вахтангова в 1939 году и руководил театром до своей смерти в 1968-м. К тому времени, когда он решился опубликовать книгу воспоминаний о Вахтангове, он был глубоко травмирован арестами и расстрелами коллег, а также закрытиями театров, неугодных властям.

История сценического искусства до эпохи кинематографии, телевидения и видеокамер неуловима, поскольку, в отличие от изобразительного искусства или литературы, нам не дано испы-

---

[8] Рубен Симонов, дед автора этой книги, проявил удивительное мужество, не подписав в 1939 году письмо представителей театральной общественности, клеймящее Мейерхольда, за которым последовали арест и гибель великого режиссера. В 1948 году Симонов был потрясен насильственной смертью С. Михоэлса, которого хорошо знал; в 1950-м, после закрытия Камерного театра, не побоялся пригласить опальных А. Я. Таирова и А. Г. Коонен работу в Театр имени Вахтангова. Эти факты биографии во многом объясняют его стремление защищать имя учителя и театр его имени от идеологических нападок. Не будучи членом КПСС, Симонов успешно руководил Театром имени Вахтангова с 1939 по 1968 год.

тать прямой контакт с театральным спектаклем прошлого, приходится довольствоваться субъективными воспоминаниями и впечатлениями очевидцев. К счастью, выражаясь современным лексиконом, «ремейк» «Принцессы Турандот» Вахтангова, восстановленной в 1963 году Симоновым, игравшим в первой постановке роль Труффальдино, был в 1973 году снят советским телевидением и доступен для просмотров. Безусловно, эта всего лишь репродукция шедевра модернистского театра, но, восстановленная Симоновым — Труффальдино из «Турандот», — она является чудесным образом уцелевшим арлекинизированным модернистским посланием Вахтангова потомкам[9].

---

[9] Спектакль «Принцесса Турандот» был восстановлен дважды — первый раз в 1963 году Р. Н. Симоновым, второй раз в 1991-м Г. М. Черняховским. «Ремейк» Черняховского был приурочен к 70-летию театра и оказался весьма неудачен. При обсуждении «Принцессы Турандот» я полагалась на различные критические источники, а также на мои собственные детские и юношеские впечатления и воспоминания о спектакле, который мне посчастливилось видеть на сцене Театра им. Евг. Вахтангова множество раз. Видеозапись спектакля доступна в формате DVD: Принцесса Турандот. Театр на экране СССР. Главная редакция Литературно-драматических программ Центрального телевидения, Гостелерадиофонд, 1995. На YouTube: https://www.youtube.com/watch?v=ayqxQHdl-UM. (дата обращения 25.04.2021).

Глава восьмая
Последний роман В. В. Набокова «Смотри на арлекинов!»

Завершая свой литературный путь, В. В. Набоков, великий мастер литературных загадок, назвал свой англоязычный роман восклицанием — «Look at the Harlequins!» («Смотри на арлекинов!»)[1]. При упоминании романа в частной переписке Набоков часто использовал акроним LATH. Значение акронима неизбежно теряется в русском переводе, однако оно крайне важно для понимания арлекинизированного контекста романа. Хорошо известно, что в работе над своими английскими произведениями Набоков нередко обращался к словарю Уэбстера, полагаясь на него как на источник языковых игр с читателем. Слово *lath* в этом словаре определено как «тонкая узкая деревянная полоска, используемая при выполнении строительных работ», то есть строительная планка или рейка. При описании внешнего вида Арлекина в этом же словаре мы читаем: «Harlequin ... usually wears a mask and... carries a lath sword» [Webster 1971: 1034] (Арлекин

---

[1] Впервые роман был переведен на русский С. Б. Ильиным в 1999 году под заголовком «Смотри на арлекинов!» [Набоков-Ильин 1999: 98–313]. В 2014 году А. А. Бабиков осуществил новый перевод, дав роману название «Взгляни на арлекинов!» [Набоков-Бабиков 2014]. Оба перевода дополнены комментариями, содержащими ценную информацию о романе. Несмотря на это, русские переводы романа не способны передать частые аллюзии к тросточке Арлекина и лингвистические каламбуры, связанные с комедией дель арте, которыми богат оригинал.

обычно носит маску и держит планку-шпагу»). Знаменитое баттокио / *battocchio* Арлекина являлось одним из важных атрибутов его костюма. Баттокио использовалось в старинных сценариях комедии дель арте и как волшебная палочка, и как оружие для сражений с недругами, и как символ сексуальной силы Арлекина. В романе LATH это, конечно же, еще и перо или ручка, с помощью которой писатель творит свое волшебство. Таким образом, акроним одновременно является и палочкой Арлекина, и, подобно строительным рейкам, — важным структурным и художественным элементом романа.

Несмотря на то что при чтении романа в английском оригинале образы комедии дель арте уловимы не сразу, они плотно вплетены в структуру текста и несут в себе важное смысловое значение. Изучение романа через призму комедии дель арте позволяет выявить постоянный диалог повествователя со старинной арлекинадой, в чем находит отражение ностальгия Набокова по художественной атмосфере его молодости — эпохе Серебряного века с ее увлечением итальянскими масками. Я уделю особое внимание смысловым расхождениям между англоязычным оригиналом романа и русскими переводами, в которых итальянские образы нередко исчезают или теряют первоначальное значение. К сожалению, итальянский контекст в переводе частично утерян.

В одном из интервью Набоков признавался, что «любит сочинять загадки с элегантными разгадками» [Nabokov 1973: 16]. Следуя приглашению, заявленному автором в заголовке, в этой главе проанализирована арлекинизированная канва романа, причем особое внимание уделено эстетическим и художественным принципам итальянской комедии дель арте. Внимательное прочтение англоязычного оригинала позволяет отыскать многочисленные текстуальные отсылки к итальянской комедии дель арте, которые искусно завуалированы повествователем на манер реек, скрытых от глаз слоем штукатурки. В своем последнем завершенном романе «Смотри на арлекинов!» Набоков создает интертекстуальный диалог между старинной комедией дель арте и литературным творчеством, одновременно отвешивая последний поклон своей молодости, пришедшейся на эпоху русского модернизма с его увлечением образами и масками комедии дель арте. Набоковский Арлекин является носителем концепции жизнетворчества, трансформирующей жизнь в искусство и искусство в жизнь[2].

Большая часть романа была написана в Италии [Бойд 2004: 736]. Критический анализ романа через итальянскую призму позволяет утверждать, что Набоков был хорошо знаком с эстетикой и художественными приемами комедии дель арте, которые вплел в повествование. Более того, такие элементы набоковской прозы, как яркая театральность, стилизация и пародийность, словесные каламбуры, сознательный ввод читателя в заблуждение, маски, пантомимы, импровизация, и другие игровые приемы также устанавливают родство между творчеством писателя и комедией дель арте.

С русскими арлекинадами Серебряного века Набокова связывают многие биографические факты. Вот лишь некоторые из них: семья Набоковых была хорошо знакома с членами объединения «Мир искусства» Бенуа и Добужинским. Между 1912 и 1914 годом Добужинский учил Набокова рисованию [Бойд 2001: 125]. Эндрю Филд, первый биограф Набокова, считал, что «использование Добужинским открытой стилизации, голой выдумки для того, чтобы подчеркнуть реальность и сделать ее более выпуклой, по всей видимости, оказало влияние на творческое формирование Набокова» [Field 1986: 26].

В одном из интервью, отвечая на вопрос, что он любил читать в детстве, Набоков назвал французского поэта Поля Верлена и Блока, творчество которых находилось под влиянием комедии дель арте и литературно-модернистского новаторства [Nabokov 1973: 42–43]. Набоков высоко ценил роман Андрея Белого «Петербург», в котором итальянские мотивы проходят через весь текст, а образы зловещего кроваво-красного домино и черной полумаски символизируют грядущие разрушения и театрализуют смерть. Карнавальность текста и итальянские полумаски

---

[2] О жизнетворчестве см. [Paperno 1994: 2–3].

напоминают читателю о том, что Петербург — это северная Венеция. Неврастеничный герой романа Николай Аблеухов, с его порывистыми движениями и непредсказуемостью поведения, во многом напоминает Арлекина [Nabokov 1973: 42–43, 57][3].

Еще одним важным связующим звеном между Набоковым и арлекинадами Серебряного века является Евреинов, который, как уже упоминалось, не только был страстно увлечен итальянской комедией, но и ассоциировал себя с образом Арлекина. Евреиновская теория театрализации жизни имеет много общего с художественным кредо романа «Смотри на арлекинов!». В 1925 году Набоков изображал Евреинова на литературном вечере в Берлине: разыгрывалась пародия на суд над пьесой Евреинова «Самое главное». Местная эмигрантская газета писала о том, что Сирин [псевдоним Набокова], загримированный под Евреинова, говорил о необходимости волшебного превращения реальности в трансцендентальную иллюзию [Field 1986: 129]. В Париже писатели жили на соседних улицах, но виделись всего лишь раз; хотя встреча оказалась единственной, Филд берется утверждать, что Евреинов оказал огромное влияние на Набокова [Field 1986: 129]. В свою очередь, вдова Евреинова Анна была убеждена, что Евреинов существенным образом повлиял на последний роман Набокова [Golub 1984: 266–267]. Обсуждая связи между Евреиновым и Набоковым, В. Е. Александров отмечает: «Наиболее важным является то, что произведения и идеи Евреинова были широко доступны и известны в Европе в то самое время, когда Набоков становился писателем» [Alexandrov 1991: 213; Alexandrov 1995: 403][4].

В «Смотри на арлекинов!» воссоздана идея Евреинова о том, что идеальная форма существования в мире, полном лицемерия, — это жизнь человека творчества, постоянно создающего

---

[3] Роман А. Белого «Петербург» был впервые опубликован в России в 1914–1915 годах.

[4] В книге «Nabokov's Otherworld» Александров цитирует высказывание Набокова об эпохе модернизма: «Я продукт этого периода, я вырос в этой атмосфере». См. [Alexandrov 1991: 213].

иллюзии, избегая при этом обыденности. Арлекинада Евреинова «Самое главное», написанная в 1921 году и сделавшая его всемирно известным, успешно ставилась в Европе и заканчивалась обращением персонажей к публике. Арлекин (звеня бубенчиками на рукавах) провозглашает:

> Мы все здесь... считайте: Арлекин, Пьеро, Коломбина и доктор из Болоньи — любимые персонажи веселой арлекинады...
> Мы воскресли, друзья мои!.. вновь воскресли, но уже не для театра только. А для самой жизни, опресневшей без нашего перца, соли и сахара. <...> Слава нам — вечным маскам солнечного Юга! Слава настоящим артистам, спасающим своим искусством жалкие комедии несчастных дилетантов [Evreinov 2007: 107].

С. Бойм считает ностальгию главным двигателем творчества Набокова [Boym 2001: 262]. При анализе «Смотри на арлекинов!» Бойм уделяет особое внимание описаниям Советской России (куда Набоков никогда не возвращался) и поиску главным героем романа, Вадимом Вадимовичем, особняка предков. «Смотри на арлекинов!» отражает ностальгию стареющего писателя по атмосфере его юности — русскому модернизму с его излюбленными масками — и знаменует собой новый этап преемственности в арлекинизированном русском искусстве и литературе.

Роман был написан по-английски в 1973–1974 годах, но неотделим от русской культуры по нескольким причинам. Во-первых, главного героя, повествующего от первого лица, зовут Вадим Вадимович, или В. В. — инициалы самого Набокова. Критики усматривают в нем персонажа, «преследуемого его пишущим близнецом, тенью создателя, которого он никогда не узнает» [Wood 2005: 201]. Во-вторых, в романе постоянно возникают русские литературные аллюзии и многоязычные лингвистические каламбуры. Как тонко подмечает Карлинский, «в манере, напоминающей знаменитые появления на экране Альфреда Хичкока в каждом его фильме, Набоков включает русские литературные игры почти в каждый свой роман» [Karlinsky 1971: 2–18]. В-третьих, последнее стихотворение Набокова «Ах, угонят их в степь, Арлекинов моих...», обсуждаемое в этой главе, имеет явную интертекстуальную связь с романом [Набоков 1979: 299].

«Смотри на арлекинов!» — роман-игра, роман-бурлеск, он воспринимается как псевдобиография или самопародия мастера, который в конце литературной карьеры решил ввести читателей и критиков в заблуждение, создав своего литературного двойника, с тем чтобы «смешать искусство с жизнью и фантазию с реальностью» [Johnson 1995: 330–340]. Преобладающая тенденция интерпретации романа расшифровывает его загадочное значение через сопоставление его внутренней реальности с жизнью и творчеством Набокова[5]. По мнению Бойда, роман «Смотри на арлекинов!» был литературным ответом Набокова Филду, поскольку написанная им биография привела Набокова в бешенство. Бойд пишет: «6 февраля [1973], в тот самый день, когда в дневнике появилась запись, что он в ужасе от "нелепых ошибок, невозможных заявлений, пошлостей и домыслов" Филда, Набоков начал писать "Смотри на арлекинов!"» [Бойд 204: 734].

Бойд полагает, что, устав от обвинений в том, что он «питает пристрастие к наделению своих персонажей сходством с ним самим, к двойникам, к персонажам-марионеткам, главное назначение коих в том, чтобы позволить нам мельком увидеть руку кукловода, в "Смотри на арлекинов!" Набоков предлагает нам пародийное преувеличение этих ошибочных представлений

---

[5] Роман Набокова «Смотри на арлекинов!» подробно изучался и прежде. Среди англоязычных публикаций стоит отметить такие работы, как [Boyd 1991; Fraysse 1993; Johnson 1985; Patteson 1976: 84–98; Sweeney 1998: 295–318] и другие. Бойд уделяет особое внимание параллелям между биографией Набокова и романами «Другие берега» и «Смотри на арлекинов!»; Фрайс и Паттесон пишут об автобиографических аспектах романа «Смотри на арлекинов!», анализируя повествовательную технику. Суини называет роман «изобретательным ответом на обвинения в самоплагиате, солипсизме и самовлюбленности». Наличие в романе образов комедии дель арте также привлекало внимание литературоведов. Например, Нюбауер описывает значение фигуры шута в романе и считает, что Набоков использовал некоторые элементы комедии дель арте и в ранних произведениях [Neubauer 2002: 375–385].

о нем» [Бойд 2004: 745]. Широко распространенное мнение, что роман был «вдохновлен» биографией Филда и потому «выражает разочарование и гнев, которые заставили его вызвать биографа в суд», имеет под собой фактические обоснования, но не обеспечивает читателя и критика ключом к художественному миру романа, который допускает множество интерпретаций [Springer 2002: 369].

25 ноября 1973 года Набоков написал сыну Дмитрию: «Начиная с 25 сентября я написал 25 карточек (чистые копии) моих Арлекинов, что составляет около 100 печатных страниц, и всего будет около трехсот страниц. Я работаю каждый день, по пять часов или около того, и работа идет гладко и весело» [Nabokov 1989: 520–521].

Д. Бартон Джонсон подмечает, что каждый роман Набокова содержит в себе игры, которые, «дополняя собой чистое удовольствие и восторг, имеют помимо этого и важное смысловое значение» [Johnson 1985: 3]. Одна из таких игр заявлена в названии романа: Смотри на арлекинов! Как ни странно, исследователи просмотрели многие фрагменты мозаики, разбросанные по страницам романа, которые устанавливают связи между театрализованным миром итальянской арлекинады и литературным творчеством. Настало время посмотреть на арлекинов[6].

Арлекинизированный текст романа

Роман «Смотри на арлекинов!» — яркий пример арлекинизированной литературы, поскольку он содержит множество элементов комедии дель арте, таких как итальянские маски, гротескное переплетение трагического с комическим, пантомимы, сло-

---

[6] Чтобы отыскать множество арлекинизированных образов и эпизодов в романе «Смотри на арлекинов!», необходимо перечитать текст, и тогда из отдельных элементов составится полная картина. Подобный прием типичен для Набокова: так, читатель должен перечитать «Лолиту» в поиске следов Куилти, подобно Гумберту Гумберту, который ближе к концу осознает, что их с соперником пути пересекались неоднократно.

весные каламбуры и импровизация. Пристальный текстуальный анализ романа позволяет предположить, что Набоков ожидал от своих читателей посвященности в условный мир и эстетику комедии дель арте.

По сюжету роман является жизнеописанием писателя, Вадима Вадимовича — В. В., родившегося в России и волею судьбы оказавшегося на чужбине. Повествование наполнено театральными образами и ситуациями, и арлекинизированные образы появляются в описаниях критических моментов как личной, так и творческой жизни главного героя — начиная с названия и заканчивая сценой, где В. В. примеривает маску Арлекина. Как уже упоминалось, английский акроним LATH — это не только сокращенное название романа, но и жезл Арлекина — *battocchio*, являющийся одной из обязательных деталей его костюма [Бойд 2004: 745]. Жезл *battocchio* выполнял разнообразные функции — как волшебной палочки, способной изменять окружающую реальность, так и сексуального символа. Английский оригинал романа содержит повторяющиеся подтверждения тому, что LATH это не просто акроним, а символ творческого воображения, но многие из этих аллюзий неизбежно теряются в русском переводе. Например, ожидая приезда дочери и расставляя любимые английские и русские книги на полке в ее спальне, в английском оригинале В. В. сетует, что «she would no doubt, prefer "comics" to my dear bespangled mimes and their wands of painted *lath*...». Lath в данном контексте символизирует перо или ручку писателя, с помощью которой повседневность трансформируется в искусство. Перевод Ильина доносит общий смысл фразы, но в связи с фонетической и лингвистической разницей ассоциация с жезлом Арлекина полностью утеряна: «Она, без сомнения, предпочитает "комиксы" милым моим, усыпанным блестками мимам и их волшебными палочками из крашеной дранки...» [Набоков-Ильин 1999: 239]. Более того, звучание слова «дранка» лишает фразу поэтичности. Перевод Бабикова по настроению ближе к оригиналу, но неминуемо утрачивает связь с названием романа: «Она, без сомнения, предпочитает бульварные книжки с картинками моим драгоценным, осыпанным блестками мимам с их

Рис. 19. Арлекин и его палочка — баттокио. Джузеппе Мария Мителли. Гравюра. 1678

волшебной палочкой из раскрашенного дерева...» [Набоков-Бабиков 2013: 181].

На первой же странице текста читатель видит список «Другие книги повествователя», где обыграны названия русских и английских произведений самого Набокова. Это словесные каламбуры, столь любимые комедией дель арте. «Пешка берет королеву» вместо «Король, дама, валет», «Камера люцида» вместо «Камеры обскуры» — это о русских романах. Такие же каламбуры используются в названиях английских произведений: «See Under Real» вместо «The Real Life of Sebastian Knight», и «Olga Repnin» вместо «Pnin» и т. д. Список состоит из двенадцати романов, шести русских и шести английских, и на страницах «Смотри на арлекинов!» повествователь говорит про них «мои русские и английские арлекины», представляя свое творчество как процессию странствующих арлекинов. В английском оригинале это звучит так: «...you had followed pretty closely, as I discovered, the procession of my Russian and English harlequins, followed by a tiger or two, scarlet tongued, and a libellula girl on an elephant» [Nabokov 1990: 228]. В переводе Ильина содержание романов-арлекинов передано с точностью: «...ты, как я обнаружил, шла почти по пятам процессии моих русских и английских арлекинов, преследуемых парой тигров с алыми языками и девочкой-стрекозой верхом на слоне» [Набоков-Ильин 1999: 293]. Подобные процессии с арлекинами во главе были типичны для итальянских ярмарок и уличных театров и служили для привлечения зрителей из разных сословий. Представления комедии дель арте давались вперемешку с цирковыми, включавшими элементы акробатики, жонглирования и других цирковых номеров [Duchartre 1966: 109]. Список произведений повествователя заключает в себе самые важные события его жизни и вторит канве итальянских сценариев, которые, по обычаю, вывешивались за кулисами перед началом спектакля — в них очерчивались лишь основные события в жизни сценических героев. Таким образом, перипетии личной жизни повествователя предстают лишь интерлюдиями между основными событиями спектакля — творчеством. Более того, повествователь проводит параллель между творчеством актера и творчеством писателя: «Жар, мощь, ясность моего искусства оставались невредимы — во всяком случае, до известной меры. Я наслаждался, я убеждал себя наслаждаться одиночеством труда и тем другим, еще более острым одиночеством, автор испытывает, когда стоит за ярким щитом своей рукописи перед бесформенной публикой, едва различимой в темном зале» [Набоков-Бабиков 2013: 99].

Главный герой романа, Вадим Вадимович, отождествляет себя с маской Арлекина, и в его характере явно присутствуют арлекинизированные черты. В. В. экстравагантен, театрален в своих поступках и поведении, порой странен и непредсказуем, его любовные похождения сродни эскападам любвеобильного Арлекина, его миром правит не разум, а творческая фантазия. Как уже неоднократно упоминалось, Арлекин является самой загадочной и экстравагантной маской комедии дель арте. Его характер претерпел многовековую эволюцию от предприимчивого слуги-простака эпохи позднего Ренессанса до элегантного и неотразимого любовника и символа творчества эпохи модернизма. На старинных гравюрах Арлекин нередко носит огромный фаллос, но со временем символом его вирильности стал жезл *battocchio* или шпага. Лицо Арлекина по традиции скрывала черная или темно-коричневая маска, которая придавала его облику загадочность. Его традиционный многоцветный костюм, который поначалу говорил о бедности — сшитый из лоскутков за отсутствием денег на обновку, со временем стал привлекать к себе зрительское внимание богатством красок. Его стремительные движения были сродни клоунским [Duchartre 1966: 124]. Глядя в зеркало на свое обнаженное тело, В. В. видит многоцветное арлекинское отражение:

> Мое лицо было коричневым, тулово и руки — карамельными, карминовый экваториальный поясок, окаймлявший снизу карамель, далее переходил в белый, более или менее треугольный участок, заостренный к югу и ограниченный с двух сторон преизбытком кармина, а ноги мои (поскольку я целыми днями разгуливал в шортах) были того же коричневого цвета, что и лицо [Набоков-Бабиков 2013: 38].

В. В. прибегает к арлекинизированным образам при описании основополагающих событий своей жизни. Заброшенный родителями, В. В. впервые сталкивается с арлекинадой в возрасте семи-восьми лет благодаря двоюродной бабке, баронессе Бредов (Bredow в английском оригинале, Бредова в переводе Бабикова), проживающей в поместье Марево:

> «Довольно кукситься! — бывало восклицала она. — Смотри на арлекинов!»
> «Каких арлекинов? Где?»
> «Да везде! Всюду вокруг. Деревья — арлекины, слова арлекины. И ситуации и задачки. Сложи любые две вещи — остроты, образы — и вот тебе троица скоморохов. Давай же! Играй! Выдумывай мир! Твори реальность!»
> Так я и сделал. Видит Бог, так я и сделал
> [Набоков-Ильин 1999: 106].

Услышанная в детстве фраза «Смотри на арлекинов!» становится для повествователя творческим заклинанием и проходит через всю его писательскую судьбу.

Итальянские комедианты славились своими словесными каламбурами и насмешками над различными акцентами и диалектами. Баронесса Бредов, конечно же, такого рода каламбур — баронесса бреда: смысл каламбура в данном случае ясен русскому читателю, но скрыт от англоязычного. Во второй части романа повествователь называет ее «LATH lady» в английском оригинале или «арлекиновой» дамой в переводе Бабикова — то есть баронесса-выдумщица, живущая в вымышленном мире [Набоков-Бабиков 2013: 98]. Марево, название имени баронессы Бредов, это еще один головокружительный набоковский каламбур, поскольку марево — это не только мираж, но и фонетическая аллюзия на фамилию знаменитого французского драматурга XVIII века Пьера Мариво, часто использовавшего элементы комедии дель арте в своих пьесах. О подобном приеме упоминает и Карлинский, описывая литературные игры Набокова с использованием многочисленных аллюзий, пародий и цитат из произведений других писателей [Karlinsky 1971: 2–18].

Мариво вставлял в свои пьесы остроумные изящные диалоги, благодаря которым родились французский литературно-драматический термин *maurivaudage* и глагол *maurivauder*. Эти термины определяют новшества, введенные драматургом в сценические диалоги, — галантную и изысканную болтовню, в которой чувства и эмоции состязаются с разумом и интеллектом. В пьесах Мариво Арлекин и другие персонажи изъяснялись в чувствах, играя при этом чувствами и словами. Таким образом, если баронесса Бредов заронила в В. В. идею о важности художественного вымысла, то ее имение Марево стало местом рождения арлекинизированного восприятия ощущений, мыслей и чувств, а *maurivaudage* — витиеватой формой их выражения.

На протяжении всего романа повествователь театрализует свою любовную биографию, включая в нее различные элементы комедии дель арте. Так, например, он вспоминает свои первые сексуальные опыты в подростковом возрасте, в частном театре двоюродного деда в усадьбе Марево. Наставник Вадима решил поделиться с воспитанником своей безымянной молодой любовницей, которая названа лишь словом «инженю» — этим словом обозначается сценическое амплуа молодых наивных девушек, а также женский персонаж, часто встречающийся в сценариях комедии дель арте. Любовные утехи с двумя кузинами имеют яркий налет театральности, с переодеваниями, париками и кросс-дрессингом [Duchartre 1966: 20]:

> Домашний учитель позволил мне разделить с ним инженю из частного театра моего двоюродного деда. Две молодые развратные леди нарядили меня однажды в кружевную женскую сорочку и парик Лорелеи и, как в скабрезной новелле, уложили «маленькую стыдливую кузину» спать между собой, пока их мужья храпели в соседней комнате после кабаньей охоты [Набоков-Бабиков 2013: 12].

Встреча Вадима с его первой женой, Айрис, происходит около деревушки под названием Карнаво (Carnavaux в английском оригинале) — множественное число от французского слова карнавал (carnaval). Поскольку карнавалы были традиционным местом для представления арлекинад, совершенно уместно, что первая серьезная любовная история Вадима, полная пантомим, эксцентрики, пародий и обманов, начинается именно в деревне карнавалов. Итак, Марево и Карнаво — главные географические точки романтической юности героя. Ключевые счастливые и несчастные любовные эпизоды в жизни В. В. преимущественно разворачиваются в городах и отелях Италии. К примеру, его второй брак с Аннет начинается с эротической сцены в итальянском отеле, а во время медового месяца молодожены путешествуют по Италии, посещая Венецию и Равенну. Наконец, третья жена, Луиза, переезжает к В. В. и его дочери после недавнего возвращения из Рима.

Зрители комедии дель арте ожидали, если использовать определение Миклашевского, «скабрезных ситуаций», то есть фривольных сцен с участием Арлекина с его жезлом, символизирующим эрекцию. Подобная эротика на сцене продолжала традицию греческих комедий и сопряженного с пылким эротизмом культа человеческого тела эпохи Возрождения[7]. Несколько эротических сцен в романе содержат натуралистические описания с прямыми аллюзиями на образ Арлекина. Глядя в зеркале на свое обнаженное тело и «мужской портативный зоосад», В. В. испытывает

---

[7] Миклашевский пишет о том, что обнаженные тела, прозрачная женская одежда, адюльтер, а также использование непристойных выражений были обычными элементами в представлениях комедии дель арте и уходили корнями к римским фарсам [Miklashevsky 1927: 80–87].

нервный спазм, который связан с его арлекинизированным мироощущением: «Бесы неизлечимой болезни, "измученного сознания" отодвигали в сторону моих арлекинов»[8].

Дополняя образ Арлекина, английский оригинал содержит несколько аллюзий на других знаменитых персонажей комедии дель арте, но это зачастую бесследно исчезает в русских переводах. В. В. называет своих возлюбленных итальянским словом *inamorata* — это ведущая романтическая героиня комедии дель арте, роль которой, как правило, исполняли красавицы актрисы, прекрасно сведущие в области литературы и искусства [Miklashevsky 1914: 61]. Несмотря на то что в английском оригинале Набоков употребляет слово *inamorata* несколько раз, очевидно, для усиления интертекстуальных связей с комедией дель арте, в переводах же это слово заменяется синонимами. Inamorata переводится как «моя возлюбленная, моя первая маленькая душенька, первая маленькая возлюбленная, тайная возлюбленная» и лишь в одном случае в переводе Бабикова используется итальянское слово *Inamorata*. Несмотря на то что синонимы не оказывают существенного влияния на общий смысл повествования, арлекинизированный женский образ бесследно исчезает. Рассмотрим несколько любопытных примеров. В английском оригинале Набоков пишет:

> I slept fitfully, and only in the small hours glided into a deeper spell (illustrated for no reason at all with the image of my first little **inamorata** in the grass of an orchard) from which I was rudely roused by the spattering sounds of a motor [Nabokov 1990: 46].

В переводе Ильина inamorata становится «маленькой возлюбленной»:

> Спал я урывисто и лишь в первые послеполуночные часы соскользнул в более глубокое забытье (без всякой на то причины проиллюстрированное видением моей первой

---

[8] [Nabokov 1990: 31]. — *Пер. авт.*

маленькой возлюбленной — в саду, на траве), из которой меня грубо вытряхнули трескучие звуки мотора [Набоков-Ильин 1999: 139–140].

В переводе Бабикова — читаем «маленькая душенька»:

> Спал я тревожно и только после полуночи соскользнул в более глубокое оцепенение (иллюстрированное без всякой к тому причины образом моей первой маленькой душеньки на садовой лужайке), от которого был грубо пробужден харкающими звуками мотора [Набоков-Бабиков 2014: 55].

Еще одно важнейшее для повествования упоминание слова *inamorata* встречается в описании провидческих снов В. В. в преддверии новой любви:

> I have noticed, or seem to have noticed, in the course of my long life, that when about to fall in love or even when still unaware of having fallen in love, a dream would come, introducing me to a latent inamorata at morning twilight in a somewhat infantile setting, marked by exquisite aching stirring that I knew as a boy, as a madman, as an old dying voluptuary [Nabokov 1990: 102].

В переводе Ильина *inamorata* в этом предложении переведена как «тайная возлюбленная»:

> За долгую жизнь я заметил или мне кажется, что заметил, что, когда я почти уж влюблен или даже еще не осознаю влюбленности, меня посещает сон, знакомящий с тайной возлюбленной на сумрачной заре, в обстоятельствах довольно детских, отмеченных на редкость болезненным возбуждением, которое мне приходилось испытывать и подростком, и юношей, и безумцем, и старым умирающим сластолюбцем [Набоков-Ильин 1999: 188].

В переводе Бабикова употребляется *inamorata* из оригинала:

> За свою долгую жизнь я как будто не раз обращал внимание, что, когда я начинаю влюбляться или даже когда уже влюблен, но еще не сознаю этого, мне снится один и тот же сон,

> сводящий меня в предрассветных сумерках с предполагаемой inamorata при довольно инфантильных обстоятельствах, отмеченных теми волнительными и острыми моментами, что я изведывал, будучи и мальчиком, и юношей, и безумцем, и старым умирающим сластолюбцем [Набоков-Бабиков 2014: 117].

Может ли использование итальянского слова *inamorata* в романе быть чистой случайностью? Безусловно, нет, поскольку именно этот термин гармонично вливается в арлекинизированную канву повествования — любовные похождения Арлекина и инамораты трансцедентальны и проходят сквозь времена и пространства. Более того, одной из самых знаменитых исполнительниц роли inamorata в XVI веке была Изабелла Андреини, прекрасно образованная и начитанная красавица, чье сценическое искусство вдохновляло современников — поэтов и художников [Miklashevsky 1927: 61]. Тем же именем, Изабелла, зовут любимую дочь В. В., отношения с которой носят явные элементы инцеста. В. В. боготворит дочь и гордится ее умом и образованностью.

Знаменитая маска Доктора также появляется ненадолго на страницах романа, чтобы излечить загадочный недуг В. В. — нарушенное восприятие реальности. Доктор Юнкер (Junker в английском оригинале) представляет собой гротескное сдвоенное существо, состоящее из двух психоаналитиков — мужа и жены, не способных вылечить ни самих себя, ни пациентов. Фамилия пары психоаналитиков Junker имеет несколько значений — представитель прусской аристократии или надменный и ограниченный человек, а также старый разваливающийся автомобиль:

> Принимал меня доктор Юнкер, сдвоенный персонаж, состоявший из мужа и жены. Они практиковали вместе уже лет тридцать и каждое воскресенье в уединенном и оттого скорее грязноватом уголке пляжа подвергали анализу друг друга. Среди из пациентов считалось, что по понедельникам они бывали особенно прозорливы... [Набоков-Бабиков 2014: 23].

Рис. 20. Изабелла Андреини. Гравюра. 1601

Возраст докторов, их апломб и вместе с тем некомпетентность зеркально отражают образ итальянского Dottore.

В. В. встречает свою первую жену Айрис, участвуя в постановке пьесы Гоголя «Ревизор». Во время учебы в Кембридже (еще одна биографическая параллель с самим Набоковым) В. В. давал брату Айрис, Айвору Блеку, советы по поводу постановки сатирической комедии Гоголя, что послужило началом их приятельских отношений. Айвор Блек (Ivor Black в английском оригинале) имеет очевидное сходство с модернистскими изображениями Пьеро, а его имя дословно переводится как «бело-черный» (ivory — цвет слоновой кости, разновидность белого; black — черный) и символизирует одновременно и традиционный в эпоху модернизма бело-черный костюм Пьеро, и его переменчивый нрав. Повествование о взрослой жизни В. В. начинается именно с его совместной с Айвором работы над «Ревизором», который является еще одним связующим звеном между русским и итальянским театром. Главный персонаж «Ревизора» Хлестаков имеет множество арлекинизированных черт и своеобразным комедийным способом воплощает в жизнь совет баронессы Бредов придумывать мир и реальность. Сценическое поведение Хлестакова перекликается с остроумными непредсказуемыми выходками Арлекина и Труффальдино (уроженца Бергамо и родственника Арлекина из комедии ошибок Карло Гольдони «Слуга двух господ», 1763). И Труффальдино, и Хлестаков — плуты и выдумщики, одаренные богатым воображением. Оба они — блестящие импровизаторы, искренне верящие в собственные выдумки. Поглощенный собственным враньем, Хлестаков забывает о границах реального и вымышленного, каждый раз заново придумывая свою биографию.

Ключевые аспекты первого брака В. В. (с Айрис) напоминают элементы комедии дель арте. Он — Арлекин, она — инамората, а их история наполнена любовными треугольниками, ложью, пантомимами, соединением комического с трагическим. Отношения начинаются и заканчиваются сценами обмана, разыгранными в форме традиционной пантомимы, причем первый эпизод чисто комический, а последний трагический. При первом знакомстве В. В. с Айрис Айвор (ее брат) сознательно вводит В. В. в заблуждение, соврав ему, что его сестра глухонемая. Брат с сестрой разыгрывают перед В. В. эксцентричную пантомиму:

> Брат и сестра общались на языке знаков, пользуясь азбукой, придуманной ими еще в детстве и с тех пор выдержавшей несколько новых исправленных изданий. То, что было предъявлено мне, состояло из смехотворно-вычурных жестов того сорта барельефной пантомимы, которая скорее подражает вещам, чем отражает их. Я позволил себе встрять с некоторыми собственными гротескными дополнениями, но Айвор сурово остерег меня валять дурака: ее легко было обидеть [Набоков-Бабиков 2014: 19].

Адюльтер и любовные треугольники, характерные для итальянских сценариев, неожиданно вторгаются в жизнь В. В. и приводят к внезапной развязке в форме пантомимы. Инамората Айрис, первая жена В. В., в течение всех восьми лет их брака скрывает от мужа свою личную жизнь. В. В. узнает об измене, только когда любовник Айрис, русский эмигрант Владимир

Старов-Благидзе, убивает ее у него на глазах. Внешность и поведение Старова-Благидзе превращают его в inamorato — любовника комедии дель арте, основная функция которого боготворить и ревновать возлюбленную. Любовный треугольник разрешается трагической пантомимой, когда взбешенный любовник стреляет в Айрис в свете уличного фонаря, напоминающего театральные софиты. При этом Арлекин В. В. и Пьеро Айвор Блек находятся неподалеку в роли зрителей (расплачиваются с шофером), беспомощно наблюдают за пантомимой смерти:

> В свете уличных фонарей мы увидели фигуру человека в макинтоше, быстрым шагом подходящего к ней с другой стороны тротуара; он выстрелил в нее с такого короткого расстояния, что, казалось, он просто проткнул ее своим большим пистолетом. К этой минуте наш шофер, следовавший за Айвором и мной, был уже достаточно близко, чтобы видеть, как убийца споткнулся об ее упавшее, сжавшееся тело. Но нет, он не пытался бежать. Вместо этого он встал на колени, стянул свой берет, расправил плечи и в жуткой нелепой позе поднял пистолет к своей бритой голове [Набоков-Бабиков 2014: 81–82].

Опускаясь на колени и снимая свой берет, любовник-инаморато делает последний поклон — его роль завершена, и он должен покинуть сцену. Продолжая итальянские мотивы, повествователь заканчивает историю своей первой женитьбы рассказом о полубезумном существовании Старова-Благидзе с дырой в простреленной голове: он постоянно вспоминает поездку в увеселительный парк в Италии в далеком детстве [Набоков-Бабиков 2014: 82–83].

Позже приезд будущей третьей жены В. В., Луизы, разрушает его идиллию с дочерью Изабеллой. Первая встреча между мачехой и падчерицей написана в форме мини-пьесы, три действующих лица которой, В. В., Изабелла и Луиза, разыгрывают написанный текст, а невидимый драматург комментирует происходящее. Луиза приезжает в дом В. В. из Рима как инамората-возлюбленная и будто бы выходит на сцену в лучах солнца, напоминающего, как и в случае со сценой убийства Айрис, лучи театральных софитов:

> Луиза! Луиза, приодевшаяся ради посещения церкви во что-то розово-лиловое, цвета колибри. Луиза в наклонном луче спелого октябрьского солнца. Луиза, облокотившаяся о рояль, как если бы собиралась петь и с лирической улыбкой обводящая взглядом комнату.
> Я первый разомкнул наше объятие [Набоков-Бабиков 2014: 203].

Театральное появление Луизы переходит в драматический текст подготовки первой встречи с падчерицей — эта встреча положит начало длительному соперничеству, ревности и ненависти между двумя женщинами. Разговор, приведенный ниже, напоминает авторскую пародию на «Лолиту», устанавливая интертекстуальные связи между произведениями, создавая ситуацию Лолиты наоборот: Луиза, только что переехавшая в дом мужа и его дочери, играет роль ревнивой мачехи, ненавидящей падчерицу, в противоположность Гумберту, поселившемуся в доме Шарлоты (будущей жены) только потому, что он с первого взгляда влюбился в будущую падчерицу — двенадцатилетнюю Лолиту:

> ВАДИМ. Нет, дорогая, нет. Дочь может сойти вниз в любую минуту. Прошу садись.
> ЛУИЗА *(осматривает кресло и затем садится в него)*. Жаль. Ты знаешь, я раньше часто бывала здесь! В восемнадцать лет мне даже довелось прилечь на этот рояль. Энди Ландовер был безобразен, нем, груб и совершенно неотразим.
> ВАДИМ. Послушай, Луиза, я всегда находил твою свободную, легкомысленную манеру поведения весьма привлекательной. Но ты очень скоро переедешь в этот дом, и нам лучше держаться с *большим* достоинством, не так ли? [Набоков-Бабиков 2014: 203–204].

Поддерживая общую театральность происходящего, Луиза объявляет о появлении на сцене Изабеллы: «О, сцена вторая» [Набоков-Бабиков 2014: 204]. Дочь В. В. входит в комнату полностью раздетая, не замечая В. В. и Луизы:

> Белла, в одних лишь шлепанцах и дешевеньком ожерелье из радужного стекла — ривьерский сувенир, — сходит вниз по лестнице в другом конце комнаты, за роялем. Уже почти повернув в сторону кухни, показав затылок красавца-пажа и хрупкие лопатки, она начинает осознавать наше присутствие и возвращается [Набоков-Бабиков 2014: 204].

В этих строках Набоков играет с читателем в многослойные текстуальные игры, поскольку читавшие «Лолиту» помнят, что Гумберт Гумберт встретил свою первую любовь, Аннабеллу, именно на Ривьере. Интертекстуальная перекличка дает персонажам возможность разыграть импровизацию на тему «Лолиты»:

> БЕЛЛА (*обращаясь ко мне и без особого интереса поглядывая на мою изумленную гостью*). Я безумно голодная.
> ВАДИМ. Луиза, дорогая, это моя дочь, Белла. Она ходит во сне, как сомнамбула, честное слово, отсюда... эта, гм... вольность наряда.
> ЛУИЗА. Здравствуй, Аннабелла. Вольность наряда тебе очень к лицу.
> БЕЛЛА (*поправляя ее*). Иза.
> ВАДИМ. Изабелла, это Луиза Адамсон, моя давняя знакомая. Она вернулась из Рима. Надеюсь, мы будем часто проводить вместе время [Набоков-Бабиков 2014: 204].

Вставки драматических сцен в прозаическое повествование способствуют созданию в романе игровой атмосферы, разрушая привычные границы литературных жанров.

Непримиримая вражда между Луизой и Изабеллой и их нежелание общаться друг с другом выливаются в еще одну драматическую пантомиму с использованием жестикуляции:

> Она совершенно перестала разговаривать с мачехой; их общение в случае нужды свелось к жестам; так, например, Луиза мелодраматично указывала на беспощадные часы, а Белла отрицательно постукивала по хрусталику своих лояльных часиков на запястье. Ее теплые чувства ко мне совсем улетучились, и всякий раз, что я делал попытку мимоходом приласкать ее, она мягко уклонялась от меня [Набоков-Бабиков 2014: 210–211].

Как и в случае с пантомимой смерти Айрис, эта пантомима предвещает В. В. мучения и крах: любимая дочь оставляет его и позднее выходит замуж, а жена ему изменяет.

Закольцованная композиция романа сближает начало с финалом, акцентируя значение фантазийного художественного мира арлекинад. В одной из финальных сцен повествователя сражает инсульт, но, обнаружив на столике рядом с кроватью несколько предметов, метафорически обозначающих иную реальность — фантазии и творчества, В. В. исцеляется:

> Когда я проснулся, одно из окон было широко раскрыто. Мой разум и зрение уже были достаточно остры, чтобы различить препараты на столике у кровати. Среди их жалкого племени я заметил несколько выброшенных на берег путешественников, прибывших из другого мира: прозрачный пакетик с немужским платком, найденный и выстиранный персоналом; золотой карандашик, просунутый в петельку ежедневника из кожи морского угря в дамской сумочке; пару арлекиновых солнечных очков, которые, казалось, должны были служить не столько защитой от яркого света, сколько для сокрытия век, опухших от слез. Сочетание этих предметов привело к ослепительной вспышке понимания, и в следующий миг (стечение обстоятельств по-прежнему баловало меня) дверь в комнату поддалась: осторожное беззвучное движение, последовавшее за короткой паузой, продолжилось — в медленной, бесконечно медленной череде отточий, наброшенных диамантом. Я вскричал от радости, и вошла Реальность [Набоков-Бабиков 2014: 271].

Магически исцеляющие предметы, увиденные постепенно приходящим в сознание В. В., это пара арлекинских очков (сродни маске Арлекина) и золотой карандаш (магический жезл писателя-творца). Эти арлекинизированные атрибуты возвращают повествователя к словам баронессы Бредов в самом начале повествования: «Играй! Создавай мир! Твори реальность!» Реальность с большой буквы, в момент полного исцеления от временного паралича, открыта для толкования как читателями, так и литературоведами. Это и возвращение творческого вдохновения, и последняя любовь В. В., которую он называет просто «ты».

«Смотри на арлекинов!» — смелый творческий эксперимент и дерзкий вызов читателям и критикам. Для того чтобы по достоинству оценить роман, читатель должен быть хорошо знаком не только с творчеством Набокова, но и с его биографией, и с эстетикой комедии дель арте. Набоковский идеальный читатель — это «перечитыватель», обладающий развитым воображением, памятью и художественным вкусом [Nabokov 1980: 3]. Теми же качествами обладали и зрители итальянской комедии дель арте, хорошо знакомые с разыгрываемыми сценариями, условностями жанра и характеристиками масок и при этом наслаждавшиеся именно свободной импровизацией актеров-виртуозов.

10 октября 1974 года, через два месяца после публикации романа, Набоков написал свое последнее русскоязычное стихотворение «Ах, угонят их в степь, Арлекинов моих...». Оно посвящено его жене, В. Е. Набоковой: писатель, судя по всему, томится ожиданием реакции критиков и читателей на недавно опубликованный роман, опасаясь за его литературную судьбу. Стихотворение является русским послесловием-размышлением к его последнему англоязычному роману:

> Ах, угонят их в степь, Арлекинов моих,
> в буераки, к чужим атаманам!
> Геометрию их, Венецию их
> назовут шутовством и обманом.
> Только ты, только ты все дивилась вослед
> черным, синим, оранжевым ромбам...
> «N писатель недюжинный, сноб и атлет,
> Наделенный огромным апломбом...»
> [Набоков 1979: 299].

В первом четверостишии яркость и театральность венецианских карнавалов противопоставляются скуке и однообразию степного пейзажа. А фантастичность и гротеск комедии дель арте с ее непредсказуемой импровизацией контрастирует со скукой обыденной реальности. Арлекинами названы, как уже упоминалось ранее, другие романы Набокова, а упоминание атаманов добавляет ощущение воинственной враждебности к изысканному искусству. На биографическом уровне, «ты» второго четверостишия — это обращение к Вере Набоковой, с которой Набоков познакомился в 1923 году на эмигрантском балу в Берлине. Вера тогда была в полумаске, а свой роман Набоков поначалу часто называл «Look at the Masks!» — «Смотри на маски!» [Бойд 2004: 754]. Ироничное отношение к литературному величию писателя N — еще одна набоковская пародия на самого себя.

Стихотворение действительно оказалось пророческим. В первой рецензии, опубликованной в «New York Times» 10 октября 1974 года, всего лишь через несколько дней после того, как было написано стихотворение, Анатоль Бройар раскритиковал роман, обвиняя автора в надменном отношении к читателю и одержимости собственным величием. Бройар упрекает писателя в отсутствии естественного словарного запаса, называя роман «банановым сплитом со взбитыми сливками» [Broyard 1974: 45]. В заключении статьи критик заявляет, что «книга свидетельствует о том, что воображение автора поражено тщеславием». Следующая рецензия — Ричарда Пуарье, опубликованная в «New York Times Book Review» 13 октября 1974 года, как бы вторила двум последним строкам стихотворения. Критик пишет о снобизме и самовлюбленности писателя, считающего себя принцем изящной словесности, заключая, что: «"Смотри на арлекинов!" — это роман, в котором Набоков, выступая в роли этакого Принца Словесности, представляет себе, что было бы, если бы поцелуй красавицы превратил его из лягушки обратно в принца лишь наполовину» [Poirier 1974: 2–4].

После первой волны отрицательных отзывов Набоков пишет издателю Фредерику Хиллсу, выражая обеспокоенность судьбой романа, который опять же называет акронимом LATH: «Хочу поинтересоваться, удастся ли вам воскресить рекламу LATH? Я чувствую, что от романа отвернулись как-то слишком рано» [Nabokov 1989: 520–521]. Безусловно, атаки критиков на стареющего писателя напоминали набеги степных атаманов, чуждых миру венецианских карнавалов с их арлекинами.

Прощальный поклон с комедией дель арте

В заключение следует уточнить: было бы упрощением считать предложенную мною интерпретацию романа через призму комедии дель арте основополагающей, как было бы ошибочно ставить роман в один ряд с лучшей прозой Набокова. Эстетика комедии дель арте является лишь одним из текстуальных слоев романа и позволяет нам лучше оценить неразрывную связь писателя с Серебряным веком и столь любимой модернистами комедией дель арте. Без сомнения, эстетика и художественные принципы комедии дель арте были близки Набокову, ибо он, подобно итальянскому комедианту-импровизатору, блестяще владел техникой и был наделен и головокружительным воображению. Комедия дель арте всегда отражала трагикомическую природу человеческого существования, а ее маски воплощали в себе трансцендентальность. Если последовать приглашению писателя и проследить за арлекинами, становится понятно, что роман — это не только вымышленная биография или самопародия, но и гимн искусству, и последний поклон Набокова комедии дель арте, требовавшей от актеров ежедневно проделывать долгий путь через бесконечные лабиринты воображения. Набоковская маска Арлекина позволяет повествователю уходить в безграничные просторы творческого воображения, где он каждый раз заново изобретает мироздание и превращает наскучившую реальность в яркий художественный вымысел.

Глава девятая
Алла — императрица-шутиха русской поп-культуры[1]

В 1975 году, почти одновременно с публикацией в США последнего романа Набокова «Смотри на арлекинов!», молодая певица Алла Пугачева ворвалась в мир идеологизированной советской эстрады с песней о трагикомическом клоуне Арлекино. С тех пор прошло более сорока пяти лет, но миллионы русских поклонников все еще пристально следят за жизнью и творчеством исполнительницы «Арлекино», ставшей самой яркой звездой русской поп-культуры. Песня потрясала одних и шокировала других своей новизной, на деле же успех Пугачевой был продолжением богатейшей, но впавшей в советское время в летаргию традиции арлекинизированного искусства в русской культуре, которая описывается в этой книге. Завершающая глава посвящена императрице-шутихе Алле, бессменно восседающей на троне русской эстрады. Сам термин «шутиха», используемый в этой главе, — понятие устаревшее, но исконно русское, он принадлежит к маскарадно-развлекательной культуре и вбирает в себя несколько значений, каждое из которых имеет прямое отношение к триумфальной карьере Пугачевой. Во-первых, это женщина-шут, а как известно, именно дворцовым шутам было позволено то, что не дозволялось простым смертным, поскольку шут — это не только забавный клоун, но и трагический мудрец, носитель

---

[1] URL: http://feb-web.ru/feb/mas/mas-abc/25/ma473724.htm?cmd=0&istext=1. (дата обращения: 25.04.2021).

истины. Во-вторых, словом «шутиха» назывались в старину потешные ракеты для маскарадных фейерверков, а Пугачева ворвалась на эстраду именно таким фейерверком. В-третьих, аттракционы и развлечения назывались в старину тем же словом — «шутиха», и именно к этой сфере относится творчество Пугачевой.

Политические и личные перипетии последних четырех десятилетий не повлияли на всенародную славу певицы. Русские средства массовой информации называют Пугачеву «императрицей», «ее величеством» и «великой Аллой». Слава Пугачевой лежит на границе высокой и массовой культуры — так, 1998 году, размышляя о том, какие видеозаписи и звуки уходящего XX века останутся в памяти у зрителей, журналистка Мария Варенга предположила, что это будут три великих представителя советской культуры: Майя Плисецкая, Святослав Рихтер и Алла Пугачева, причислив тем самым творчество эстрадной певицы к сфере высокой культуры [Варенга 1998: 8]. В 1999 году писательница Т. В. Москвина полушутя-полусерьезно сравнила Аллу Пугачеву по значимости и величию с Александром Пушкиным:

> В 1999 году два крупных порождения русского гения празднуют свой юбилей: Александр Пушкин и Алла Пугачева. Неспроста их инициалы сливаются в задорное цирковое «АП». Что-то в этом есть — а если нет, так вообразим, что есть [Москвина 1993: 23].

В том же 1999 году, награждая певицу орденом «За заслуги перед Отечеством» II степени, президент России Б. Н. Ельцин признал, что у него с Пугачевой много общего, поскольку оба они любят идти «наперекор всему», пошутив при этом, что войдет в историю как «тот, который жил в эпоху Пугачевой!»[2]. В своей шутке Ельцин вспоминает советский анекдот о том, как в будущем будут вспоминать Генерального секретаря КПСС Л. И. Брежнева: «Кто такой Брежнев? Мелкий политический деятель эпохи Аллы Пугачевой».

---

[2] Алла Пугачева получает награду из рук президента Ельцина. URL: https://www.youtube.com/watch?v=aEwInpUxCW0 (дата обращения: 25.05.2020).

В 2000 году, во время американских гастролей певицы, газета «New York Times» описывала Пугачеву как «богиню русской поп-культуры, московскую Тину Тернер с чертами Эдит Пиаф, чьи песни выражают чаянья миллионов», добавляя при этом, что в России «есть только одна суперзвезда: Алла» [Smale 2000]. В 2005 году русское издание журнала «Forbes» опубликовало фото Пугачевой на обложке августовского номера, в котором был представлен список пятидесяти самых известных русских, назвав ее «самой яркой звездой российской поп-сцены», по мнению журнала: «Она может не записывать новых альбомов, не ездить с гастролями и не мелькать на ТВ — статусу примадонны уже ничто не повредит» [Forbes 2005][3]. Несмотря на то что в 2009 году Пугачева объявила о прекращении концертной деятельности, в 2010 году в том же самом рейтинге журнала «Forbes» она занимала второе место после теннисистки Марии Шараповой. При составлении рейтинга «Forbes» учитывает три фактора: популярность звезды, уровень годового дохода, интерес СМИ и интерес публики[4]. Непрекращающийся интерес российских СМИ к Пугачевой и ее семье можно сравнить только с увлечением западных таблоидов жизнью королевской семьи Великобритании, ибо в контексте русской культуры семья Пугачевой является чем-то вроде семейства царственных особ-комедиантов. Необычайная востребованность пугачевского клана в мире шоу-бизнеса несомненно заслуживает подобного внимания публики и прессы. Пятый муж поп-дивы, Максим Галкин, — талантливый пародист и шоумен; дочь, Кристина Орбакайте, — эстрадная певица и киноактриса, а внук, Никита Пресняков, — многообещающий актер и певец.

Несмотря на то что Пугачева практически не известна за пределами России и стран ближнего зарубежья, она является одним из самых продаваемых исполнителей в мире. Ее продажи сопоставимы с Элвисом Пресли и группой «Битлз», а ее голос

---

[3] Forbes. 2005. № 8 (17). Авг. С. 57.
[4] См. URL: https://www.forbes.ru/rating/50-zvezd/2010 (дата обращения: 30.05.2020).

знаком каждой русской семье. Ни исполнительский стиль, ни внешность Пугачевой не вписываются в традиционную эстетику западной поп-дивы, но на протяжении уже почти полувека она остается самой знаменитой женщиной России и постсоветские СМИ продолжают прославлять ее за уникальную русскую самобытность. В отличие от западных звезд шоу-бизнеса ее поколения, типа Мадонны, Пугачева крайне статична, и если двигается на сцене, то не танцуя, а пританцовывая. Основа ее воздействия чисто русского свойства, поскольку своими трехминутными мини-спектаклями певица «берет за душу» или смешит, воздействуя на публику на чисто эмоциональном уровне, а не с помощью идеально отточенной танцевальной или вокальной техники исполнения. Пугачева плачет и смеется вместе со зрителем, точно прекрасная драматическая актриса, полностью вкладывая в исполнение душу. Она выработала с годами свой неподражаемый стиль, и любые попытки молодых певцов исполнять ее песни обычно заканчиваются неудачей.

В чем же причина столь долголетней славы певицы, всенародной любви и ее постоянного присутствия в советском и постсоветском культурном пространстве? Существует ли ключ к пониманию феномена Пугачевой? В этой главе я постараюсь ответить на эти вопросы, высказав предположение, что в дополнение к сценическому магнетизму, неисчерпаемой энергии и исполнительскому таланту существуют еще два важных фактора, повлиявших на всенародную славу Пугачевой. Во-первых, это шутовской сценический имидж, который Пугачева культивировала на протяжении всей карьеры: арлекинизированный образ примадонны-шутихи — роль, глубоко укоренившаяся в истории русской культуры и уникальная в мире современного шоу-бизнеса[5].

---

[5] Женщины-шутихи были столь же популярны и влиятельны в России, сколь и мужчины-шуты. Они являлись важной частью культуры придворных развлечений вплоть до смерти Анны Иоанновны в 1740 году, после чего Анна Леопольдовна запретила придворное шутовство. Как было упомянуто выше, многие шуты были представителями знатных аристократических семей. Пугачева принадлежит к высшим слоям российской элиты, одновременно публично продолжая древнюю традицию шутовства. О роли шутовства см. [Анисимов 2002: 75–91].

Во-вторых, успешное сочетание в ее творчестве двух основных черт советской эстрады: многообразия жанров и слияния высокой культуры с массовой[6]. Бесстрашные творческие эксперименты, внешние метаморфозы и бурная личная жизнь всегда лишь способствовали ее популярности. Как написал однажды писатель М. М. Жванецкий:

> На всех обложках — она. Ее лицо меняется, ее личность — неизменна. Что такое личность? Что такое магнетизм? Что такое неповторимость? Объяснить невозможно, можно только показать: вот она — Алла Борисовна Пугачева [Жванецкий 1998].

Не исключено, что Жванецкий подшучивает над многочисленными пластическими операциями певицы, но тем не менее он точно определяет суть феномена Пугачевой: несмотря на политические, экономические, исторические и личные пертурбации, она всегда оставалась верна своему творческому кредо и своим зрителям.

Песня о трагикомическом клоуне Арлекино принесла Пугачевой широкую известность в Советском Союзе и престижную премию для певцов стран социалистического содружества — Гран-при на болгарском фестивале «Золотой Орфей». Музыка была написана болгарским композитором Э. Димитровым, а стихи — поэтом Б. Б. Баркасом с участием самой Пугачевой. Текст песни отражает увлечение певицы цирком и ярмарочными представлениями, поскольку в молодости она работала концертмейстером в эстрадно-цирковом училище. В одном из интервью Пугачева рассказывает, что ее всегда интересовали песни, в которых можно выразить комизм, боль, иронию, насмешку и грусть [Беляков 1997: 140–141]. Исполняя «Арлекино», Пугачева появилась на сцене и на телевизионных экранах с взлохмаченной копной рыжих кудрей, ее руки подражали движениям марионетки, а пение чередовалось с клоунским смехом — песня исполня-

---

[6] Слово «эстрада» происходит от латинского *strata* — подмостки, помост, возвышенная площадка.

лась как мини-спектакль об одиноком трагическом клоуне. Организаторы фестиваля охарактеризовали ее выступление как «Пугачевский взрыв» [Серебрянникова 1997: 197].

К тому времени Пугачева уже сильно отличалась от других эстрадных певцов не только великолепными вокальными данными и даром передавать контрастные настроения, легко переходя от комического к трагическому, но и талантом драматической актрисы. Ее копна рыжих волос и порой неуклюжая пластика были невероятно самобытны. Выступления Пугачевой стали бунтом против всех канонов советского эстрадного пения середины 1970-х, когда неподвижно-статичные, приглаженные и неброско одетые певцы и певицы прославляли социалистическую родину, следуя идеологическим установкам чиновников из Министерства культуры. Создавая поразительный контраст, песня «Арлекино» представляла слушателям и зрителям историю усталого клоуна с итальянским именем, который под дурашливой маской и искусственной улыбкой вот уже который год играет для себя трагическую роль Гамлета:

> Смешить мне вас с годами все трудней.
> Ведь я не шут у трона короля.
> Я Гамлета в безумии страстей
> Который год играю для себя.
> Все кажется, что маску я сниму
> И целый мир изменится со мной,
> Но слез моих не видно никому.
> Что ж: Арлекин я, видно, неплохой [Пугачева 1975].

В этот момент Пугачева снимала с лица воображаемую маску и, мгновенно преобразившись, показывала зрителям после веселого клоунского смеха и пантомимы печальные, полные слез глаза — поражая зал столь неожиданным перевоплощением. На сцене и на экране телевизора стоял трагический, одинокий шут — универсальный шут, не принадлежащий определенному временному или географическому пространству. Шут, которому позволено нарушать и взрывать идеологические табу. После нескольких секунд напряженного молчания Пугачева вновь надевала воображаемую маску и заканчивала песню на оптимистической ноте.

Советская интеллигенция интерпретировала «Арлекино» как песню о судьбе художника в тоталитарном государстве. Упоминание Гамлета прочитывалось аллюзией и на одноименную трагедию Шекспира, и на стихотворение Пастернака «Гамлет» из запрещенного в то время романа «Доктор Живаго», который циркулировал в формате там- и самиздата. Жесты Пугачевой, делающие ее похожей на марионетку, символизировали роль советских артистов и художников — марионеток, подчиняющихся директивам и капризам коммунистических лидеров. Н. Д. Агишева так определяет статус Пугачевой в советскую эпоху:

> Алла — самый устойчивый, самый народный (в смысле популярный) миф, доставшийся нам от советской эпохи. Мы все сочиняли этот миф о том, что можно быть свободными в несвободной стране. Пугачевский бунт на советской эстраде в известном смысле значил в нашей жизни не меньше, чем диссидентское движение. Она не только разрушала стереотипы поведения, одним своим существованием эта женщина в балахоне бросала вызов устоям общества, когда пела, что «короли» на самом деле не могут ничего, они обречены [Агишева 1997].

Импровизационная свобода на сцене и скрытое между строк содержание песни не прошли для советской цензуры незамеченными. Советскому артисту не полагалось страдать под клоунской маской и уж тем более мечтать об изменении окружающего мира. Председатель Государственного комитета по телевидению и радиовещанию С. Г. Лапин, печально известный как «терминатор» любого свободомыслия в советских СМИ, немедленно вынес приговор, объявив, что исполнение Пугачевой песни «Арлекино» и ее успех «не советские» по духу [Беляков 1997: 142–44]. В результате выступление Пугачевой на фестивале «Золотой Орфей» было показано на Центральном телевидении только через месяц.

Вне всякого сомнения, триумф Пугачевой был не советский, а чисто русский по духу, поскольку она воскресила на сцене многовековую традицию арлекинизированного искусства, глубоко укорененного в русской массовой и высокой культуре. Ее Арлекино, странствующий по дорогам русской культуры с допетровских времен, вызвал, появившись вновь, на этот раз на экранах советских телевизоров, своего рода шок узнавания. Перемещаясь из высокой дворцовой культуры в массовую ярмарочную, смех Арлекино оставался свободным шутовским смехом, ибо, по словам Бахтина, маски шута и дурака не были выдуманными и имели «глубочайшие народные корни, связанные с хронотопом народной площади и с театральными подмостками», а «специфическое чудачество» Пугачевой немедленно закрепило за ней статус певицы-шутихи [Бахтин 1975]. Яркая сценическая индивидуальность Пугачевой всегда была неразрывно связана со средневековым скоморошеством, а также с дворцовыми шутами и шутихами.

Песня «Арлекино» придала Пугачевой особый статус в советском, а затем русском культурном пространстве, который позволял (и по сей день позволяет) ей свободу творчества и самовыражения, по большей части недопустимые для других исполнителей. Без сомнения, так же как и старинная традиция шутовства, ее выступления порой кажутся непосвященному зрителю вульгарными или вызывающими. Ее внешний вид, постоянно меняющийся вес, эпатажное поведение и экстравагантные наряды всегда полностью соответствовали ее образу суперзвезды-шутихи. Импровизационная арлекинизированная природа ее творчества и полет фантазии сделали ее первый громкий успех слиянием исконно русской исполнительской традиции с западной.

Восхождению Аллы Пугачевой на трон поп-культуры во многом способствовало понимание ею основных свойств советской эстрады: многообразия жанров и сочетания высокой и низкой культуры. Корни эстрады уходят глубоко в русскую старину — к выступлениям скоморохов на ярмарочных гуляниях и народных праздниках, народным балаганам XVIII и начала XIX века, а также кабаре и варьете эпохи модернизма, где исконно русские традиции перемешивались с западными. Советская эстрада унаследовала от своих дореволюционных предков множество жанров, включая и многообразие концертных номеров — популярные и народные песни, цыганские танцы и пение, чтение классической и советской поэзии, сатирические скетчи, пантомима, акробатика, — а также пародии, которые, в свою очередь, высмеивали подобное многообразие жанров. Более того, эстрада совмещала популярные развлечения с высокой культурой: в концерты включали выступления артистов классического балета, известных пианистов, оперных певцов, а также звезд театра и кино, исполнявших отрывки из классического и советского репертуара. В отличие от русских дореволюционных представлений, советская эстрада была мощным инструментом идеологической пропаганды.

Творчество Пугачевой всегда основывалось на этих эстрадных принципах, тематика ее песен балансировала между популярными шлягерами и народными, а порой цыганскими мотивами; ее выступления всегда включали элемент декламации и пантомимы. Для ее творчества также характерно гармоничное сочетание высокой и массовой культур — она одной из первых исполнила песни на стихи Шекспира, Цветаевой, Мандельштама и Пастернака. И хотя советская эстрада того времени являлась мощным пропагандистским инструментом, Пугачева полагалась на свой шутовской взбалмошный сценический имидж, избегая идеологически направленных песен в своем репертуаре, что само по себе было политической позицией. Некоторые из ее песен скрывали между строк неблагонадежные идеи. Например, одна из ее знаменитых шутовских песен, впервые исполненная в 1976 году, «Все могут короли» (музыка Б. Н. Рычкова, слова Л. П. Дербенева) могла быть интерпретирована как насмешка над власть имущими, чья влиятельная роль в обществе не приносит личного счастья. Песня повествует об истории любви короля Луи II к прелестной пастушке, на которой монарх задумал жениться. Социальное неравенство и нужды королевства заставляют короля жениться на уродке, в жилах которой течет благородная, а не пастушья кровь. Пугачева исполняла одновременно множество ролей: короля, пастушки, напыщенных придворных, уродливой хромоногой невесты и смеющейся толпы. Ее культовый балахон мгновенно превращался из королевской мантии в бедную одежду пастушки. Высмеивая иллюзорность власти, Пугачева надевала на неуправляемые рыжие кудри корону из собственной руки и, задорно хохоча и подпрыгивая, пела:

> Все могут короли, все могут короли!
> И судьбы всей Земли вершат они порой.
> Но что ни говори, жениться по любви
> Не может ни один, ни один король! [Пугачева 1977].

Припев серьезно беспокоил цензуру, и Пугачевой несколько раз настоятельно рекомендовали не исполнять песню на официальных концертах для советских чиновников [Беляков 1997: 190]. Однако бунтарский дух певицы был легендарен и неукротим, и, игнорируя все инструкции, она все-таки спела «Все могут короли» на концерте ко Дню советской милиции, когда в зале находились представители Министерства внутренних дел. Более того, исполняя припев, певица указала пальцем на сидящих в первом ряду министра внутренних дел СССР Н. А. Щелокова и его первого заместителя Ю. М. Чурбанова, зятя Генерального секретаря КПСС Л. И. Брежнева. Явное нарушение общественных табу было разыграно Пугачевой как шутка — ведь она пела о влюбленном французском короле, не имеющем ничего общего с советской милицией и МВД. Советские СМИ были вынуждены молчать о политически некорректном поведении певицы, но слухи о комическом бунте быстро распространились среди поклонников Пугачевой, лишь способствуя ее популярности и всенародной любви. Ненаказуемость поведения звезды-шутихи объясняется словами Бахтина о том, что права «дурацкого колпака» были священны и неприкосновенны. Бахтин пишет о шутах Средневековья и эпохи Возрождения, смех которых был «абсолютно неофициален, но тем не менее узаконен»; нечто подобное произошло и со статусом Пугачевой как первой звезды-шутихи тоталитарного государства [Бахтин 1965].

Для того чтобы полностью осознать и оценить масштаб таланта Пугачевой, необходимо хотя бы раз увидеть ее на сцене, поскольку телевизионные выступления и видеозаписи не могут в полной мере передать ее сценический магнетизм и живое общение со зрителем. Пугачева — прежде всего превосходная драматическая актриса, обладающая редким даром молниеносного перевоплощения и импровизации. Автору посчастливилось побывать на трех концертах певицы на разных этапах ее карьеры: первый раз в 1983 году в Москве, второй и третий в Бостоне в 2000 и в 2009 годах[7]. В 1983 году Пугачева была первой эстрадной певицей, приглашенной на сцену Московского художественного театра (МХАТа), где она пела для необычной аудитории — актеров и работников театра; некоторые из них пришли на концерт настроенными крайне скептически[8]. Принадлежность к многомиллионной армии поклонников Пугачевой всегда была и остается по сей день, по мнению некоторых представителей интеллигенции, признаком дурного вкуса. Р. Стайтс отмечает, что в советскую эпоху Пугачева была «обожаема миллионами» и в то же самое время «презираема интеллигенцией как вульгарная поп-звезда, а официальные лица порой называли ее "распущенной"» [Stites 1992: 157]. 26 декабря 1983 года Пугачева дала на престижной сцене МХАТа концерт «Монологи певицы», состоявший из 26 песен. Многие всем известные шлягеры были исполнены совершенно по-новому: возможно, ориентируясь на театральную публику и ощущая некий скептицизм, Пугачева постаралась продемонстрировать свое владение не только певческой, но и актерской профессией. Ее исполнение песни В. С. Высоцкого «Беда» потрясло всех пришедших на концерт и полностью покорило требовательную театральную публику. Высоцкий,

---

[7] В этой главе обсуждаются концерты Пугачевой, которые являются частью истории эстрадного искусства. Воспоминания и реакция зрителей также есть необходимые элементы истории исполнительского искусства. Анализ концертов Пугачевой, на которых мне довелось побывать, основан на моих заметках, воспоминаниях и разговорах со зрителями.

[8] Описание концерта Пугачевой во МХАТе в 1983 году основано на моих личных воспоминаниях. В то время я служила там актрисой.

окончивший в свое время Школу-студию МХАТа и трагически ушедший из жизни за три года до этого концерта, сочинил эту песню специально для своей жены, французской актрисы Марины Влади. В свою очередь, Пугачева посвятила песню Высоцкому и исполнила ее в совершенно иной, чем Влади, манере, со слегка измененной музыкальной аранжировкой. «Беда», одна из самых драматических песен в репертуаре Пугачевой, напоминала в ее исполнении традиционный русский народный плач: лирическая героиня скорбела о невозможности любви, ибо после коротких минут счастья была обречена на беду и людское осуждение. В песне есть сюжетная недосказанность, дающая возможность слушателю и зрителю подключить собственное воображение:

> Он настиг меня, догнал,
> Обнял, на руки поднял,
> Рядом с ним в седле Беда ухмылялася...
> Но остаться он не мог —
> Был всего один денек,
> А Беда на вечный срок задержалася [Высоцкий 1972].

В тот вечер песня «Беда» была исполнена как как мини-спектакль, дань памяти барда, которая продемонстрировала неразрывную связь творчества Пугачевой с русской народной традицией. «Беда» написана как стилизация под лирическую народную песню с употреблением просторечий; она позволила Пугачевой исследовать лиризм и психологическую глубину женского народного плача. Эмоционально воздействуя на зрителя, Пугачева постоянно балансировала между драматизмом и комизмом, чередуя любовные песни с шуточными и проигрывая перед актерами МХАТа множество ролей. После концерта зрительный зал, стоя, долго аплодировал певице, а главный режиссер театра О. Н. Ефремов обратился позже к молодым актерам и актрисам, сказав, что они должны учиться у Пугачевой высокому профессионализму, преданности искусству и взаимодействию со зрителем.

В своих интервью Пугачева часто признается, что чувство юмора и самоирония являются для нее важнейшими свойствами как на сцене, так и в жизни. Чувство юмора, самоирония, а также преданность профессии ярко проявились во время гастролей певицы в Канаде и США в 2000 году, по ходу которых был дан концерт в Бостоне в театре «Орфеум», он состоялся 23 февраля 2000 года. Самоирония была, пожалуй, преобладающим настроением этого концерта. Исполняя песни, написанные в разные десятилетия ее звездной карьеры, Пугачева иронизировала над своей бурной молодостью, любовными разочарованиями, над приближающейся старостью и жаловалась на проблемы со здоровьем. Активно общаясь со зрителями, она признавалась, что считает себя хорошей комедийной актрисой, любящей исполнять мини-спектакли на сцене. Отвернувшись от зрителей всего на несколько секунд, она мгновенно сменила прическу и, перевоплотившись в провинциальную официантку, запела свой знаменитый шлягер «Настоящий полковник». Незадачливая официантка жалуется воображаемым собеседникам на короткую связь с уголовником, которого принимала за «настоящего полковника»:

> Так вот, под этой личиной
> Скрывался, блин, уголовник!
> Ну в жизни, понимаешь, не скажешь,
> Какой был мужчина —
> Настоящий полковник! [Пугачева 1995].

В конце песни Пугачева обратилась в зрительный зал за поддержкой и произнесла: «Ну и что, что уголовник, у нас вся страна уголовная!» — восторженная публика аплодировала и смеялась, а певица добавила: «Ах, какой был мужчина! Ну настоящий полковник».

На постсоветском неподцензурном этапе в исполнительском стиле Пугачевой появились новые черты, которые невозможно не заметить в ее альбомах и в телепередачах с ее участием. Певица обращалась к зрителям с молитвами, благословляя зрительный зал, а временами шутливо употребляла ненормативную лексику. Она блестяще исполнила песню «Свеча горела» на стихи Пастернака, продолжая балансировать между высокой поэзией и популярными шлягерами, полюбившимися широкой публике. Публика, певшая на бостонском концерте вместе с Пугачевой и знавшая слова большинства ее песен, состояла преимущественно из эмигрантов и охватывала возрастную категорию от детей дошкольного возраста до пенсионеров, включая подростков и людей среднего возраста.

В первые два десятилетия XXI века Пугачева продолжает искусно поддерживать свой статус звезды-шутихи, оставаясь императрицей русской поп-культуры, несмотря на ежедневно меняющуюся моду. Российские СМИ и социальные сети продолжают пристально следить за личной жизнью певицы, ее детей и внуков. Ее шутовской образ поддерживается постоянными комментариями журналистов о прибавке или потере веса, об уходах со сцены и возвращениях, о болезнях и исцелениях. Как птица феникс, певица постоянно возрождается из пепла. Ее бунт против общепринятых условностей касательно того, каков должен быть образ поп-дивы, продолжается и в постсоветском пространстве. Она все еще носит экстравагантные, а иногда и клоунские наряды, при этом работая с ведущими российскими модельерами и стилистами. Становится очевидным, что то, что в советские годы некоторыми критиками объявлялось безвкусием, было на самом деле сознательной стратегией создания определенного неповторимого образа звезды-шутихи, прокладывающей свой собственный неповторимый звездный путь.

Постсоветские диски и видеоклипы Пугачевой наполнены юмором и игровыми элементами. Певица искусно создает пастиши, цитируя музыкальные, литературные и визуальные произведения из разных пластов культуры. Подобные цитаты характерны для постмодернистского искусства и литературы и, если использовать терминологию М. Н. Эпштейна, представляют собой «самоцитирование искусства постмодернизма», в котором художник постоянно «цитирует» других для достижения оригинальности самовыражения через имитацию [Epstein 1999]. Альбом 2005 года «Звезда» иллюстрирует постоянное смешение устоявшейся традиции с экспериментами. В альбоме представлены разнообразные музыкальные жанры и стили, ориентиро-

Рис. 21. А. Б. Пугачева и президент России В. В. Путин. 2014

ванные на слушателей различных возрастных и социальных групп: джаз сменяется стилизованными фольклорными мотивами, стиль диско — лирическими песнями о любви и комическими музыкальными виньетками. В этих песнях наряду с текстами классических русских романсов XIX века используются простонародные выражения и уголовный жаргон.

Песня «Звезда» — это музыкальный пастиш, в котором поется о ночном городском пейзаже с разбитым уличным фонарем, в припеве слышатся отзвуки известного романса П. П. Булахова «Гори, гори, моя звезда». Имитируя джазовые модуляции Эллы Фицджеральд, Пугачева повествует о том, что, пусть мечты и разбиты, звезда надежды никогда не исчезнет с небес, в отличие от фонаря, который люди почему-то постоянно разбивают вдребезги. Горящая звезда — это не только небесное светило, но и сама Пугачева, звезда, сияющая для ее зрителей. От первой до последней песни альбом «Звезда» ни на минуту не позволяет слушателям усомниться в том, что Алла — неизменная и в то же время постоянно меняющаяся звезда.

В постсоветское время искусство эстрады избавилось от идеологических установок и строгой цензуры и подверглось мощной волне коммерциализации и вестернизации, растеряв, как это ни парадоксально, свои исконно русские черты, которые в той или иной степени всегда сохранялись в советскую эпоху.

Популярная музыка, или так называемая *попса*, постепенно вытесняет разнообразие жанров, которое было присуще эстраде прошлых лет. Современные эстрадные певцы делятся, по сути, на две группы: «старые голоса с новыми лицами» и «новые лица без голосов» (разумеется, среди нынешних звезд существуют и редкие исключения). Подобно хамелеонам, исполнители преклонного возраста, типа Валерия Леонтьева, Лаймы Вайкуле и Софии Ротару, сумели приспособиться к новой действительности в мире российского шоу-бизнеса. У большинства представителей этой группы неузнаваемые омоложенные лица, а порой и тела, что является результатом многочисленных пластических операций. Эта группа со старыми голосами и новыми лицами все еще представляет собой мощную старую гвардию, которая, экспериментируя с новыми веяниями, часто исполняет давние, всем полюбившие песни и пользуется любовью публики, ностальгирующей по «старым добрым временам». При этом представителей этой группы все еще отличают высокий профессионализм и преданность своему творчеству. Вторая группа, условно названная «новыми лицами без голосов», использует новые механизмы достижения успеха благодаря богатым спонсорам, мощным технологиям и так называемой раскрутке — постсоветское определение индустрии создания, а иногда попросту раздувания из ничего новой поп-звезды. Раскрутка является одним из элементов вестернизации эстрады и представляет собой занятный смешанный западнорусский феномен, когда популярности новых звезд способствуют доступ к финансовой поддержке, индустрии видеоклипов и видеоэффектам. Мелодичность, столь присущая русской песне, заменяется на электронные ритмы с использованием североамериканских, латиноамериканских, африканских и азиатских музыкальных интонаций. Пугачева, без сомнения, принадлежит к первой группе, но при этом использует время от времени приемы второй, шагая тем самым в ногу со временем.

В 2009 году, в канун своего шестидесятилетия, Пугачева официально объявила о прекращении концертной деятельности и отправилась в прощальное международное турне с новой концертной программой «Мечты о любви». Гастроли начались в Москве и после концертов в Северной Америке, Европе и Израиле завершились в Болгарии, где в 1975 году выступление с песней «Арлекино» сделало Пугачеву знаменитой. Мне, зрительнице концерта певицы в бостонском театре «Катлер маджестик», выход на сцену шестидесятилетней певицы поначалу показался гротескным. Ее омоложенное пластическими операциями лицо и черный мини-балахон находились в полном несоответствии с избыточным весом и опухшими старческими ногами. Весь ее облик демонстрировал не только зрелый возраст, но и пренебрежение какими бы то ни было физическими упражнениями или диетическими ограничениями, столь типичными для западных поп-звезд. Тем не менее, как и раньше, как только Пугачева запела, сценический магнетизм, показавшийся мне в тот вечер сродни шаманству, наэлектризовал завороженную публику. На гигантский экран за спиной певицы проецировались красочные визуальные эффекты, гармонично сочетавшиеся с развевающимися туниками, длина которых в течение концерта изменялась от мини до макси. К концу концерта возникло впечатление, что певица, подобно богине, буквально парит над сценой. Репертуар концерта состоял из песен разных лет, традиционно балансируя между комизмом и драматизмом, а фотографические изображения певицы на экране напоминали зрителям об ипостасях ее творческого пути.

Почти в самом конце программы Пугачева исполнила свой хит 1997 года «Примадонна», к которому сама сочинила и музыку, и слова, — он перекликается с арией Канио из оперы Леонкавалло «Паяцы» «Смейся, паяц, над разбитой любовью!» и в то же время напоминает о трагикомическом настроении песни «Арлекино»:

> Словно раненая птица
> С опереньем золотым,
> На помост выйдешь ты —
> И вижу, вижу я тебя счастливой.
> Пой для меня лишь, пой, примадонна!
> Пой раненой душой, примадонна!

> Умирая каждый раз,
> Смейся в лицо судьбе, примадонна!
> Не привыкать тебе, примадонна!
> К роли страшной и простой —
> Быть звездой [Пугачева 1997].

Восторженные поклонники пели вместе с Пугачевой, которая спустилась в зрительный зал и ходила между рядами партера, поскольку в театре «Катлер маджестик» предусмотрена возможность непосредственного общения исполнителей с публикой.

В самом финале концерта Пугачева буквально вылетела на сцену в ярко-красном развевающемся балахоне с легким воздушным шарфом, который создавал визуальный эффект полета. Окруженная изображениями летящих звезд, создававших метафизическую атмосферу творческого бессмертия, поп-дива спела свою заключительную, прощальную (как тогда казалось) песню: «Я улетаю прочь от земли, / Не будите меня, умоляю! / Я вижу сны, / Сны о любви» [Пугачева 2008]. Красный легкий балахон был модификацией ранних костюмов певицы, созданных модельером В. М. Зайцевым еще в 1970-х годах, и создавалось впечатление, что Арлекино навсегда прощается со зрителями.

После прощального тура Пугачева все-таки не смогла окончательно уйти сцены — поет на концертах и часто выступает на телевидении. Частная жизнь Пугачевой, Галкина и их близнецов Лизы и Гарри, живущих в замке в подмосковной деревне Грязь, стала общенародным достоянием благодаря социальным сетям, которыми активно пользуются и Галкин, и сама Пугачева. В прошлом журналисты и поклонники думали и гадали, займет ли Галкин место певца Филиппа Киркорова, четвертого мужа Пугачевой. Досужие журналисты ошиблись, решив, что талантливый пародист слишком молод для примадонны — разница между супругами составляет 27 лет:

> Уж слишком очевидно, что у престола умудренной жизненным опытом и явно скучающей звезды Галкин играет роль пажа и шута одновременно. Он веселит ее в минуты тоски и отчаяния, ухаживает на светских раутах, но вряд ли претендует на нечто большее [Полупанов 2005].

Рис. 22. А. Б. Пугачева на концерте в Таллине. 1978

Статус знаменитости номер один после В. В. Путина позволяет Пугачевой публично высказывать свою точку зрения на власть и бессменное правление президента. В отличие от многих звезд российского шоу-бизнеса, Пугачева открыто поддерживала кандидатуру бизнесмена М. Д. Прохорова во время предвыборной президентской кампании в 2012 году. Гражданская и политическая позиция Пугачевой гораздо прогрессивнее и либеральнее позиции самого президента и его администрации, а статус шутихи-императрицы позволяет ей открыто и однозначно высказывать мнения, которые противоречат официальной государственной пропаганде, несмотря на строгий контроль за центральными телевизионными каналами.

Сразу после президентских выборов 9 апреля 2012 года Пугачева была приглашена на ток-шоу В. В. Познера. Певица была элегантна, сдержанна и, судя по всему, тщательно подбирала слова для своих рискованных публичных заявлений[9]. На вопрос

---

[9] Алла Пугачева в авторской программе «Познер». URL: https://www.youtube.com/watch?v=1-rUTp3-wOk (дата обращения: 30.05.2020).

Рис. 23. А. Б. Пугачева на концерте в спортивном комплексе «Олимпийский». 1984

Познера, как сама певица объясняет свою популярность и всенародную любовь, Пугачева, подумав, ответила, что она певица для женщин, поскольку все эти годы пела о любви. Подобное объяснение, несомненно, отражает один из факторов ее успеха. Тем не менее необходимо уточнить, что не только песни певицы были созвучны любовным и житейским невзгодам нескольких поколений русских женщин. Личная жизнь Пугачевой, которая постоянно находилась под прожекторами прессы и никогда не скрывалась, всегда разрушала культурные патриархальные стереотипы. Гендерная роль любящей матери и бабушки, мужья и возлюбленные которой становились год от года все моложе, посылала мощные сигналы женской аудитории, разрушая понятия о возрасте, сексуальности и женственности. Шокирующий с точки зрения официального истеблишмента брак с Максимом Галкиным также взорвал понятия дозволенности, перевернув гендерные роли в обществе, где зачастую состоятельные мужчины бросают стареющих жен, женясь на молодых. Традиционная роль асексуальной бабушки-старушки также была полностью трансформирована Пугачевой, поскольку, преодолевая биологическую женскую природу, она в возрасте 66 лет вновь стала матерью (пусть с суррогатной помощью) и признается, что никогда не была так счастлива в семейной жизни. Подобное существование шутихи-императрицы вселяет надежду и вдохновляет многомиллионную женскую аудиторию ее поклонниц, страдающих от дискриминации как по возрастным, так и по гендерным признакам.

По поводу предстоящей передачи «Алла Пугачева — Максим Галкин. Линия общения с народом» в день рождения примадонны (явная пародия на прямую линию российского президента) Познер заметил, что только у президента России есть такая линия. Ответ Пугачевой был таков: «Правда? Значит, я вторая, что ли? Жалко... А я думала, мы первые». Отвечая на вопрос о третьем президентском сроке Путина, Пугачева сказала, что считает такое решение большой ошибкой. «Это некрасиво... Это унижает людей», — заключила она. Чуть позже она грустно добавила: «Большая потеря произошла. Потеря совести».

15 апреля 2012 года Пугачева и Галкин провели на НТВ «Прямую линию общения с народом»[10]. Состоялась экскурсия по неоготическому замку «Pierre Blanche» в деревушке под названием Грязь — само по себе подобное смысловое сочетание вызывает невольную улыбку. Народу показали с вертолета величественную постройку, окруженную простыми деревенскими домами, и даже взяли интервью у местных жителей. Затем Галкин показал журналисту НТВ интерьеры своего замка, а после этого примадонна в мехах, с молодым мужем, поехала в лимузине на виртуальную встречу с народом, а заодно и на встречу со старыми друзьями и коллегами, пришедшими в телевизионную студию поздравить ее с днем рождения. По дороге Галкин уточнил, что замок построен исключительно на его честно заработанные деньги.

Пугачева появилась в студии НТВ в сиренево-фиолетовом мини-балахоне и в белых полусапожках на высоком каблуке,

---

[10] Алла Пугачева — Максим Галкин. Прямая линия общения с народом. URL: https://www.youtube.com/watch?v=D_sObxbbihQ (дата обращения: 31.05.2020).

Рис. 24. А. Б. Пугачева и М. А. Галкин. 2019

в которых ей явно было не очень комфортно передвигаться. Неуклюже взобравшись на кресло-трон, Пугачева подняла пальцы над головой, имитируя корону, и велела Галкину сделать тот же жест — подобное поведение означало, что именно они, императрица-шутиха Алла и ее муж, являются царственными особами в государстве.

Прошли века с тех времен, когда слуга Арликин из комедии Сумарокова «Чудовищи» неожиданно был назначен судьей, и на новом витке русской истории Арлекино — Пугачева публично выражает свою точку зрения на общественные и социальные проблемы, противостоя общепринятым нормам путинской России. Вопросы, затронутые на прямой линии общения с народом, касались таких деликатных для России тем, как транссексуальность, гендерная идентичность и гомосексуализм, панк-молебен в храме Христа Спасителя феминистской группы «Pussy Riot». И Пугачева, и Галкин были крайне либеральны и толерантны в своих ответах, демонстрируя яркий контраст с официальным отношением к секс-меньшинствам и инакомыслию.

В документальном кинофильме «Алла Пугачева — моя бабушка» Жванецкий обращается к Пугачевой со словами:

> Аллочка Борисовна... Она несколько раз начинала жизнь с начала на глазах у всей страны. Страна знает Путина и Пугачеву, и стране этих двух хватает. Аллочка! И пела так, что все за ней повторяли, и живет так, что все за ней повторяют. В общем, те, кто предан и терпелив, любит ее — их миллионы. Того, кто независим и талантлив, любит она — их десятки. Эти два клана сегодня сошлись[11].

Творчество императрицы-шутихи является ярким феноменом культуры не только в контексте советской и постсоветской эстрады, но и в истории русского арлекинизированного искусства. Ее универсальное вневременное творчество постоянно обновляется, сохраняет неразрывную связь со свободой и уходит корнями в русскую старину[12].

---

[11] «Алла Пугачева — моя бабушка». Документальный фильм. 2014. URL: https://www.youtube.com/watch?v=kVnI4T8EMKY&t=303s (дата обращения: 01.05.2020).

[12] Свое семидесятилетие вернувшаяся на сцену Пугачева (по ее словам, лишь для одного выступления) отметила сольным концертом «P.S.», состоявшимся в Государственном Кремлевском Дворце 17 апреля 2019 года. Концерт лег в основу кинофильма «Алла Пугачева. Тот самый концерт», премьера которого прошла 31 октября 2019 года, он стал самым кассовым фильмом-концертом в российском постсоветском кинопрокате и имел большой успех у зрителей разных поколений, немедленно раскупивших все билеты в кинотеатры страны. Семидесятилетняя певица подготовила к юбилейному концерту новый репертуар и, решив пойти на риск, спела всего несколько популярных песен.

Эпилог
Триумф итальянского Арлекино на постсоветской сцене

Мне хотелось бы закончить эту книгу о трехвековой традиции странствий итальянских масок по дорогам русской культуры рассказом о еще одном сенсационном появлении итальянского Арлекино на постсоветской сцене, когда российская публика вновь восторженно аплодировала актерам, играющим в стиле комедии дель арте. В мае 2001 года Третья международная театральная олимпиада в Москве открылась комедией Гольдони «Арлекин, или Слуга двух господ» в постановке итальянского режиссера Д. Стрелера (1921–1997), художественного руководителя Театра Пикколо в Милане. «Арлекин, или Слуга двух господ» был поставлен в 1947 году и стал художественной эмблемой театра. Спектакль получил международное признание и возобновлялся несколько раз. К моменту прибытия в Россию спектакль уже сыграли более двух тысяч раз в более чем сорока странах, всегда с неизменным успехом у публики.

Комедия Гольдони создана как литературная версия сценариев комедии дель арте, вдохновлявшей Стрелера на протяжении всей его карьеры[1]. Главный герой пьесы, Арлекино, находчивый

---

[1] Мой анализ спектакля Стрелера «Арлекино, или Слуга двух господ» Гольдони основан на видеозаписи. Giorgio Strehler's production of Harlequin, the Servant of Two Masters (in Il Grande Teatro di Giorgio Strehler, vol. 2, DVD 3, Arlecchino Servitore di Due Padroni di Carlo Goldoni. Piccolo Teatro di Milano 60. TV version, 1993).

простак из Бергамо, волею судьбы оказывается в Венеции без средств к существованию. Чтобы подзаработать и не умереть от голода, Арлекино одновременно принимает два предложения и решает служить двум господам. Одним из его хозяев (на самом деле это хозяйка) является дворянка из Турина Беатриче, переодетая в мужское платье, а другим — дворянин Флориндо, влюбленный в Беатриче, но не узнающий ее в мужском обличье. Арлекин, в свою очередь, влюбляется в острую на язык служанку Смеральдину, и его чувства взаимны. Все недоразумения заканчиваются счастливыми свадьбами. Второстепенные персонажи — венецианский купец Панталоне, хозяин гостиницы, Бригелла и Доктор — основаны на знаменитых масках комедии дель арте.

Следуя традициям комедии дель арте, синтетический спектакль Стрелера включает в себя танец, пение, акробатические трюки и возрожденную актерскую технику комедии дель арте, не имеющую ничего общего с русским психологическим театром. Когда актер Феруччо Солери впервые появляется на сцене, современного зрителя охватывает странная смесь восхищения с почти мистическим страхом из-за гротескного сочетания черной неподвижной полумаски на лице Арлекина с ловким, подвижным телом, неожиданными прыжками и акробатикой. Мертвенно-неподвижное лицо контрастирует с живым телом, а выразительный рот актера издает радостные звуки и с бешеной скоростью произносит слова. Все движения Арлекино-Солери напоминают марионетку, которой манипулирует искусный кукловод. Арлекино в спектакле — не столько обычный человек, сколько странное, загадочное существо, пришелец из прошлого. Остальные персонажи в масках поражают гротескными частями тела и животными звуками: кудахтаньем, писком, шипением и воем. Русская публика еще раз соприкоснулась с универсальным театром, разрушающим культурные и языковые барьеры. Публика не догадывалась о том, что Феруччо Солери, исполняющему роль Арлекина, уже за семьдесят. После десятиминутной овации в конце спектакля Солери внезапно снял маску, и зрители увидели его седые волосы. Выражая восхищение виртуозной игрой актера, зрители встали, продолжая аплодировать. Ведущие представители русского театра и кино — М. А. Захаров, П. Н. Фоменко и Э. А. Рязанов, а также члены правительства РФ (включая мэра Москвы Ю. М. Лужкова и министра культуры М. Е. Швыдкого) вместе со зрителями аплодировали новому триумфу итальянской арлекинады на русской сцене[2]. Долгие овации 2001 года эхом вторили через века овациям 1731-го, когда двор императрицы Анны Иоанновны аплодировал первой итальянской труппе Томазо Ристори. Спектакль 2001 года шел без субтитров, точно так же, как шли без перевода и первые итальянские представления в России в XVIII веке, и универсальный межкультурный язык комедии дель арте вызывал восхищение у русских зрителей, большинство которых не понимало итальянского. Радостный, яркий мир арлекинады вновь увлекал зрителей в магический мир театра.

Поражала жизнеутверждающая атмосфера спектакля, поставленного, подобно «Принцессе Турандот» Вахтангова, как театр в театре, а блистательные актеры, воссоздавшие на сцене старинную комедию дель арте, казались бродячей труппой эпохи позднего Ренессанса. Арлекин с седыми волосами, вышедший на последний поклон, заставлял вспомнить пьесу Евреинова «Веселая смерть», а его черная полумаска обладала трансцендентальными чертами, напоминая о долгих странствиях по дорогам мира. Сочетание статичного, как будто неживого лица с полным жизни телом повествовало о бессмертии маски Арлекина и о том, что пусть жизнь неотделима от смерти, но искусство вечно.

---

[2] Мурзина М. Итальянцы в России // Аргументы и факты. 2011. № 17. С. 22.

Библиография

Аввакум 1673 — Житие протопопа Аввакума, им самим написанное. URL: az.lib.ru/a/awwakum/text_1673_zhitie_protopopa_avvakuma.shtml (дата обращения: 08.04.2020).

Аверинцев 1993 — Аверинцев С. Бахтин и русское отношение к смеху // От мифа к литературе: Сборник статей в честь 75-летия Е. М. Мелитинского. М.: Российский гос. гуманитарный ун-т, 1993.

Агишева 1997 — Агишева Н. Алла и больше ничего // Московские новости. 1997. 24–31 авг. С. 19.

Анисимов 2002 — Анисимов Е. В. Анна Иоанновна. М.: Молодая гвардия, 2002.

Ашкенази 1914 — Ашкенази З. Е. Безсмертный Петрушка // Ежегодник императорских театров. Вып. 4. СПб.: Тип. дирекции Императорских театров, 1914.

Бахтин 1990 — Бахтин М. М. Творчество Франсуа Рабле и народная культура Средневековья и Ренессанса. М.: Художественная литература, 1990. URL: http://www.bim-bad.ru/docs/bakhtin_rablai.pdf (дата обращения: 23.05.2020).

Бахтин 1975 — Бахтин М. М. Функции плута, шута, дурака в романе // Формы времени и хронотопа в романе // Вопросы литературы и эстетики. М.: Художественная литература, 1975. С. 234–407.

Белкин 1975 — Белкин А. Русские скоморохи. М.: Наука, 1975.

Беляков 1997 — Беляков А. Алка, Аллочка, Алла Борисовна. М.: Вагриус, 1997. С. 140–141.

Берков 1977 — Берков П. Н. История русской комедии XVIII века. Л.: Наука, 1977.

Блок 1981 — Блок А. Балаганчик // А. А. Блок. Собр. соч.: в 6 т. Т. 3. Л.: Художественная литература, 1981.

Бойд 2001 — Бойд Б. Владимир Набоков: русские годы / Пер. Г. Лапиной. М.: Независимая газета; СПб.: Симпозиум, 2001.

Бойд 2004 — Бойд Б. Владимир Набоков: американские годы / Пер. М. Бирдвуд-Хеджес, А. Глебовской, Т. Изотовой, С. Ильина. М.: Независимая газета; СПб.: Симпозиум, 2004.

Бромлей 1923 — Бромлей Н. Н. Турандот Вахтангова // К. Гоцци. Принцесса Турандот. Театрально-трагическая сказка в 5 актах / Пер. М. Осоргина. М.: Гос. изд-во, 1923. С. 35–39.

Брюсов 1902 — Брюсов В. Я. «Ненужная правда» (По поводу Московского Художественного Театра). URL: https://www.litmir.me/br/?b=282000&p=1 (дата обращения: 12.05.2020).

Бушуева 1993 — Бушуева С. Гольдони в России. СПб.: Российский ин-т истории искусств, 1993.

Варенга 1998 — Варенга М. Конспект статьи про Пугачеву // Аргументы и факты. 1998. № 48. Нояб. С. 8.

Вахтангов 1984 — Евгений Вахтангов / Ред. Л. Д. Вендровская. М.: Всероссийское театральное общество, 1984.

Вахтангов 2011 — Вахтангов Е. Евгений Вахтангов. Документы и свидетельства: в 2 т. / Под ред. В. Иванова. М.: Индрик, 2011.

Вересаев 1990 — Вересаев В. Гоголь в жизни. Систематический свод подлинных свидетельств современников. М.: Московский рабочий, 1990.

Всеволодский-Гернгросс 1913 — Всеволодский-Гернгросс В. Н. Театр в России при императрице Анне Иоанновне // Ежегодник Императорских театров. Вып. 3. СПб., 1913.

Всеволодский-Гернгросс 1957 — Всеволодский-Гернгросс В. Н. Русский театр от истоков до середины XVIII века. М.: Изд-во АН СССР, 1957.

Высоцкий 1972 — Высоцкий В. С. Беда. 1972. URL: https://shanson-text.ru/song.php?id_song=1601 (дата обращения: 02.06.2020).

Гоголь 1952 — Гоголь Н. В. Полн. собр. соч.: в 14 т. Л.: Изд-во АН СССР, 1952. Т. 3, 9, 11.

Гоцци 1923 — Гоцци К. Принцесса Турандот. Театрально-трагическая сказка в 5 актах / Пер. М. Осоргина. М.: Гос. изд-во, 1923.

Горчаков 1957 — Горчаков Н. М. Режиссерские уроки Вахтангова. М.: Искусство, 1957.

Гусман 2016 — Гусман Б. Е. «Принцесса Турандот» в Третьей Студии МХТ // Евгений Вахтангов в театральной критике. М.: Театралис, 2016.

Дмитриев 1977 — Дмитриев Ю. Цирк в России от истоков до 1917 года. М.: Искусство, 1977.

Достоевский 1982а — Достоевский Ф. М. Записки из Мертвого дома // Ф. М. Достоевский. Собр. соч.: в 12 т. М.: Правда, 1982. Т. 3.

Достоевский 1982б — Достоевский Ф. М. Преступление и наказание // Ф. М. Достоевский. Собр. соч.: в 12 т. М.: Правда, 1982. Т. 5.

Евреинов 1908 — Евреинов Н. Н. Веселая Смерть // Веселая Смерть. Из репертуара веселого театра. СПб: Труд, 1908.

Евреинов 2005 — Евреинов Н. Н. Театр у животных // Оригинал о портретистах. М.: Совпадения, 2005.

Евреинов 2007 — Евреинов Н. Н. Самое главное. М.: Летний сад, 2007.

Жванецкий 1998 — Жванецкий М. М. // Московские новости. 1998. 13–19 апр. С. 1.

Жванецкий 2014 — Жванецкий М. М. Алла Пугачева — моя бабушка. Документальный фильм. 2014. URL: https://www.youtube.com/watch?v=kVnI4T8EMKY&t=303s. (дата обращения: 25.04.2021).

Захава 1969 — Захава Б. Е. Современники. М.: Искусство, 1969.

Иванов 1999 — Иванов В. В. Русские сезоны театра Габима. М.: Артист. Режиссер. Театр, 1999.

Кузмина 1958 — Кузмина В. Д. Русский демократический театр XVIII века. М.: Изд-во АН СССР, 1958.

Кулакова 1969 — Кулакова Л. И. Проблема характера в русской комедии XVIII века // Проблемы жанра в истории русской литературы. Л.: Ленинградский гос. педагогический ин-т им. А. И. Герцена, 1969.

Лермонтов 1979 — Лермонтов М. Ю. Герой нашего времени // М. Ю. Лермонтов. Избранное. Л.: Художественная литература, 1979.

Ливанова 1938 — Ливанова Т. Н. Очерки и материалы по истории русской музыкальной культуры. М.: Искусство, 1938.

Лихачев 1984 — Лихачев Д. Г. Смех как мировоззрение // Д. Лихачев, А. Панченко, Н. Понырко. Смех в древней Руси. Л.: Наука, 1984.

Лотман 1994 — Лотман Ю. М. Бал // Беседы о русской культуре. Быт и традиции русского дворянства (XVII — начало XVIII века). СПб.: Искусство, 1994.

Лотман 1998 — Лотман Ю. М. Об искусстве. СПб: Искусство-СПБ, 1998.

Манн 1988 — Манн Ю. (ред.). Гоголь и мировая литература. М.: Наука, 1988.

Марков 1922 — Марков П. А. Принцесса Турандот // Евгений Вахтангов в театральной критике. М.: Театралис, 2016.

Миклашевский 1914 — Миклашевский К. М. La Commedia dell'arte, или Театр итальянских комедиантов XVI, XVII, XVIII столетий. СПб.: Сириус, 1914.

Михневич 1879 — Михневич В. Очерк истории музыки в России. СПб., 1879.

Москвина 1999 — Москвина Т. В. Та, на кого мы похожи // Московские новости. 1999. № 14. 13–19 апр. С. 23.

Муратов 1999 — Муратов П. Образы Италии. М.: Терра, 1999.

МХТ 1998 — Московский Художественный Театр. Сто лет. М.: Изд-во Московского художественного театра, 1998.

Набоков 1979 — Набоков В. Стихи. Ann Arbor: Ardis, 1979.

Набоков-Ильин 1999 — Набоков В. В. Смотри на арлекинов! / Пер. С. Ильина // В. Набоков. Собр. соч. американского периода. СПб.: Симпозиум, 1999. С. 98–313.

Набоков-Бабиков 2014 — Набоков В. В. Взгляни на арлекинов! / Пер. А. Бабикова. СПб.: Азбука, 2014.

Овэс 2000 — Овэс Л. С. Студия на Бородинской и журнал «Любовь к трем апельсинам» Вс. Мейерхольда. К проблеме театральной маски и эстетике сценического традиционализма // Маска и маскарад в русской культуре XVIII–XX веков / Под ред. Е. И. Струтинской. М.: Гос. ин-т искусствознания, 2000.

Ожегов 1998 — Ожегов С. Толковый словарь русского языка. М.: Изд-во РАН, 1998.

Орлов 1970 — Орлов А. С. Древняя русская литература XI–XVII веков. Paris: Mouton, 1970.

Осоргин 1923 — Осоргин М. А. Гоцци и Вахтангов // К. Гоцци. Принцесса Турандот. Театрально-трагическая сказка в 5 актах / Пер. М. Осоргина. М.: Гос. изд-во, 1923.

Пезенти 2008 — Пезенти М. К. Комедия дель арте и жанр интермедии в русском любительском театре XVIII века. СПб.: Балтийские сезоны, 2008.

Пекарский 1862 — Пекарский П. Введение в историю просвещения в России XVIII столетия. СПб.: Тип. товарищества «Общественная польза», 1862.

Перетц 1895 — Перетц В. Н. Кукольный театр на Руси. СПб.: Тип. императорских театров, 1895.

Перетц 1917 — Перетц В. Н. Итальянские комедии и интермедии, представленные при дворе Императрицы Анны Иоанновны в 1733–1735 годах. Тексты. Пг.: Императорская академия наук, 1917.

Полупанов 2005 — Полупанов В. Звездный развод. Пугачева: Займет ли Максим место Филиппа // Аргументы и факты. 2005. № 48. С. 27.

Пушкин 1981 — Пушкин А. С. Собр. соч.: в 10 т. М.: Правда, 1981. Т. 2.

Серебрянникова 1997 — Серебрянникова Б. Певцы советской эстрады // Алла Пугачева глазами друзей и недругов / Под ред. Б. М. Поюровского. М.: Центрполиграф, 1997.

Симонов 1959 — Симонов Р. Н. С Вахтанговым. М.: Искусство, 1959.

Симонова-Партан 2012 — Симонова-Партан О. Е. Ты права, Филумена! Вахтанговцы за кулисами театра. М.: ПРОЗАиК, 2012.

Сиповский 1900 — Сиповский В. В. Итальянский театр в Петербурге при Анне Иоанновне // Русская старина. СПб.: Товарищество «Общественная польза», 1900.

Смирнова 1963 — Смирнова Н. И. Советский театр кукол 1918–1932. М.: Изд-во АН СССР, 1963.

Смирнов-Несвицкий 1987 — Смирнов-Несвицкий Ю. А. Вахтангов. Л.: Искусство, 1987.

Станиславский 2000 — Станиславский К. С. Моя жизнь в искусстве. М.: Вагриус, 2000.

Старикова 1988 — Старикова Л. М. Театральная жизнь старинной Москвы. Эпоха. Быт. Нравы. М.: Искусство, 1988.

Старикова 1995 — Старикова Л. М. Театральная жизнь в России в эпоху Анны Иоанновны // Документальна хроника 1730–1740. М.: Радикс, 1995.

Старикова 1996 — Старикова Л. М. Иностранные кукольники в России в первой половине XVIII в. // Памятники культуры. Новые открытия. М.: Наука, 1996.

Старикова 1997 — Старикова Л. М. Театр в России XVIII века. Опыт документального исследования. М.: ГЦТМ Бахрушина, 1997.

Старикова 2003 — Старикова Л. М. Театральная жизнь в России в эпоху Елизаветы Петровны // Документальная хроника 1741–1750. Вып. 2. Ч. 1. М.: Наука, 2003.

Сумароков 1957 — Сумароков А. П. Избранные произведения. Л.: Советский писатель, 1957.

Стахорский 2012 — Стахорский С. Театральная культура древней Руси. М.: ГИТР, 2012.

Тихонравов 1874 — Тихонравов Н. Русские драматические произведения 1672–1725 годов. СПб.: Изд. Кожанчикова, 1874. Т. 2.

Тынянов 1921 — Тынянов Ю. Достоевский и Гоголь (К теории пародии). Пг.: Опояз, 1921.

Ушаков 1940 — Ушаков Д. Толковый словарь русского языка. М.: Гос. изд-во иностранных словарей, 1940. Т. 4.

Черных 1959 — Черных П. О слове «Шинель» // Вестник Московского ун-та. 1959. № 4.

Чехов 1960 — Чехов А. П. Дядя Ваня // А. П. Чехов. Собр. соч.: в 12 т. Т. 9. М.: Гос. изд-во художественной литературы, 1960.

Тредиаковский 1733 — Тредиаковский В. К. Четыре Арлекина. СПб., 1733 (Архив Гарвардского университета, микрофильм № W 23673.8.7).

Феррацци 2008 — Ферацци М. Комедия дель арте и ее исполнители при дворе Анны Иоанновны 1731–1738. М.: Наука, 2008.

Штелин 1738 — Штелин И. Историческое описание однаго театрального действа, которое называется опера // Л. М. Старикова. Театральная жизнь в России в эпоху Анны Иоанновны // Документальная хроника 1730–1740. М.: Радикс, 1995. С. 532–576.

Щепеткова 2000 — Щепеткова И. А. Принципы и эстетика комедии дель арте в русской режиссуре первой четверти XX века. А. Таиров // Маска и маскарад в русской культуре XVIII–XX веков. М.: Гос. ин-т искусствознания, 2000.

Эйхенбаум 1918 — Эйхенбаум Б. Как сделана Шинель Гоголя. URL: https://plamber.com.ua/read-book/4841/ (дата обращения: 03.02.2020).

Alexandrov 1991 — Alexandrov V. Nabokov's Otherworld. Princeton: Princeton University Press, 1991.

Alexandrov 1995 — Alexandrov V. Nabokov and Evreinov // The Garland Companion to Vladimir Nabokov / ed. by V. Alexandrov. New York: Garland Publishing, 1995.

Belli 1984 — Belli G. G. People of Rome in 100 Sonnets / transl. by A. Andrews. Rome: Bardi Editore, 1984.

Boyd 1990 — Boyd B. Vladimir Nabokov: The Russian Years. Princeton: Princeton University Press, 1990.

Boyd 1991 — Boyd B. Vladimir Nabokov: The American Years. Princeton: Princeton University Press, 1991.

Boym 2001 — Boym S. The Future of Nostalgia. New York: Basic Books, 2001.

Bragaglia 1953 — Bragaglia A. G. Pulcinella. Rome: Gherardo Casini, 1953.

Broyard 1974 — Broyard A. Snag in a Strip Tease // New York Times. 1974. October 10. P. 45.

Callow 2007 — Callow S. Forward // A. Fava. The Comic Mask in Commedia dell'arte: Actor Training, Improvisation, and the Poetic of Survival. Evanston: Northwestern University Press, 1979.

Carnicke 1989 — Carnicke S. M. The Theatrical Instinct: Nikolai Evreinov and the Russian Theater of the Early Twentieth Century. New York: Peter Lang, 1989.

Chaffee and Crick 2015 — The Routledge Companion to Commedia dell'Arte / ed. by Chaffee J. and Crick O. London: Routledge, 2015.

Clayton 1993 — Clayton D. Pierrot in Petrograd: The Commedia dell'Arte // Balagan in Twentieth-Century Russian Theater and Drama. London: McGill-Queen's University Press, 1993.

Clayton 2015 — Clayton D. From Meyerhold to Eisenstein: Commedia dell'Arte in Russia // The Routledge Companion to Commedia dell'Arte / ed. by J. Chaffee, O. Crick. London: Routledge, 2015. P. 364–369.

Clavilier, Duchefdelaville 1999 — Clavilier M., Duchefdelaville D. Commedia dell'arte: Le jeu masqué. Grenoble: Presse Universitaires de Grenoble, 1999.

Collins 1973 — Collins C. Nikolai Evreinov as a Playwright // Theater as Life: Five Modern Plays by Nikolai Evreinov / transl. by. Ch. Collins. Ann Arbor: Ardis, 1973.

Croce 1899 — Croce B. Pulcinella e il personaggio del napoletano in commedia: Ricerche ed osservazioni. Rome: Loescher, 1899.

Duchartre 1966 — Duchartre P. L. The Italian Comedy. New York: Dover Publications, 1966.

Epstein 1999 — Epstein M. Conclusion: On the Place of Postmodernism in Postmodernity // Epstein M., Genis A., and Vladiv-Glover S. Russian Postmodernism: New Perspectives on Post-Soviet Culture, / transl. by S. Vladiv-Glover. New York: Berghahn Books, 1999. P. 461–462.

Fava 2007 — Fava. A. The Comic Masks in the commedia dell'arte. Evanston: Northwestern University Press, 2007.

Fanger 1979 — Fanger D. The Creation of Nikolai Gogol. Cambridge, MA: Harvard University Press, 1979.

Ferrazzi 2000 — Ferrazzi M. Commedie e comici dell'arte Italiani alla corte Russa: 1731–1738. Rome: Bulzoni Editore, 2000.

Field 1986 — Field A. V. N.: The Life and Art of Vladimir Nabokov. New York: Crown, 1986.

Fraysse 1993 — Fraysse S. Look at the Harlequins! or The Construction of an Autobiography through the Reader-Writer Relationship // Cycnos. 10. 1993. № 1. Nice, France. P. 143–49.

Goldoni 1965 — Goldoni C. Memoires. Paris: Mercure de France, 1965.

Golub 1984 — Golub S. Evreinov: The Theater of Paradox and Transformation. Ann Arbor, MI: UMI Reseach Press, 1984.

Gozzi 1989 — Gozzi C. Five Tales for the Theater / ed. and transl. by A. Bermel, T. Emery. Chicago: University of Chicago Press, 1989.

Graffy 2000 — Graffy J. Gogol's «The Overcoat». London: Bristol Classical Press, 2000.

Gray 1986 — Gray C. The Russian Experiment in Art: 1863–1922. Rev. ed. London: Thames and Hudson, 1986.

Green, Swan 1986 — Green M., Swan J. The Triumph of Pierrot: The Commedia dell'Arte and the Modern Imagination. University Park: The Pennsylvania University Press, 1986.

Heck 1988 — Heck T. Commedia dell'Arte: A Guide to the Primary and Secondary Literature. New York: Garland, 1988.

Johnson 1985 — Barton Johnson D. World in Regression: Some Novels by Vladimir Nabokov. Ann Arbor: Ardis, 1985.

Johnson 1995 — Barton Johnson D. «Look at the Harlequins!» // The Garland Companion to Vladimir Nabokov / ed. by V. Alexandrov. New York: Garland Publishing, 1995.

Kadulska 1991 — Kadulska I. L'influence de la 'commedia dell'arte' sur le théâtre des collèges de la Compagnie de Jésus en Pologne // Les innovations théâtrales de musicales Italiennes en Europe aux XVIII et XIX siècles / ed. by I. Mamczarz. Paris: Presses Universitaires de France, 1991.

Karlinsky 1971 — Karlinsky S. Nabokov's Russian Games // The New York Times Book Review. 1971. April 18.

Karlinsky 1976 — Karlinksy S. The Sexual Labyrinth of Nikolai Gogol. Cambridge, MA: Harvard University Press, 1976.

Kelly 1990 — Kelly C. Petrushka: The Russian Carnival Puppet Theater. Cambridge: Cambridge University Press, 1990.

Kennedy 1998 — Kennedy J. The Triumph of Harlequin: Commedia dell'Arte and its Significance in the Work of the «Mir Iskusstva» Group // The Silver Age: Russian Literature and Culture 1881–1921. 1998. Vol. 1. P. 33–67.

Levitt 2009 — Levitt M. Sumarokov: Life and Works // Early Modern Russian Letters: Texts and Contexts. Boston: Academic Studies Press, 2009. P. 6–21.

Magarshack 1980 — Magarshack D. Stanislavsky on the Art of the Stage. Boston: Faber and Faber Limited, 1980.

Malaev-Babel 2013 — Malaev-Babel A. Yevgeny Vakhtangov: A Critical Portrait. London; New York: Routledge, 2013.

McQuillen 2013 — McQuillen C. The Modernist Masquerade: Stylizing Life, Literature, and Costumes in Russia. Madison: University of Wisconsin Press, 2013.

Miklashevsky 1927 — Miklashevsky K. [Constant Mic, K. M. Miklashevskii]. La commedia dell'arte: ou le théatre des comédiens italiens des XVI, XVII, & XVIII siècles. Paris: Shiffrin, 1927.

Molinari 1985 — Molinari. La commedia dell'arte. Milan: Arnoldo Mondadori Editore, 1985.

Moody 1978 — Moody C. Vsevolod Meyerhold and the «commedia dell'arte» // Modern Language Review. 1978. Vol. 73. October. P. 859–869.

Mooser 1948 — Mooser R.-A. Annales de la musique et des musiciens en Russie au XVIIIe siècle. Vol. 1. Geneva: Mont-Blanc, 1948.

Nabokov 1944 — Nabokov V. Nikolay Gogol. New York: New Direction, 1944.

Nabokov 1973 — Nabokov V. Interview for BBC Television // V. Nabokov. Strong Opinions. New York: McGraw-Hill, 1973.

Nabokov 1980 — Nabokov V. Lectures on Russian Literature. New York: Harcourt Brace Jovanovich, 1980.

Nabokov 1989 — Nabokov V. Selected Letters 1940–1977. New York: Harcourt Brace Jovanovich, 1989.

Nabokov 1990 — Nabokov V. Look at the Harlequins! New York: Vintage, 1990.

Neubauer 2002 — Neubauer P. The Figure of the Fool in the Master's Later Novels: *Commedia dell'arte* Adaptations in Vladimir Vladimirovich Nabokov's English Novels // Vladimir Nabokov at 100 special issue, Amerikastudien // American Studies. 2002. Vol. 47. № 3. P. 375–385.

Oreglia 1968 — Oreglia G. The Commedia dell'Arte. London: Methuen, 1968.

Paperno 1994 — Paperno I. Creating Life: The Aesthetic Utopia of Russian Modernism. Stanford: Stanford University Press, 1994.

Patteson 1976 — Patteson R. Nabokov's «Look at the Harlequins!»: Endless Re-Creation of the Self // Russian Literature Triquaterly. 1976. № 14. P. 84–98.

Person 1992 — Person T. Meyerhold and Evreinov: «Originals» at Each Other's Expense // New Theater Quarterly. 1992. November.

Pesenti 1996 — Pesenti M. C. Arlecchino e Gaer nel teatro dilettantesco russo del settecento: Contatti e intersezioni in un repertorio teatrale. Milan: Guerini scientifica, 1996.

Poirier 1974 — Poirier R. Nabokov as his own half-hero: *Look at the Harlequins!* // New York Times Book Review. 1974. October 13. P. 2–4.

Reyfman 1990 — Reyfman I. Vasilii Trediakovsky: The Fool of the «New» Russian Literature. Stanford: Stanford University Press, 1990.

Richards 1989 — Richards L. Un Pulcinella Antico e Moderno: Anotnio Petito and the Traditions of the Commedia dell'arte in Nineteenth-Century Naples // Commedia dell'arte from Renaissance to Dario Fo / ed. by Ch. Cairns. Lewiston, NY: Edwin Mellen Press, 1989.

Sand 1915 — Sand M. The History of the Harlequinade. New York: Benjamin Blom, 1915.

Shapiro 1993 — Shapiro G. Nikolai Gogol and the Baroque Cultural Heritage. University Park: Pennsylvania State University Press, 1993.

Smale 2000 — Smale A. A Superstar Evokes a Superpower // New York Times. 2000. February 28. Section B. P. 1.

Soboleva 2008 — Soboleva O. The Silver Mask: Harlequinade in the Symbolist Poetry of Blok and Belyi. Oxford; New York: Peter Lang, 2008.

Springer 2002 — Springer C. C. Nabokov's Memory at Play: «Look at the Harlequins» // Vladimir Nabokov at 100. Special issue Amerikasstudien // American Studies. 2000. Vol. 47. № 3. P. 359–374.

Stites 1992 — Stites R. Russian Popular Culture: Entertainment and Society since 1900. Cambridge: Cambridge University Press, 1992.

Stravinsky 1998 — Stravinsky I. An Autobiography. New York: W. W. Norton, 1998.

Sweeney 1998 — Sweeney S. Playing Nabokov: Performances by Himself and Others // Studies in 20th Century Literature. 1998. Vol. 22. № 2 (Summer). P. 295–318.

Wachtel 1998 — Wachtel A. ed. Petrushka: Sources and Contexts. Evanston, IL: Northwestern University Press, 1998.

Welsh 1966 — Welsh D. Russian Comedy: 1765–1823. Paris: Mouton & Company, 1966.

White 1979 — White E. W. Stravinsky: The Composer and his Work. 2nd ed. Berkley; Los Angeles: University of California Press, 1979.

Whyman 2008 — Whyman R. The Stanislavsky System of Acting: Legacy and Influence on Modern Performance. Cambridge: Cambridge University Press, 2008.

Wood 2005 — Wood M. Nabokov's Late Fiction // The Cambridge Companion to Nabokov / ed. by J. W. Connolly. Cambridge, NY: Cambridge University Press, 2005.

Worrall 1989 — Worrall N. Modernism to Realism on the Soviet Stage: Tairov — Vakhtangov — Okhlopkov. Cambridge: Cambridge University Press, 1989.

Zguta 1978 — Zguta R. Russian Minstrels: A History of the *Skomorokhi*. Philadelphia: University of Pennsylvania Press, 1978.

Каталоги выставки

4 Чувства 2003 — 4 Чувства. Праздник в Петербурге XVIII века. М.: Художник и книга, 2003.

Музыкальные записи, компактные диски

Пугачева 1975 — «Арлекино», музыка Э. Димитрова, стихи Д. Баркаса // А. Пугачева. «Золотые песни»: компакт-диск. М.: Экстрафон, 2000.

Пугачева 1977 — «Все могут короли», музыка Б. Рычкова, стихи Л. Дербенева // А. Пугачева. «Золотые песни»: компакт-диск. М.: Экстрафон, 2000.

Пугачева 1995 — «Настоящий полковник», музыка и стихи А. Пугачевой // А. Пугачева. «Не делайте мне больно, господа»: компакт-диск. М.: Студия СОЮЗ, 1995.

Пугачева 1997 — «Примадонна», музыка и стихи А. Пугачевой, 1997.

Пугачева 2008 — «Я улетаю», музыка С. Абрашина, слова А. Иванова, 2008.

Список иллюстраций

Введение

Рис. 1. Персонажи итальянской комедии дель арте. Литография XIX века. Из частной коллекции Джиакомо Орельи.

Глава первая. Первые русские арлекины

Рис. 2. Пляска под волынку. Лубок. Из частной коллекции Людмилы Стариковой.

Рис. 3. Жених и сваха. Лубок. Персонажи любительских комедий XVIII века. Из частной коллекции Людмилы Стариковой.

Глава вторая. Итальянская декада императрицы Анны Иоанновны

Рис. 4. Исполнители комедии дель арте в России. Лубок. Из частной коллекции Людмилы Стариковой.

Рис. 5. Императрица Анна Иоанновна. Из частной коллекции Людмилы Стариковой.

Глава третья: Русификаторы комедии дель арте. В. К. Тредиаковский и А. П. Сумароков

Рис. 6. Представление комедии дель арте в XVIII веке. Арлекин, Панталон, Пьеротто, Меццеттино, Скарамуш, Доктор и Капитан. Гравюра Иоганна Балтазара Пробста, 1729 год. Из частной коллекции Джиакомо Орельи.

Рис. 7. Представление комедии дель арте в XVIII веке. «Любовные похождения Панталона и Арлекина». Гравюра Иоганна Балтазара Пробста. Из частной коллекции Джиакомо Орельи.

Глава пятая: Шинель — Полишинель — Пульчинелла. Итальянская генеалогия Акакия Башмачкина

Рис. 8. Уличное представление кукольного театра в Неаполе XIX века с марионеткой Пульчинеллы. Из частной коллекции Джиакомо Орельи.

Рис. 9. Уличное представление в Неаполе XIX века с актером в роли Пульчинеллы. Из частной коллекции Джиакомо Орельи.

Рис. 10. Николаевская шинель. Рисунок Барабары Мильман. Любезно предоставлено Даниелем Ранкур-Ляффериером.

Рис. 11. Пульчинелла / Полишинель. Фрагмент иллюстрации, хранящейся в музее театра Комеди Франсез.

Глава седьмая. «Принцесса Турандот» Е. Б. Вахтангова

Рис. 12. Парад актеров в начале спектакля. Любезно предоставлено Музеем Театра им. Вахтангова.

Рис. 13. Переодевание актеров на сцене. Любезно предоставлено Музеем Театра им. Вахтангова.

Рис. 14. Маски. Тарталья — Б. В. Щукин, Бригелла — О. Ф. Глазунов, Панталоне — И. М. Кудрявцев, Труффальдино — Р. Н. Симонов. Любезно предоставлено Музеем Театра им. Вахтангова.

Рис. 15. Принцесса Турандот — Ц. Л. Мансурова. Любезно предоставлено Музеем Театра им. Вахтангова.

Рис. 16. Принц Калаф — Ю. А. Завадский. Любезно предоставлено Музеем Театра им. Вахтангова.

Рис. 17. Труффальдино — Р. Н. Симонов. Любезно предоставлено Музеем Театра им. Вахтангова.

Рис. 18. Актеры прощаются со зрителем. Любезно предоставлено Музеем Театра им. Вахтангова.

Глава восьмая. Последний роман В. В. Набокова «Смотри на арлекинов!»

Рис. 19. Арлекин и его палочка — баттокио. Джузеппе Мария Мителли. Гравюра. 1678. Из частной коллекции Джиакомо Орельи.

Рис. 20. Изабелла Андреини. Гравюра. 1601. Из частной коллекции Джиакомо Орельи.

Глава девятая. Алла — императрица-шутиха русской поп-культуры

Рис. 21. А. Б. Пугачева и президент России В. В. Путин. Предоставлено ТАСС.

Рис. 22. А. Б. Пугачева на концерте в Таллине. 1978. Предоставлено ТАСС.

Рис. 23. А. Б. Пугачева на концерте в спортивном комплексе «Олимпийский». 1984. Предоставлено ТАСС.

Рис. 24. А. Б. Пугачева и М. А. Галкин. 2019. Предоставлено ТАСС.

Указатель имен

Аверинцев Сергей Сергеевич 27
Александр I 97, 98
Алексей Михайлович 31, 32
Анна Иоанновна 13, 18–21, 24, 45–47, 49, 51, 53–57, 60–62, 64, 65, 68, 70, 71, 86, 94, 102, 136–139, 172, 213, 235
Анненков Павел Васильевич 113, 124, 133
Арайя Франческо 65
Аристотель 66, 67
Балабина Мария Петровна 112, 116
Балакирев (шут) 62
Бассевич Геннинг Фридрих фон 35
Бахтин Михаил Михайлович 14, 15, 110, 124, 158, 217, 219
Белли Джузеппе 116
Белотти (актер) 54
Берк Карл Рейнгольд 60
Бертольди Андреа 54
Бирон Карл 59
Бирон Эрнст Иоганн 59
Блейш Памела 127
Блок Александр Александрович 9, 17, 21, 142–146, 152, 158, 162, 187
Брагалья Антон Джулио 116
Бригоцци Джузеппе 104
Брюллов Карл Иванович 125

Буало Никола 65, 82
Вахтангов Евгений Багратионович 8, 9, 16, 22, 140, 159–166, 168–172, 174–184, 235
Волконский Михаил 62
Волынский Артемий Петрович 86
Гилфердинг Иоганн Петер 94, 97
Гоголь Николай Васильевич 16, 21, 80, 93, 109–117, 119–122, 124–133, 177, 201
Гоголь-Яновский Василий Афанасьевич 111
Голицын Никита 62
Гольдони Карло 11–13, 21, 46, 58, 90, 114, 115, 155, 202, 233
Гоцци Карло 8, 9, 13, 22, 46, 58, 135, 159, 165, 166, 169, 173, 174, 177, 179
Граффи Джулиан 110, 127
Грин Мартин 17, 135, 146, 156
Джатис Элизабет 60
Джонсон Бен 13, 191
Дмитриев Юрий Арсеньевич 25, 96, 99, 100
Достоевский Федор Михайлович 102, 103, 110, 126
Дрейер Доменико 58
Дюшартр, Пьер Луи 80, 119, 127
Дягилев Сергей Павлович 9, 153, 154, 156, 157

Указатель имен

Евреинов Николай Николаевич 21, 140, 146–152, 154, 158, 161–163, 175, 188, 189, 235
Екатерина II 97, 104
Елизавета Петровна 69, 94, 96
Жорж Санд 121
Жуковский Василий Андреевич 112
Иван IV (Грозный) 28, 29
Казанова Джакомо 64
Капнист Василий Васильевич 93
Карлинский Саймон 113, 127, 189, 196
Каспар Астрафий 99
Кафанни Лукас 54
Келли Катриона 17
Клейтон Дуглас 17, 135, 143, 145, 147, 152, 169, 175
Котен Шарль 85
Кунст Иоганн Христиан 34, 35, 41
Курбский Андрей 29
Лакост (шут) 62
Лафермиер Ф. 64
Лермонтов Михаил Юрьевич 106
Лжедмитрий 29
Лихачев Дмитрий Сергеевич 27–29
Локателли Джованни Баттиста 96
Ломоносов Михайло Васильевич 66, 85, 87
Лотман Юрий Михайлович 15, 16, 40, 42, 51, 52, 98, 104, 105
Людовика (оперная дива) 50, 56
Мариво Пьер де 13, 90, 101, 196
Мария Федоровна 64
Матисен Роберт 127
Мейерхольд Всеволод Эмильевич 9, 17, 139–143, 146, 147, 151, 152, 155, 156, 158, 159, 161, 164, 176, 177, 180, 183

Менаж Жиль 85
Миро Пьетро 58, 60–64, 102, 138
Мольер Жан Батист 13, 83–85, 90
Набоков Владимир Владимирович 9, 16, 22, 109, 110, 185–210
Наталья Алексеевна 35, 36
Никитенко Александр Васильевич 99
Ожегов Сергей Иванович 122, 126
Олеарий Адам 30
Орелья Джакомо 8, 11, 114, 118, 120
Оттобони, кардинал 47
Павел I 64
Павлов Николай Филиппович 113
Педрилло 60–63, 102, 138 см. Миро Пьетро
Педрилло Авьяджо 61
Пезенти Мария Киара 18, 33, 37, 38, 41, 42, 44
Перетц Владимир Николаевич 71, 75–77, 136–139
Петито Антонио 128, 132
Петито Сальваторе 117, 132
Петр I 13, 19, 32–37, 44, 45, 47, 59, 61
Петров Аввакум, протопоп 29
Плетнев Петр Александрович 112
Погодин Михаил Петрович 113, 115
Пугачева Алла Борисовна 7, 22, 23, 210–232
Пушкин Александр Сергеевич 97–99, 211
Ранкур-Лаферрьер Даниэль 110
Растрелли Франческо Бартоломео 59, 64

Репнин Михайло 29
Репнина Варвара Николаевна 117
Риккобони Луиджи 120
Ристори Томазо 19, 25, 49–51, 53, 54, 57, 58, 172, 235
Ринальди Антонио 65
Ричардс Лора 118
Сакки Антонио 12, 58, 61, 135, 165, 175
Сакки Нина 61
Сапрыкина Елена Юрьевна 110
Сван Джон 17, 135, 146, 156
Сенека 12
Сиповский Василий Васильевич 100, 101, 137, 138
Скала Фламино 73
Смирнова Н. И. 63, 102,
Соболева Ольга Юрьевна 17, 135
Сперанский Михаил Михайлович 98
Стаден Николай фон 32
Старикова Людмила Михайловна 7, 18, 33–35, 39, 45–48, 50–54, 57, 59–61, 64–69, 72, 82, 95, 96, 111, 138
Сумароков Александр Петрович 20, 66, 70, 81–93, 95, 96, 145, 146, 231
Тихонравов Николай Саввич 41–44
Толстой Петр 34
Тредиаковский Василий Кириллович 16, 20, 59, 66, 70–88, 137–139, 145, 150
Тынянов Юрий Николаевич 110
Ушаков Дмитрий Николаевич 122
Федор II 31
Феррацци Мария Луиза 18, 45, 46, 54, 59, 60
Флери маркиз де 49
Фонвизин Денис Иванович 93
Форт, барон ле 50, 51, 53, 56, 57
Фридрих-Август III 48, 49
Фридрих-Вильгельм, герцог Курляндский 46, 63
Фурст Отто 35, 41
Хабнер Иоганн 58
Хавен Педер фон 59
Хек Томас 17
Цицерон 12
Черных Павел Яковлевич 123, 128
Чехов Антон Павлович 106–108
Шапиро Габриэль 110
Шекспир Уильям 13, 216, 218
Штелин Якоб 67, 68, 96, 97
Шуйский Василий 29
Эйхенбаум Борис Михайлович 110, 122, 129, 130

Содержание

Слова благодарности 7

Введение 9

Глава первая. Первые русские арлекины 24

Глава вторая. Итальянская декада императрицы
 Анны Иоанновны 45

Глава третья. Русификаторы комедии дель арте.
 В. К. Тредиаковский и А. П. Сумароков 70

Глава четвертая. Последствия итальянской декады 94

Глава пятая. Шинель — Полишинель — Пульчинелла.
 Итальянская генеалогия Акакия Башмачкина 109

Глава шестая. Возрождение комедии дель арте в эпоху
 модернизма 134

Глава седьмая. «Принцесса Турандот» Е. Б. Вахтангова 159

Глава восьмая. Последний роман В. В. Набокова
 «Смотри на арлекинов!» 185

Глава девятая. Алла — императрица-шутиха русской
 поп-культуры 210

Эпилог. Триумф итальянского Арлекино
 на постсоветской сцене 233

Библиография 236

Список иллюстраций 247

Указатель имен 250

Научное издание

Ольга Симонова-Партан
СТРАНСТВУЮЩИЕ МАСКИ
Итальянская комедия дель арте в русской культуре

Директор издательства *И. В. Немировский*
Заведующий редакцией *К. Тверьянович*

Ответственный редактор *И. Знаешева*
Дизайн *И. Граве*
Редактор *А. Глебовская*
Корректоры *А. Нотик, М. Левина, Л. Виноградова*
Верстка *Е. Падалки*

Подписано в печать 15.10.2021.
Формат издания 60 × 90 $^1/_{16}$. Усл. печ. л. 16,0.
Тираж 1000 экз.

Academic Studies Press
1577 Beacon Street, Brookline, MA 02446 USA
https://www.academicstudiespress.com

ООО «Библиороссика».
190005, Санкт-Петербург, 7-я Красноармейская ул., д. 25а

Эксклюзивные дистрибьюторы:
ООО «Караван»
ООО «КНИЖНЫЙ КЛУБ 36.6»
http://www.club366.ru
Тел./факс: 8(495)9264544
e-mail: club366@club366.ru

Книги издательства можно купить
в интернет-магазине: www.bibliorossicapress.com
e-mail: sales@bibliorossicapress.ru

Знак информационной продукции согласно
Федеральному закону от 29.12.2010 № 436-ФЗ

www.ingramcontent.com/pod-product-compliance
Ingram Content Group UK Ltd.
Pitfield, Milton Keynes, MK11 3LW, UK
UKHW051044220326
4878IPUK00009B/18